IVAM, Centre del Carme
14 de noviembre 1991 – 12 de enero 1992

EXPOSICIÓN/EXHIBITION
Comisario: *Germano Celant*
Organización IVAM: *Vicente Todolí*
Coordinación IVAM: *Teresa Millet*

Conseller de Cultura, Educación y Ciencia
de la Generalitat Valenciana
Andreu López Blasco

Directora Gerente del IVAM
Carmen Alborch Bataller

Consejo Rector del IVAM
Presidente
Andreu López Blasco
Vicepresidente
Antonio Asunción Hernández
Secretario
Antonio Godoy García

Vocales:
Carmen Alborch Bataller
Valeriano Bozal Fernández
Francisco Calvo Serraller
Román de la Calle de la Calle
Felipe V. Garín Llombart
Tomás Llorens Serra
Francisco Pérez García
Alfonso Pérez Sánchez
Margit Rowell

Germano Celant

GILBERTO ZORIO

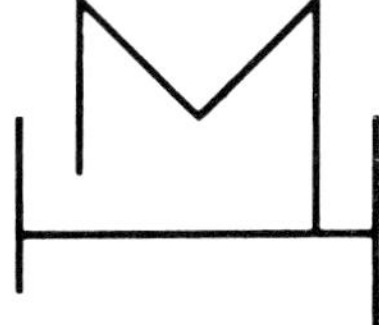

hopefulmonster

GENERALITAT VALENCIANA
CONSELLERIA DE CULTURA, EDUCACIO I CIENCIA

IVAM CENTRE DEL CARME

TRADUCCIONES/TRANSLATIONS
Paul Blanchard
Ricardo M. Lázaro Barceló

AGRADECIMIENTOS/ACKNOWLEDGMENTS
Galleria Giorgio Persano, Torino
Sonnabend Gallery, New York
Fondo Rivetti per l'Arte, Torino
Christian Stein, Torino-Milano
Musée National d'Art Moderne Centre Georges Pompidou, Paris
SteinGladstone Gallery, New York

Stefano Basilico, Laura Bloom, Sonnabend Gallery, New York
Daniela Trunfio, Galleria Giorgio Persano, Torino
Roberto Balma, Anna Odenato, Fondo Rivetti per l'Arte, Torino
Gianfranco Benedetti, Christian Stein, Galleria Christian Stein, Torino-Milano
Germaine Viatte, Isabelle Monod-Fontaine, Centre Georges Pompidou, Paris
Daniela Salvioni, SteinGladstone Gallery, New York
Mariano Boggia

CRÉDITOS FOTOGRÁFICOS/PHOTOGRAPHIC CREDITS
Claudio Abate (Roma), Manuel Aguiar (Porto), Lawrence Beck (New York), Hans Biezen (Eindhoven), Paolo Bressano (Torino), P. de Gobert (Bruxelles), Carmelo Guadagno-David Heald (New York), Vincenzo Gastini-Mario Pegoraro (Torino), Piero Gilardi (Torino), Gianfranco Gorgoni (New York), Avraham Hay (Tel Aviv), P. Hughet-Médiagram (Dijon), Konstantinos Ignatiadis (Athinai), A. Ken (Basel), Nikolaus Koliusis (Stuttgart), Lacoste (Chalon sur Sâone), Salvatore Licitra (Milano), Antonio Masolotti (Genève), Menini & Gregolin (Torino), André Morin (Paris), Museum van Hedendaagse Kunst (Gent), Paolo Mussat Sartor (Torino), Vincenzo Negro (Modena), Paolo Pellion (Torino), Georg Rehsteiner (Genève), Stedelijk Museum (Amsterdam), O. Vœring (Oslo), Alan Zindman (New York).

La exposición de Gilberto Zorio en el Centre del Carme, en la que el artista ha tenido una generosa y activa participación, presenta una visión retrospectiva –la primera en España– junto a nuevas propuestas relacionadas con el singular espacio que la acoge.

Las cuarenta piezas elegidas proponen una lectura acorde con el sentido último de la obra de Zorio. Partícipe de uno de los movimientos "iconoclastas" de los años 60, su poética esencial, con la energía como hilo conductor, muestra la potente relación con el espectador al que provoca inquietante complicidad.

La oportuna revisión de la obra de anteriores décadas, junto a las actuales, permite comprobar lo que ha hecho de Zorio un artista de gran influencia en la última escultura, en la medida que mantiene su fuerza generadora de recursos creativos y de lenguajes de futuro.

Carmen Alborch
Directora gerente del IVAM

The exhibition of Gilberto Zorio in the Centre del Carme, which has enjoyed the artist's active and generous participation, presents a retrospective view –the first in Spain–together with new proposals related to the singular space where it is being held.

The forty pieces selected offer a reading in accordance with the most recent direction of Zorio's work. A member of one of the "iconoclastic" movements of the sixties, his essential poetic, with energy as its guiding theme, establishes a powerful relationship with the spectator, in whom it induces a disturbing complicity.

This timely review of the work of earlier and more recent decades allows us to perceive what has made Zorio an artist of such influence in contemporary sculpture, through his continuing power to generate creative resources and languages for the future.

Carmen Alborch
Executive Director of the IVAM

Germano Celant
LAS MÁQUINAS IRRADIANTES DE ZORIO

Germano Celant
ZORIO'S RADIATING MACHINES

La materia ilumina las potencias inventivas del ser, prefigura un territorio que, con su potencial energético y con su vitalidad, exalta la imaginación. Por sus propiedades perceptibles e imperceptibles, concurre a determinar factores germinativos y los efectos productivos dirigidos a la metamorfosis del conocimiento. Aumentando y disminuyendo su poder, ésta fluctúa, domina la lógica del obrar y la curiosidad del intelecto, impulsa formas y manifestaciones de lo fantástico. Su identificación, junto a la de los elementos en la historia del arte, es proceder a un alto potencial de imaginación inextinguible, del cual no se entrevé ni es conjeturable el final. Para ampliar su operatividad y su destreza mágicas, desde el medioevo los artistas han configurado circunstancias inventivas donde, entre lo natural y lo artificial, los elementos han conseguido una condición vital y sorprendente. Se han movido para conferirle una tarea épicamente relevante y para obtener el máximo de la efectividad ingeniosa y fascinante; han delineado un doble estatuto propio: por una parte han exaltado su efecto interior, desconocido e inusitado porque está vinculado a sus comportamientos físicos y reactivos; y, por otra parte, han representado su metamorfosis, utilizando sus propiedades externas.

Han ido a la búsqueda de su "presencia" y riqueza sensoriales, hechas de consistencias e inconsistencias, de atributos latentes y sorprendentes. La han dejado expresar como conjunto que está a punto de sufrir una transmutación de la explosión a la descomposición. Pensada como placer visual, la materia y los elementos han dado cuerpo a conjuntos decorativos sorprendentes como las *Fontane di Villa d'Este*, las maravillas hidráulicas de Tivoli y los artificios visuales de Giambologna y Buontalenti; por no hablar de los fundidos entre orgánico e inorgánico de los Jardines de Pratolino. Junto a éstos transcurre en paralelo la realización de autómatas prodigiosos, como los relojes de agua o el jardín hidráulico automático; el autómata ajedrecista o las esculturas en movimiento, cuyas prestaciones mecánicas compiten a pequeña escala con las intervenciones resultantes de los grandes complejos al abierto.

Estas empresas de carácter jocoso y mágico, después de una larga evolución desde el medioevo al setecientos, en el siglo XX, con la llegada de la aridez industrial y del desolador paisaje urbano, dominado por las máquinas, se han reencarnado en la plenitud vital y artificial de las "máquinas célibes". Bajo las categorías de la sensibilidad consumida por el intelecto y de la pasión entendida como propulsión mecánica, artistas como Marcel

Matter illuminates the inventive powers of being. It prefigures a territory that, with its energy potential and its vitality, exalts the imagination. Through its perceptible and imperceptible properties, it helps define germinative factors and productive effects useful for the metamorphosis of knowledge. Potentiated or depotentiated, it fluctuates, influencing the congruity of action and the curiosity of intellect, inducing forms and manifestations of the fantastic. To trace its presence in the history of art, together with that of the elements, is to tap an enormous reserve of images, the end of which is hard to glimpse or even to conjecture. In order to increase its magic activity and dexterity, ever since the Middle Ages artists have shaped inventive circumstances under which, through nature or artifice, matter has attained a surprising, vital condition. They have sought to give it an epically important task, and to obtain the maximum of ingenious and marvelling effectuality, they have delineated a double status for it: on one hand they have exalted its internal effect, which is unknown and unusual as it is linked to its physical and reactive behavior; on the other they have represented its metamorphosis, utilizing its external properties.

They have set out in search of its sensory "presence" and richness, the products of its consistency and inconsistency, of its latent and stupefying attributes. They have let it express itself as an aggregate about to undergo a transmutation, from explosion to decomposition. Conceived in terms of visual delight, matter and the elements have shaped surprising decorative complexes, such as the fountains of Villa d'Este, the hydraulic wonders of Tivoli, and the visual artifices of Giambologna and Buontalenti, not to mention the melding of the organic and the inorganic in the Pratolino Gardens. Parallel to these accomplishments runs the development of prodigious automatons, from water clocks to hydraulic garden follies, from chessboard automatons to kinetic sculptures, whose mechanical performances compete on a miniaturized scale with the inventive achievements of the large open-air complexes. These playful, magical undertakings, which evolved from the Middle Ages to the eighteenth century, with the advent in the twentieth century of industrial aridity and of the depressing machine-dominated urban landscape, were reincarnated in the vital, artificial fullness of the *macchine celibi*. Under the sign of sensibility eroded by intellect and passion understood as mechanical propulsion, such artists as Marcel Duchamp and Raimond Roussel,

Duchamp y Raimond Roussel, Giorgio De Chirico y Franz Kafka, Jarry y Julio Verne
han examinado, en su arte y en su escritura, la posibilidad de pensar o de construir un
ingenio –el maniquí o el autómata– vítreo y frío, cristalizado y momificado, aéreo o
subacuático, que pudiese representar metafóricamente al nuevo ser humano, lleno
de transmisores y de conductos de linfa y de vida artificial. Tales máquinas inverosímiles,
compuestas de sifones y de recipientes, transitados por líquidos o minerales, han
continuado ofreciendo un flujo de movimientos imaginarios, capaces de poner en crisis
las leyes del conocimiento humano. Se han convertido en vectores de discusión sobre
las relaciones entre natural y artificial, masculino y femenino, social y privado, consciente
y inconsciente, real y fantástico.
Su gusto por la metamorfosis ha llevado consigo el descubrimiento de una constelación
de "tratamientos" visuales y literarios de las materias y de las figuras. En algunos casos
la materia se ha coagulado y se ha hecho vítrea, ha formado cavernas y sepulcros, jardines
y antros, cristalizados y rígidos, llenos de figuraciones monstruosas y fascinantes, que
lentamente el tiempo descompone y descalcifica, hace frágiles y quebradizas. En otros
casos, por un proceso de fuerza centrífuga, el flujo de las materias da lugar a explosiones
casi volcánicas, por lo que los conjuntos descubren sus resquicios y se ofrecen en
fragmentos, atravesados por una fiebre continua que les hace saltar, descomponer
y volatilizar. En otras, en cambio, la plasmabilidad de los elementos es utilizada para
construir un mecanismo pirotécnico, basado en efectos físicos y sonoros, cuya actividad
tiende a imitar la movilidad y el comportamiento del ser humano. En todos los distintos
casos, el artista ha tendido a doblegar la materia hostil y resistente para dar cuerpo a
fantasías y a acontecimientos portadores de vida, ya sea natural, artificial o humana.
La morfología de las obras de Gilberto Zorio participa de la misma historia, hecha de
agregaciones de materia, que tienden a poseer una emotividad y una dinámica y a
representar la metáfora de la vida y de su transformación, real y fantástica. Sus conjuntos,
compuestos de elementos vítreos o cristalizados, de tubos y membranas, de alambiques
y sifones, de líquidos y minerales; crean tejidos que se afirman en el espacio como texturas
ambientales y arquitectónicas. Existen hacia el interior y hacia el exterior, son fuerzas
activadoras y purificadoras, comportan elementos de vida y de muerte, de regeneración
y de desintegración. Existen en la sabiduría alquímica y química que enciende el espíritu
y la mente, la materia y el cuerpo. A fin de cuentas Zorio recurre tanto a las experiencias
primitivas y medievales como a los conocimientos técnicos modernos. Los mezcla y
los confunde, para descargar objetos que estén a medio camino entre la explosión violenta
y la dulce erupción, el autómata antiguo y la máquina célibe. Recurre al repertorio
alquímico para indicar una continuidad de pensamiento entre el pasado y el presente,
pero renueva las modalidades de sus experimentos visuales, evocando las simbologías
y las tecnologías contemporáneas. Sus particiones empujan al máximo la tensión física,
operando una vertiginosa aceleración de las reacciones químicas y sonoras, pero enfatizan
también los lentísimos sedimentos de los elementos. Se produce así una estratificación
sígnica y física, cuyos actores y personajes mecánicos, los tiempos y las figuras, se
sobreponen unos a otros, aunque son perceptibles. Se convierten en los protagonistas
de un libreto, en vez de teatral, energético, que se ofrece como obsesión visual, reino
de un doble que es al mismo tiempo producto interior y exterior. Al principio, desde

Giorgio De Chirico and Franz Kafka, Jarry and Jules Verne, in their art and writing examined the possibility of conceiving or constructing a cold and glassy, crystallized and mummified, aerial or subaqueous device that could metaphorically represent the new human being, the mannequin or the automaton full of transmitters and conduits of lymph and artificial life. These unlikely machines, made up of syphons and vats run through by liquids or minerals, have continued to offer a flow of imaginary movements challenging the laws of human knowledge. They have become the carriers of inquiries into the relationships between natural and artificial, masculine and feminine, social and private, conscious and unconscious, real and fantastic.

The interest these artists and writers showed in metamorphosis led to the discovery of a constellation of visual and literary "treatments" of materials and figures. In some cases the material coagulated and became vitreous, forming stiff, crystalline caverns and sepulchres, gardens and dens full of monstruous and fascinating figurations that time slowly decomposes and decalcifies, makes fragile and friable. In other cases, by a process of centrifugal force, the flow of materials formed almost vulcanic explosions by means of which the complexes dilated their interstices and presented themselves in fragments, run through by a continuous fever that shook, decomposed and volatilized them. In others still, the moldable quality of the elements has been utilized to construct a pyrotechnic mechanism, based on physical and sound effects, the activity of which tends to imitate the mobility and behavior of human beings. In each instance, the artist sought to subdue hostile, resistant matter in order to shape fantasies and events bearing life – natural, artificial, and human.

The morphology of Gilberto Zorio's works shares this history, made of aggregates of matter that tend to possess an emotional, dynamic quality, and to represent the metaphor of life and its transformation, both real and fantastic. His assemblages of vitreous or crystallized elements, pipes and membranes, alembics and syphons, liquids and minerals, assert themselves in space as environmental and architectonic fabrics. They exist in interiors and exteriors. They are activating and purifying forces. They involve elements of life and death, regeneration and disintegration. They thrive on the alchemical and chemical wisdom that ignites spirit and soul, matter and body. Zorio resorts both to primitive and medieval experiences, and to modern technical consciousness. He mixes and blends them, in order to release objects that will stand midway between a violent explosion and a soft eruption, or between the old automaton and the *macchina celibe*. He turns to the repertory of alchemy to indicate a continuity of thought between past and present, but he renews the forms of his visual experiments through an appeal to contemporary symbologies and technologies. His scores push physical tension to its maximum, effecting a dizzying acceleration of chemical reactions and sound effects, but also emphasizing the extremely slow sedimentation of elements. In this way a stratification of signs and physical effects is produced whose mechanical actors and characters, rhythms and figures are overlapping, but perceptible. They become the protagonists of a script of energy that presents itself as a visual obsession, the reign of a double that is an interior and an exterior product at once. Early in his career, around 1966, the aggregation of materials was disposed toward a simple, almost always dual phrasing. The works, shown at Galleria Sperone in Turin, revolve around

1966, el conjunto de las materias impulsa a una composición simple, casi siempre dual. Los trabajos presentados en la Galería Sperone de Turín giran sobre el par clásico, determinado por el encuentro entre lo blando y lo duro, lo estructurado y lo informe, lo natural y lo coloreado, lo opaco y lo transparente, lo aéreo y lo lleno. Esta conjunción revela el diálogo entre elementos primarios, que sin embargo son tratados fundiéndolos con fuerza entre sí. La dialéctica entre cada una de las energías se pone en evidencia, tanto que una obra que está en la base de este "amoroso" intercambio es *Il Letto* (La Cama), 1966, preludio de todas las posibles conjunciones alquímicas.

El emparejamiento da lugar a una autogeneración a veces ligada a una chispa imprevista o bien a la metamorfosis circular de las materias, como en *Arco Voltaico*, 1968-69, y *Stella di Bronzo con acidi e pergamena* (Estrella de Bronce con ácidos y pergamino), 1978. Es un deslizamiento entre polaridades opuestas y complementarias, que fluyen en las recíprocas fibras, produciendo un latido intenso y continuo. En toda escultura hay, entonces, un "fuego virtual", que se convierte en una potencia activa y nerviosa. Y así como el período histórico, de 1966 a 1978, es entendido como exaltación del concepto y de la filosofía del arte, esta actitud denuncia una cierta antítesis en relación a ellos. Se desprende de la proliferación del arte discursivo y lógico, lleno de rígidos silogismos y frías tautologías, para volver a una factualidad de lo vivo y de lo material. En el desierto conceptual planta azufre y fuego, sales y minerales, para valorar de nuevo las fuentes oscuras de la existencia terrestre.

Una fuerza errante atraviesa todas las ramificaciones visuales creadas por Zorio. Fluye allí donde la mirada llega a posarse, trepa por las paredes, se arrastra por el pavimento, atraviesa los vacíos y, para moverse, empuja al artista a la construcción de "convertidores" de energía, que toman la forma de alambiques, tubos, cables, resistencias eléctricas, láser, venablos. De sus trayectos surgen entonces tramas y formas, figuras e intercambios que "gritan" (el sonido le acompaña a menudo) la actividad vital. Son entrelazamientos de vacíos y llenos, de chorros incandescentes y de soplos que, en un proceso de sístole y diástole, crean auténticos jeroglíficos que palpitan en el ambiente. La animación mecánica de estas "máquinas" está dirigida, evidentemente, contra el estatuto larval del arte, de la pintura y de la escultura, estáticos y tradicionales. Zorio huye de la representación "paralizada" e inanimada, y en su lugar reivindica un cambio continuo y una perpetua movilidad. Por eso no evita el crepitar de las llamas o el sonido violento de la sirena o dulce de la flauta: lo importante es que el arte brille y se renueve. Hablando de ramificaciones y de sistemas nerviosos, de máquinas célibes y de alquimia, se trata de subrayar que el artista está en búsqueda de una incandescencia visual que lleve a la construcción de un nuevo cuerpo, del que él comienza a construir su "esqueleto" energético. Antes de llegar a su figuración, Zorio define la estructura de tal ser, árbol o máquina, estudia su perpetuo deslizamiento energético y físico, el interior y el exterior, para tratar de aproximarse a su génesis. Trabajando sobre la mutabilidad de la materia, ensambla el padre con el hijo, la alquimia con la química, lo masculino con lo femenino, las máquinas primordiales con el láser. En este sentido, y a pesar de tenerlos presentes, se aleja del futurismo y del surrealismo, que operaban sobre la representación estática de una movilidad de lo "interior". Más que reconocer las secreciones dinámicas y psíquicas, Zorio las produce. Teje telas de araña en el espacio que reaccionan y engendran

the classical couple defined by the encounter between the soft and the hard, the structured and the shapeless, the natural and the colored, the opaque and the transparent, the aerial and the solid. This *coniunctio* reveals a dialogue between primary elements, which, however, are here forcefully fused together. The dialectic between the single energies is stressed to the point that one work at the basis of this "amorous" exchange is the *Bed*, 1966, a prelude to all possible alchemical joinings.

The coupling gives rise to a self-generation sometimes linked to a sudden spark or to the circular metamorphosis of materials, as from *Voltaic Arc*, 1968-69 to *Bronze Star with Acids and Parchment*, 1978. There is a shift between opposite, complementary polarities that slip through each other's fibers, producing an intense, continuous pulsation. Hence a "virtual fire" runs through each sculpture, as an active, nervous force. As the historical period from 1966 to 1978 is understood to exalt the concept and philosophy of art, this attitude reveals a certain antithesis toward these concerns. It takes its distance from the proliferation of a discursive and logical art of rigid syllogisms and cold tautologies, to return to a factuality of the living and the material. In the desert of conceptualism it plants sulphur and fire, salts and minerals, in an effort to revalue the obscure springs of terrestrial existence.

An errant force passes through all the visual ramifications Zorio creates. It runs where the gaze comes to rest, it climbs the walls, crawls over the floor, crosses the voids and, in order to move, drives the artist to construct "transformers" of energy in the form of alembics, pipes, cables, electric resisters, lasers, and javelins. From its passages spring plots and forms, figures and exchanges that "shout out" vital activity (in fact they are often accompanied by sound). They are interlacements of emptiness and fullness, of incandescent jets and murmurs, which, in a process between systole and diastole, create hieroglyphs that pulsate in the environment. The mechanical animation of these "machines" is clearly turned against the larval status of art, of static and traditional painting and sculpture. Zorio avoids representation that is "paralyzed" and inanimate, declaring instead a continuous transfer and perpetual mobility of representation. Hence he does not avoid the crackling of flames, the violent din of the siren or the soft sound of the flute. The important thing is that art should shine forth and renew itself.

By speaking of ramifications and nervous systems, of *macchine celibi* and alchemy, I wish to underscore that the artist is in search of a visual incandescence that will lead to the construction of a new body, of which he has begun to build the energetic "skeleton." Before arriving at its figuration, Zorio defines the structure of this being, tree, or machine; he studies its perpetual energetic and physical running, its inside and its outside, in an effort to approach its genesis. Working with the erraticism of matter, he welds the father to the son, alchemy to chemistry, the masculine to the feminine, the primordial machine to the laser. In this sense he moves away from futurism and surrealism, though he keeps them in mind; for they dealt with the static representation of an "inner" mobility. Rather than represent dynamic secretions and psychic acidations, Zorio produces them. He weaves spider webs in space that react and germinate other effects, produced by collisions and sparks. His works are rough maps, from *Crucibles*, 1980 to *Canoe*, 1987, the boundaries of which are defined by

otros efectos producidos por colisiones y chispas. Sus trabajos son entonces mapas agitados –de *Crogiuoli* (Crisoles) 1980, a *Canoa* 1987–, cuyos límites, resultados de partes quebradas y diseminadas, tiemblan y se agitan, se deslizan en el vacío y en las superficies de los muros. Son palpitaciones de lo corpóreo a lo erótico, que rozan la piel y la carne, pero son también laberintos en los que fluctúan los elementos y las miradas. Éstos seducen y hacen perder la seguridad y la concentración, conducen fuera del saber unívoco y monótono, además de excluir la idea de un tiempo lineal. Y si bien aparecen como cuerpos o sistemas vasculares que circulan sin objeto alguno, la experiencia externa e interna que los conforma habla de una estructura no impositiva sino circular y abierta. Aquí, al igual que sucede con el componente hermafrodita en las máquinas célibes, reina la dualidad, porque las formas y los tiempos se confunden, no tienen principio ni final. Cualquier parte está sometida a la quietud y al tumulto a la vez, porque lo que importa es el intercambio entre los opuestos. Es en esta abundacia donde Zorio se encuentra en sintonía con los otros artistas del "arte povera" que, desde 1967, tratan de establecer un torbellino energético y ambiental, que se ha afirmádo como tránsito ceremonial absoluto en la historia de lo contemporáneo. Junto con éstos, él ha tratado de poner al rojo vivo la potencialidad de la escultura, haciendo de ella un soliloquio de acontecimientos inexorables porque son debidos a la cualidad inerte de las materias y de los procesos, como un grito, en cuanto fuerza y mecanismo de estupor y de maravilla. La temática del flujo en continua mutación de la energía se refleja sistemáticamente en la iconografía del viaje, representada por la canoa y el sillín, el venablo y la luz, con sus puntos de referencia estables en las estrellas. Además el viaje da origen a los trayectos de las estructuras tubulares o de las barras que atraviesan los espacios. Proyecta arcos y rotaciones, movimientos laberínticos y sinuosos, añadidos y cambios. Es, pues, fuente de enlaces fibrosos, de naturaleza vegetativa y artificial. Libera madejas y redes, que encierran los ambientes y atrapan a sus habitantes. En Zorio, de hecho, es fundamental la irradiación, el choque visual con la conglomeración estática de la arquitectura que el artista trata de apropiarse. Para hacerlo utiliza ejes y canoas rotas, estrellas partidas y quebradas, conos y alambiques cortados que quieren indicar una energía de la que nadie se puede adueñar. De *Acidi Antonelliana* ,1984, a la serie –de 1985 hasta hoy– de *Canoa*, el tumulto visual y la red de fragmentos y troncones difunden una idea de arte incontrolable. Por lo que concierne a las canoas, además, si bien aparecen estropeadas y descompuestas, éstas continúan flotando en "otras aguas". Están consumidas y cubiertas de betún o de pez, como si hubieran sobrevivido a un desastre; pero son regeneradas, reviven en un paisaje distinto. Percibidas en los espacios de los museos y de las galerías, recuerdan ciertos interiores de Piranesi, corregidos por Masson y por Artaud. Son ruinas que alcanzan una escala desmesurada, épica y casi visionaria. Su distorsión –a menudo están empotradas en las paredes– implica además una armonía debida a la transformación. Ésta da la impresión de una música, tanto que el sonido, violento o dulce, las acompaña.
Otras veces, los conjuntos de Zorio parecen crueles, perforan las páginas expositivas, fuerzan sus límites y desbaratan sus bases; porque la energía, además de fascinante, es infame, tanto que para Zorio –así como para Lucio Fontana y Jean Tinguely , que pueden ser indicados como referentes– ésta debe llegar a cortar, herir y aunar peligros

scattered and broken parts, and tremble and seethe, running through the air and over the walls. They are pulsations, from the corporeal to the erotic, that graze the skin and flesh; but they are also labyrinths in which the elements and gazes fluctuate. They seduce, provoke a loss of confidence and concentration, lead away from univocal and monotonous knowledge, and exclude the idea of linear time.

Even if they appear as bodies, or as vascular systems for a pointless circulation, the external and internal experience that shapes them speaks of a nonimpositive, circular and open structure. Here, as with the hermaphroditic component of the *macchine celibi*, duality reigns; as form and time mingle, they have neither a beginning nor an end. Every part is simultaneously subjected to calm and to turmoil, because what is important is the exchange between opposites. In this abundance Zorio finds syntony with the other artists of Arte Povera, who have worked since 1967 on the establishment of an energetic and environmental whirling, which has been asserted as an absolute cerimonial transit in the history of the contemporary. Along with the others, he has sought to make the potentiality of sculpture red hot, turning it into a soliloquy of events that are inexorable, because they arise from the inertial quality of materials and processes, like a cry, as a force and mechanism of amazement and astonishment.

The theme of the erratic flow of energy is systematically reflected in the iconography of travel, represented by the canoe, the baby-seat, the javelin, and the light, with their points of reference, the stars. Furthermore, travel causes the passage of tubes or poles through space: it projects arcs and rotations, winding labyrinthine movements, additions and changes. It is therefore a source of fibrous interlacings of a vegetative and artificial nature. It releases skeins and nets that imprison the environments and their inhabitants. An essential element of Zorio's work is in fact irradiation, the visual impact with the static conglomeration of architecture, which the artist intends to master. To do so he uses broken boards and canoes, shattered and broken stars, truncated cones and alembics, which indicate an uncontrollable energy. From *Acidi Antonelliana*, 1984 to the *Canoe* series, dating from 1985 to the present, the visual turmoil and the network of fragments and stumps carry an idea of uncontrollable art. The canoes, even if they appear smashed and dismantled, continue to float in "other waters." They are frayed and covered with bitumen or tar, as though they had survived a disaster and had been regenerated to live again in a different landscape. Perceived in museum and gallery spaces, they call to mind certain interiors of Piranesi, revised by Masson and Artaud. They are ruins that reach an immense, epic, and almost visionary scale. Their distorsion–they are often forced against the walls–implies a harmony attained through transformation. They create an impression of music, and indeed are often accompanied by shrill or soft sounds.

At other times, Zorio's complexes seem cruel. They pierce the "pages" on which they are shown, forcing their limits and disturbing their backgrounds. This is because their energy is not only astonishing, but also nefarious, to the point that for Zorio (as for Lucio Fontana and Jean Tinguely, who may be indicated as his referents), it cuts, inflicts wounds, and subtends dangers and tensions. At the same time, as art must be "armed" in order to survive, the image of a metallic creature provides the work with a "defense." It is a machine and an abstract involucre that communicates strength and fortitude.

y tensiones. Al mismo tiempo, el arte para sobrevivir debe ser "armado" por lo que la misma imagen de creatura metálica lo convierte en "defensa". Es una máquina y un recubrimiento abstracto que comunica fortaleza y poder. Hace desfilar sus estructuras férreas para introducir el concepto de una roca o de una red compacta y fuerte. Ésta es un baluarte que no trata de ser absorbido por el remolino de lo banal y de lo cotidiano. Al contrario, aspira a ponerse como envoltura o perímetro inatacable e inexpugnable. Una empresa titánica que continúa impulsando a muchos, entre ellos a Gilberto Zorio.

Septiembre de 1991

It parades its ironlike structures to introduce the concept of a fortress or a dense, strong mesh. It is a bastion that refuses to be sucked into the whirlpool of the commonplace. On the contrary, it aspires to set itself up as an unassailable and indominabile involucre or perimeter: a titanic undertaking that continues to arouse many, including Gilberto Zorio.

September 1991

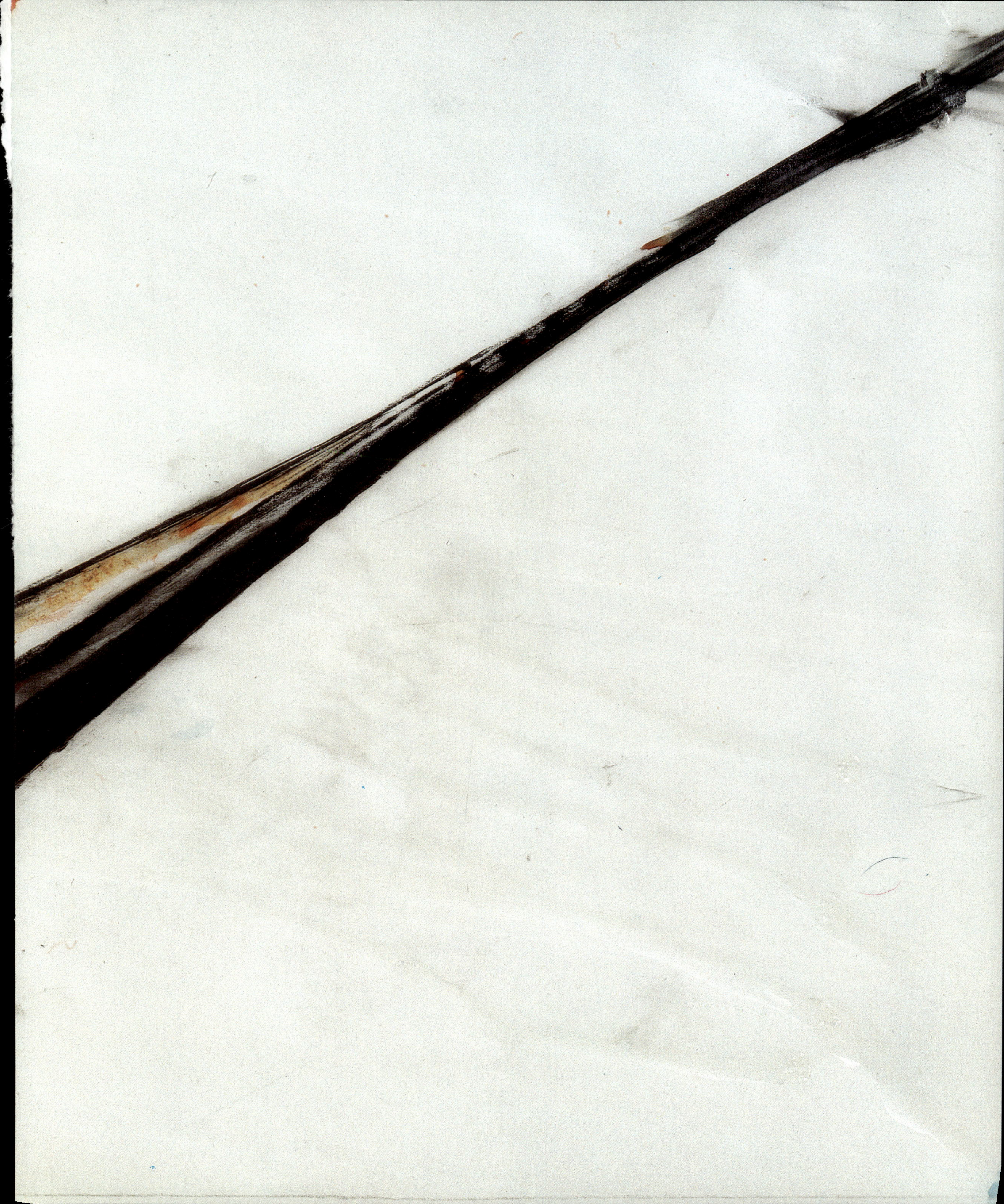

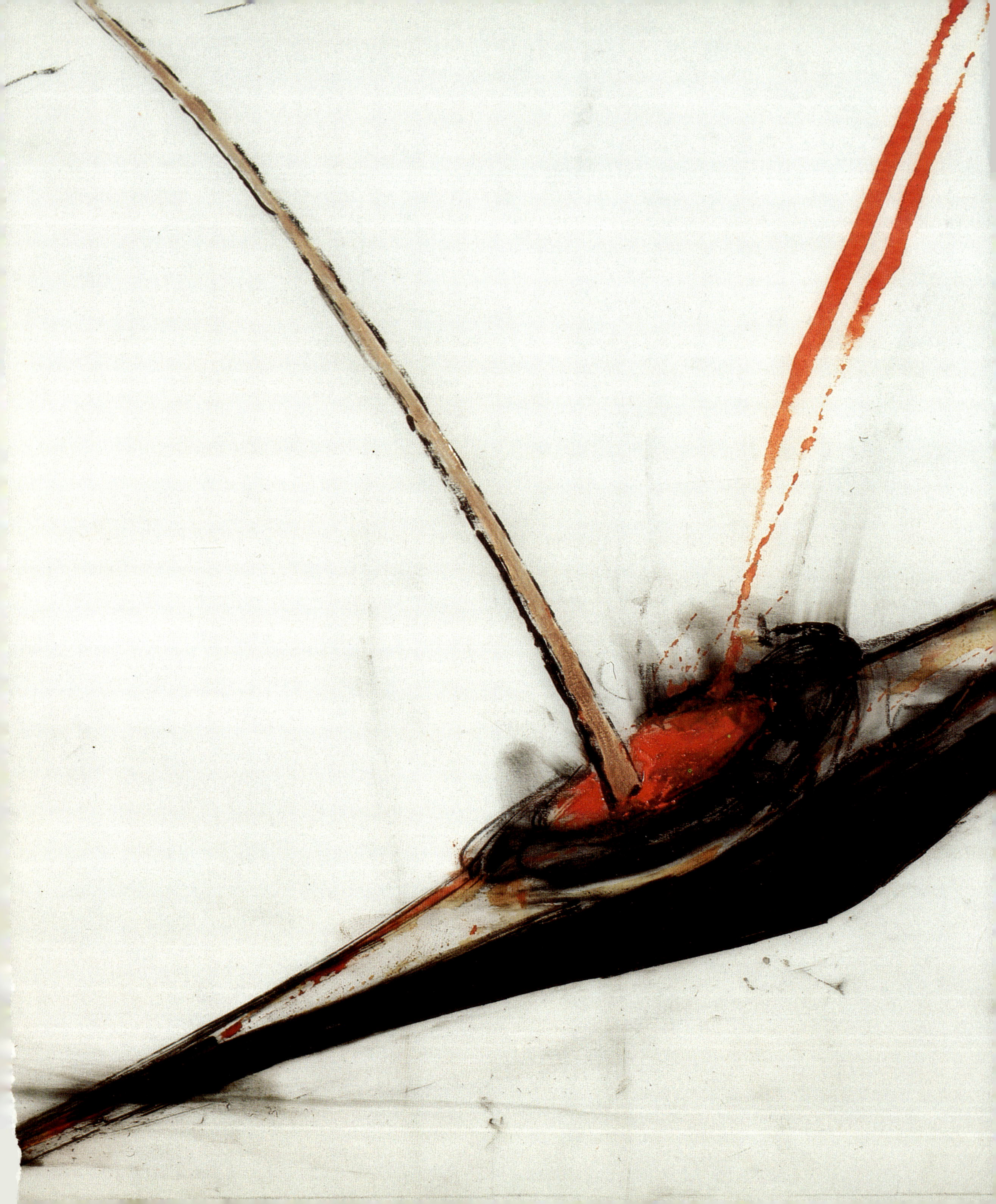

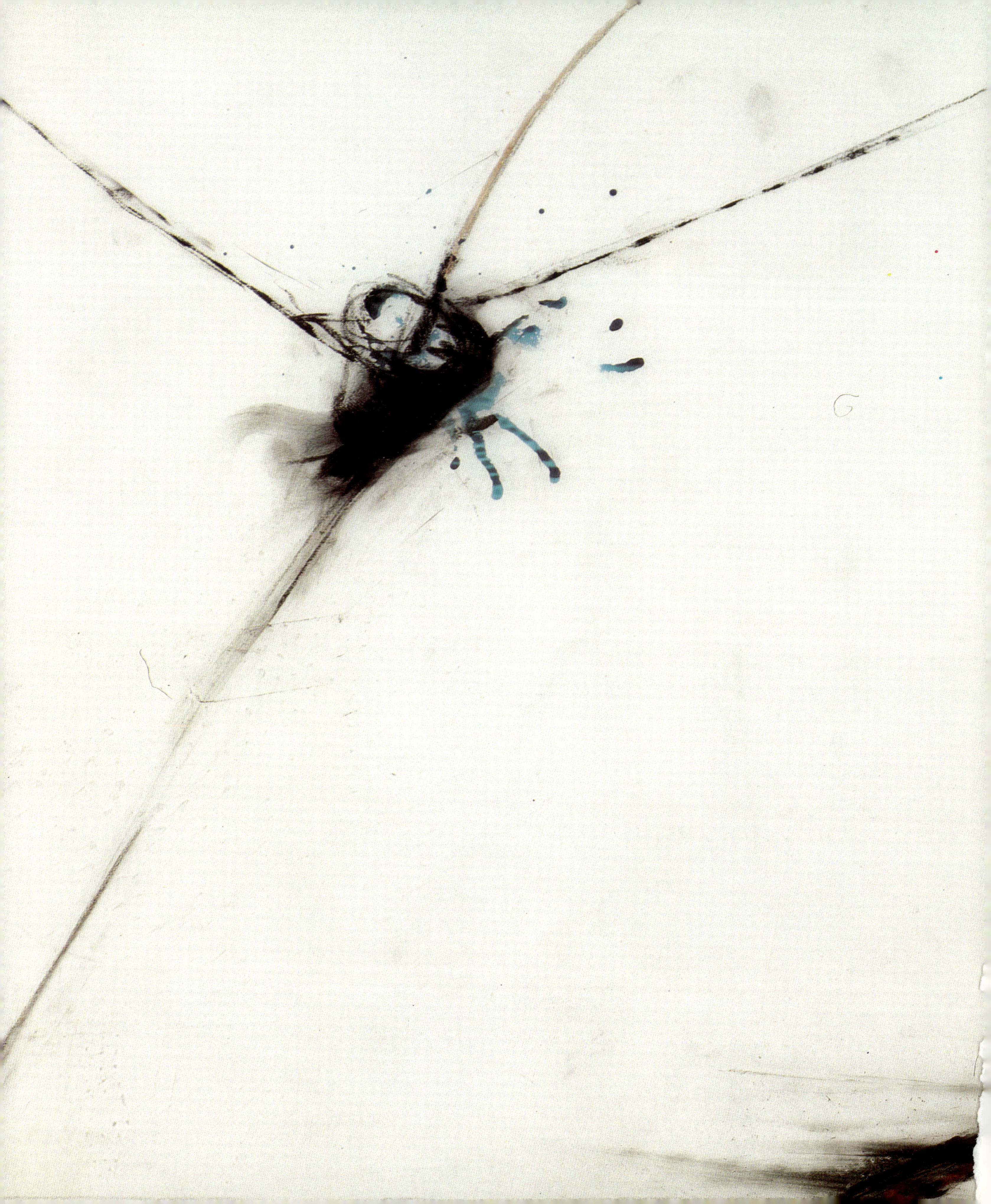

Intuiciones, invención de instrumentos, exploraciones y revelaciones; volver a poner en duda las funciones, los sistemas, fijar e inventar puntos, organizar signos, oxigenar las facultades perceptivas, indicar con las imágenes otras imágenes, dejarse indicar por las imágenes a través de las imágenes; practicar las imágenes aprovechando las intenciones potenciales, persiguiendo el uso de instrumentos preexistentes, existentes, imaginados, imaginarios, hechos en el instante mismo del hacer.

El trabajo (imagen) se manifiesta.
Comienza el trabajo del trabajo, las pulsiones internas entran en confrontación tensional-explorativa con los alfabetos cercanos.
Los paisajes se modifican, comienza el crecimiento autónomo de la imagen.
Se abren los abanicos, estallan los mecanismos de las interpretaciones, la posibilidad de "utilizar" el nuevo instrumento de conocimiento la puede captar quien lo goza.
Las perspectivas y las refracciones pueden ser infinitas como las imágenes imaginables.
Las señales indican otras imágenes, los sonidos se confunden, las energías se suceden unas a otras y requieren energías críticas; las tablas se enriquecen con nuevos diagramas.
El trabajo continúa el propio proceso impulsivo, las señales que brotan de su cuerpo-alma, pueden ser recibidas e ignoradas, pero nada puede modificar sus instancias; el tiempo, los trayectos mentales, los usos, se pueden modificar, pero el trabajo no. Vive por sí mismo, puede cambiar de tono, de ritmo de respiración, pero su esencia es irreversible, se transforma en la animación de sí mismo.

El artífice es espectador privilegiado, libre de maravillarse, de aceptar, comprender e interpretar los estímulos capaces de reciclar los propios deseos operativos.

El futuro se arrastra corroborado por las desviaciones del presente. [1]

Intuitions, inventions of instruments, explorations and revelations, questioning the functions, the systems, fixing and inventing points, organizing signs, oxygenating the perceptive faculties, indicating with an image other images, having images indicate through images, associating with images making use of potential intentions covering the use of instruments that are preexistent, existing, imagined, imaginary, made in the instant of making.

The work (image) appears.
The work's work begins, the internal impulses enter in tensional-exploratory conflict with the surrounding alphabets.
The landscapes are modified, the autonomous growth of the image begins.
The fans open, the mechanisms of interpretation spring into action, the possibility of "using" the new instrument of knowledge can be grasped by the user.
The angulations and the refractions can be infinite, as can be the imaginable images.
The indications indicate other images, the sounds are distorted, the energies chase each other and demand critical energies, the tables are enriched with new diagrams.
The work continues its own impulsive process, the signals which spring from its body-soul can be received or ignored, but nothing can modify its instances, the time, the mental paths, the uses, can be modified but not the work, it lives of its own accord, it can change tone, breathing rhythm, but its essence is irreversible, its service is transformed into animating itself.

The author is a privileged spectator, free to marvel, to accept, understand and interpret the stimuli apt to put his own operative wishes back into the cycle.

The future drags itself on strengthened by the deviations of the present. [1]

Germano Celant/Gilberto Zorio
UNA TRAVESÍA
POR EL CRISOL DE LAS IRRADIACIONES ARTÍSTICAS

Germano Celant/Gilberto Zorio
A PASSAGE
IN THE CRUCIBLE OF ARTISTIC IRRADIATION

GERMANO CELANT: Entre los hechos imponderables que la consciencia de un artista lleva consigo se encuentran los recuerdos fantásticos de la adolescencia. La madurez pasa a través de la memoria de acontecimientos conscientes e incoscientes que marcan las premisas de la vida. Allí nacen las pasiones y las obsesiones por los materiales, por las técnicas y por los procesos imaginarios que después, para el futuro artista, se transforman en fenómenos visuales. Es pues necesario dar importancia a dichos acontecimientos para establecer los estados de crecimiento y de maduración, además de para identificar los momentos todavía embrionarios, al principio genéricos y desvaídos, sobre cuyo terreno nacerá la búsqueda. Por lo tanto, quisiera iniciar esta entrevista indagando contigo los primeros fenómenos de afectividad, de sintonía y de simpatía por el mundo y las técnicas del arte, en el ámbito de tu infancia y adolescencia.

GILBERTO ZORIO: Mi madre era pintora, pero también era una cíngara a quien le apasionaba viajar. Vivió mucho tiempo en Francia, donde su padre se dedicaba a construir diques y presas. Estudió por correspondencia y continuó pintando. Durante largos períodos la pintura fue una constante de su vida. Me acuerdo que, a los cinco años, las discusiones con mi hermano giraban en torno a la importancia de Bartali y Coppi, y también sobre Giotto y Rafael. Yo era partidario de este último, tanto es así que a los ocho años, por Navidad, mi padre me regaló el traje de Rafael, es decir de pintor; con un pequeño caballete y acuarelas. Sin embargo, mi interés se dirigía más hacia la escultura. Tenía la costumbre de coger la masilla de las ventanas para componer formas siempre distintas. Después, con el descubrimiento de la plastelina todo fue más fácil. Se acabaron los destrozos de ventanas, sólo el placer de construir figuras, personajes, dragones, animales, pueblos, casas y estructuras. Incluso cuando de niño estuve enfermo, en el hospital continué modelando la masilla, el estico y la plastelina. Un deseo de plasmar con las manos que todavía conservo. Habitualmente sigo esculpiendo con cera; es un gesto continuo. Mantiene entrenada mi imaginación y mi práctica manual.

GC: ¿Cuáles son los acontecimientos que han marcado los años de tu adolescencia y continúan aflorando todavía hoy?

GZ: Recuerdo el impacto que me causó nuestro traslado de Biella a Termoli. El paso

GERMANO CELANT: Among the imponderable facts carried in the mind of an artist are the imaginative resources of adolescence. Maturation passes through the memory of the conscious and unconscious events that are the premises of life. Here arise the passions and the obsessions for the materials, techniques, and imaginative processes that become visual phenomena for the future artist. It is therefore necessary to grant importance to these events in order to establish the stages of an artist's growth and maturation, and to identify the embryonic moments–generic and fleeting to begin with–upon which his inquiry will begin. Hence I'd like to begin this interview by investigating the first phenomena of affectivity, syntony and sympathy for the world and techniques of art that marked your childhood and adolescence.

GILBERTO ZORIO: My mother was a painter, but also a gypsy, a person who loved to travel. She lived in France for a long time because her father built dams there. She studied by correspondence and continued painting; at long intervals, painting was a constant in her life. I remember that, when I was five, I argued with my brother over the importance of Bartali and Coppi, but also of Giotto and Raphael. I supported the latter–so strongly that, when I was eight, my father gave me a Raphael costume for Christmas, complete with a small easel and some watercolors. But I was more interested in sculpture. I was in the habit of stealing the putty from windows and shaping it into different forms. Later, with the discovery of plastiline, things became a lot easier: I no longer had to strip windows to enjoy the pleasure of making figures, people, dragons, animals, villages, houses, and so on. Even when I was ill in the hospital as a child, I continued to model putty, stucco and plastiline, and this molding with my hands has stayed with me. I still sculpt wax every day, it's a continuous activity, it keeps my manual skill and my imagination sharp.

GC: What are the salient events of your adolescence, the ones that continue to surface in your present life?

GZ: I remember the impact of moving from Biella to Termoli: the passage from an industrial area, where the rivers are exploited by the knitting mills, to a fantastic city in Molise surrounded by medieval towns like Vasto and Campo Marino. There life was

de una zona industrial –donde los ríos son utilizados por las fábricas de tejidos– a una
fantástica ciudad del Molise rodeada por pueblecitos medievales como Vasto y Campo
Marino. Allí la vida todavía se basaba en el Castillo. Se vivía dentro o fuera del castillo.
Ésta es una imagen extraordinaria que ha marcado mi fantasía y mi relación con el mundo
de los olores y el paisaje. Luego volvimos al Piamonte y nos trasladamos definitivamente
a Turín, pero el recuerdo de Termoli con sus fragancias y sus paisajes, unido a los
continuos viajes a Nápoles, Salerno, Foggia y al Adriático, permaneció durante muchos
años en mi memoria. Todavía tengo presentes el perfume y el salitre del mar, como el
primer shock que se recibe por el tacto y la sensualidad de la nieve.
Con el regreso al Piamonte, trasladados a Turín, a Piazza Galimberti, entramos en la
zona del tráfico y de la tristeza; una tristeza mortal.
Además, la llegada a Turín estuvo acompañada por el trauma del colegio y de la niebla.
Mi padre, que había sido llamado a Turín para poner en funcionamiento un taller, me
había matriculado en una escuela muy alejada de nuestra casa. Nunca en mi vida había
visto la niebla. La sensación de perderse por la calle y con el tranvía resultaba un fenómeno
extrañísimo; además, el colegio me resultaba monstruoso, con el latín y los problemas
de matemáticas; sólo era bueno dibujando. Así, cuando encontramos una escuela de
arte y de cerámica, me matriculé y fue magnífico. Allí podía aprender las técnicas y
estudiar historia del arte, visitar las exposiciones y conocer las técnicas y los materiales
con artistas de altísimo nivel. El resultado de todo ello fue exponer jovencísimo, a los
dieciocho años, en 1963.

GC: En 1963 el mapa artístico de Turín estaba bastante definido. Si no recuerdo mal,
tenía entonces veintitrés años y era redactor del *Marcatré*; a principios de los años sesenta
el arte contemporáneo podía contar con las galerías Galatea, Notizie, Punto, Bussola
y el Centre d'Art Estetique de Minola, dirigido por Tapiè. Junto a Casorati y a los seis,
se cuentan artistas como Pistoletto, Paolini, Mondino, Gilardi, Merz, Gallizio, Rambaudi
y Ruggeri, con un continuo vaivén entre lo informal y las nuevas imágenes. La información
oficial estaba confiada a la actividad de la galería Cívica con las grandes exposiciones
sobre la escultura y la *action painting* y sobre las vanguardias históricas, como Giacomo Balla en 1963. Además, con Sperone en la galería Punto, el paisaje artístico se
estaba abriendo a las novedades americanas del *pop* y del *minimal art*. Turín era, con
sus editoriales y sus historiadores del arte, un centro activo e internacional de cultura,
producía un clima de ideas e imágenes que, ciertamente, te ha marcado.

GZ: ¡Fíjate qué casualidad! Precisamente al lado de mi casa vivían Piero Ruggeri y
Piero Gilardi. De vez en cuando veía a Gilardi con Pistoletto y Mondino, a los que conocía
ya por su renombre pues había visto sus exposiciones. En 1962 había visitado la
exposición de Pistoletto en la Galatea y después la de Mondino en la galería Punto;
leía las revistas *Le Arti* y *Marcatré*, además visitaba la galería Cívica donde me
impresionaron Alberto Burri y Franz Klein. O sea, estaba informado de cuanto sucedía.
Así, cuando el propietario del Punto abrió una segunda galería, que llamó Piccola
Galleria d'Arte Moderna, haciendo que la dirigiera su hija, mis frecuentes visitas dieron
como resultado una invitación a mostrar, en una exposición individual, algunos de
mis trabajos.

still based on the castle; people lived inside or outside the castle. Termoli impressed my imagination, but also my sense of smell and my perception of the landscape. When we returned to Piedmont, settling permanently in Turin, the memory of Termoli with its landscapes and its fragrances, and of frequent trips to Naples, Salerno, Foggia and the Adriatic Sea, stayed with me for years. The salty smell of the sea is still present in my mind, as is the first shock of the texture and sensuousness of snow.

Returning to Piedmont, to Piazza Galimberti in Turin, we entered an area of traffic and sadness, a mortal sadness. What's more, my arrival in the city was accompanied by the traumas of school and the fog. My father, who had been called to Turin to set up a building site, had enrolled me in a school that was very far from home. I had never seen fog in my life: it was very strange, getting lost on the street and on the trolly. And school seemed monstruous, requiring me to study Latin and mathematics: I was good only at drawing. So when we found an arts and ceramics school I enrolled, and it was marvellous. There I could learn skills and study art history, visit exhibitions and get to know techniques and materials from artisans of the highest level. All this culminated in a one-man show when I was eighteen, in 1963.

GC: In 1963 the artistic panorama in Turin was pretty well defined. If I remember correctly, I was twenty-three then, and I was editor of *Marcatré;* in the early sixties the contemporary art system could count on galleries such as Galatea, Notizie, il Punto, la Bussola and Minola's Centre d'Art Estetique, directed by Tapié. Next to Casorati and The Six, were artists like Pistoletto, Paolini, Mondino, Gilardi, Merz, Gallizio, Rambaudi and Ruggeri, in continuous movement between *art informel* and new images. "Official" information came through the Galleria Civica, with major exhibitions of sculpture, action painting, and the early-twentieth-century vanguards, like the one devoted to Giacomo Balla in 1963. Furthermore the artistic panorama was opening up, thanks to Sperone at il Punto, to the innovations of pop and minimal art. Turin, with its publishing houses and art historians, was an active international cultural center. It produced an atmosphere of ideas and images that certainly influenced you.

GZ: Piero Ruggeri and Piero Gilardi both happened to live next door to me. Occasionally I would see Gilardi with Pistoletto and Mondino, whom I already knew by fame, having seen their exhibitions. In 1962 I had seen Pistoletto's show at Galleria Galatea, then Mondino's at il Punto. I read the magazines *Le Arti* and *Marcatré,* and I visited the Galleria Civica, where I was impressed by Alberto Burri and Franz Klein. On the whole I had a pretty good idea of what was happening in contemporary art. So when the owner of il Punto opened a second gallery, which he called Piccola Galleria d'Arte Moderna, and had his daughter direct it, my frequent visits led to an invitation to exhibit some of my works in a one-man show. This was in 1963, and I exhibited pieces in terracotta and polystyrene, as well as drawings made with printer's ink. They were figures, perhaps slightly influenced by futurism and Mastroianni. But at the same time I developed some purely abstract structures, made of the compressed cork used in building. All the materials came from my father's building site.

GC: After the 1963 exhibition what happened, did you produce other works, did you meet other artists?

Estábamos en 1963 y expuse obras en terracota y poliestirol, además de dibujos realizados con barnices. Eran figuras influenciadas tal vez por el futurismo y un poco por Mastroianni. Pero, al mismo tiempo, realizaba estructuras puramente abstractas, que en lugar del poliestirol veían aparecer el corcho que se utiliza en la construcción. Todos los materiales provenían del taller de mi padre.

GC: ¿Qué sucede después de la exposición de 1963? ¿Realizas otros trabajos, conoces a otros artistas…?

GZ: En 1964 me matriculo en la Academia para llegar a ser profesor y encontrar así un modo de supervivencia. Afortunadamente, mi profesor Cherchi me permitió hacer todo cuanto quise y a principios de 1965 realicé nuevos trabajos con diversos materiales. Entre éstos recuerdo una especie de gran libro abierto, puesto en vertical, de modo que en las páginas vueltas hacia el interior se pudiese ver una franja de color, obtenido con bicromato de amonio que caía en una cubeta de pyrex y se solidificaba.

GC: El recurso a estos procesos de solidificación química, junto con el uso de reactivos, aparece aquí por vez primera en tu trabajo y parece anticipar tu interés por las transformaciones energéticas, las tensiones y las aleaciones entre uno y otro material. No es que quiera encontrar un *continuum*, pero esta operación con el bicromato de amonio introduce la mutación progresiva de la energía, liga el libro al soplo incandescente de la energía y a sus recursos visuales. ¿Cómo afrontas esta puesta en marcha de una actividad de las materias que forman la escultura en aquella época?

GZ: Ante todo fue un acto de violencia sobre mi instinto, porque estaba acostumbrado a modelar. Pero se vivía también un clima de devoción extremo por el arte de la materia, y con la difusión de lo informal y de la *action painting*, el riesgo de producir trabajos sin valor era muy grande, por eso busqué la emoción de los esmaltes y cristales a través de sus procesos químicos. También debía liberarme del placer del tacto, por lo que pasé de la cerámica al poliestirol que tiene una ligereza infame y una robustez latente, y después llegué a los reactivos químicos. El placer de manejar estos materiales me venía siempre de frecuentar el taller de mi padre; en sus almacenes podía recortarme las hojas de poliestirol, así como encontrar cementos y estructuras de eternit que, trasladadas a mi estudio o a la Academia, tomaban forma de escultura.

GC: ¿Cómo se sigue este trabajo, digamos subterráneo, en el clima artístico turinés? ¿Qué "complicidad" encuentras en los otros artistas?

GZ: En aquella época trabajaba para Piero Gilardi; hacía las frutas para sus bodegones en poliuretano. Además de compensarme, me permitía utilizar el estudio para fotografiar mis trabajos. Después, en 1966, llega a la Academia Giuseppe Penone y nos hacemos amigos. Éstos eran mis compañeros de camino.

GC: En un momento dado introduces en tus esculturas los tubos dalmine.

GZ: Al tubo dalmine llego también a través de la experiencia en el taller. Siempre me ha maravillado su línea, esa sencillísima tecnología que sustituye a la mano que sostiene el cruce de los tubos con un terminal cerrado por tornillos. Es la imagen de una fuerza

GZ: In 1964 I enrolled at the Academy of Fine Arts, in order to become a teacher and find some means of support. Fortunately my professor, Cherchi, allowed me to do whatever I wanted, and at the beginning of 1965 I produced some new works in several different materials. Among these I remember a kind of large open book, placed in a vertical position, so that on the pages folded inward one could see stripes of color obtained with ammonium bichromate that dripped into a pyrex basin and solidified.

GC: The recourse to processes of chemical solidification accompanied by the use of reagents appears here for the first time in your work and seems to anticipate your interest in energy transformations, in the tensions and passages between one material and another. I'm not looking for a common thread, but this operation with ammonium bichromate introduces the progressive mutation of energy, it binds the book to the incandescent breath of energy and to its visual resources. How did you approach the circulation of an activity of substances that form sculpture at this time?

GZ: First of all it was an act of violence toward my own instinct, as I was used to modeling. But it was a time of extremely material art: with the spread of *informel* and action painting, the risk of producing worthless works was very high. Consequently I was drawn to the excitement of glaze and glass, with their chemical processes. I also had to free myself from the pleasure of texture, so I passed from ceramics to polystyrene, which has an abominable lightness and a latent density, and from there I went on to chemical reagents. The pleasure of handling these materials came from visiting my father's building site; in his storehouses I could cut out sheets of polystyrene as well as find cement mixtures and fiber-cement structures which, removed to my studio or to the Academy, took the form of sculptures.

GC: How did this, let's say, underground activity circulate in the artistic environment of Turin? What kind of "complicity" did it find among other artists?

GZ: At the time I was working for Piero Gilardi: I made the polystyrene fruit for his nature carpets. In addition to paying me, he let me use his studio to photograph my works. Then in 1966 Giuseppe Penone came to the Academy and we became friends: these were my companions.

GC: At a certain point you introduced dalmine tubes into your sculptures.

GZ: I arrived at dalmine tubes, as usual, through the experience of the building site. I was fascinated by their design: that extremely simple technology which substitutes the hand that holds the joint of the tubes with a vice and is closed by bolts, is the image of formidable strength and sturdiness. It was then that I made the *Chair* (3)*, the *Untitled* piece (2), and the *Untitled* blue structure with red polystyrene (32). It was 1966, and while visiting Piero Gilardi, Gian Enzo Sperone saw my *Chair*, became interested in it, and suggested we show it to Ileana Sonnabend. From that moment on I had a national and an international gallery interested in my work.

*. Numbers in parentheses refer to the plates.

y una robustez formidables. Entonces nacen la *Sedia* (3)[*] y el palo *Senza titolo* (2) así como *Senza titolo* (32), la estructura azul con el poliestirol en rojo. Estamos en 1966 y durante una visita a Piero Gilardi, Gian Enzo Sperone tiene ocasión de ver mi *Sedia* (3), muestra su interés por ella y me propone exponerla en la Ileana Sonnabend. Desde aquel momento una galería nacional y una internacional estaban interesadas en mi trabajo.

GC: 1966 es un año muy importante para el desarrollo del arte italiano y europeo. Se forman las primeras tendencias *antiminimal/antipop* que reaccionan ante la rigidez y la perentoriedad monumentales de las estructuras primarias, así como ante el extremado iconismo de los *mass media* que alcanzan los artistas pop. Los trabajos se realizan en materiales blandos, como goma, látex, poliestirol y cartón, para así subrayar una atención a la flexibilidad y a la enrgía propia de las materias. Además las definiciones del arte se abren a una cualidad formal que implica, desde la *antiforma* al *arte povera*, continuas transformaciones, destrucciones y reconstrucciones. Las obras quedan vinculadas a una lectura temporal, además de espacial: el arte se convierte en un sistema abierto y nómada.
Estamos a un año de tu exposición en Gian Enzo Sperone, ¿cómo vives este momento de tránsito y suspensión de las imágenes rígidas y repetidas a los materiales blandos y libres que con la fuerza de su propia tautología visual afirman una "campo energético" infinito de figuras y de formas?

GZ: Una obra como el palo *Senza titolo*, 1966 (2), me parece indicar y contener esta dialéctica entre estructura y materia. Consiste en un palo, tomado del taller de mi padre, un palo nuevo, de andamiaje, envuelto con tiras de goma industrial de colores muy terrosos. El conjunto se colocaba sobre dos bloques de poliuretano. Nacía de los recuerdos que tenía de las vallas del campo que estaban a lo largo de los caminos; además sus colores recordaban la naturaleza que, también ella, es repetitiva con sus negros, rojos, amarillos y verdes.

GC: Así pues, la idea es la de "cristalizar" la fragilidad extrema de un paisaje para conseguir unir la elasticidad y la firmeza, representadas por la madera y la goma. Se perfila, pues, una tensión entre rigidez o parálisis y riqueza energética de los materiales, como si existiera un tránsito continuo donde las gomas toman la forma del palo y el palo se cubre de los colores de las gomas. Se produce un endurecimiento a punto de quebrarse, como si el flujo de las energías oscilase entre los polos de lo líquido y lo sólido, como si uno se fundiera con el otro y vicecersa.

GZ: Creo que este proceso está presente en la estructura azul con poliuretano rojo *Senza titolo*, 1966 (32).
Hay aquí un momento de suspensión, de ruptura entre lo blando y lo duro, y de tensión entre el aglomerado de trozos de poliuretano, cortados con un cuchillo muy largo y afilado, y la construcción con estructuras metálicas. Tenemos un contraste entre materiales y colores.

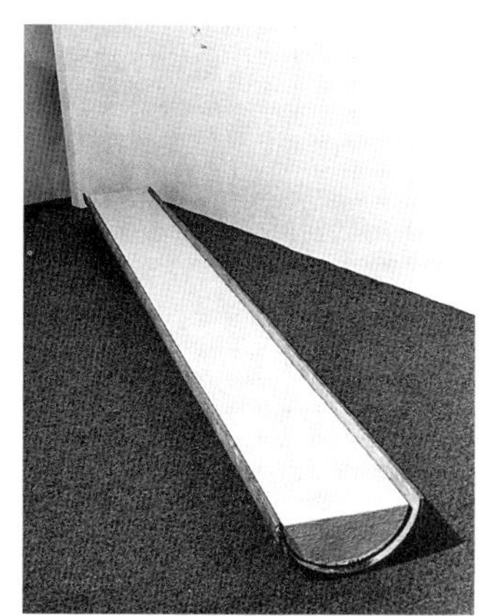

---

[*]. Los números entre paréntesis se refieren a las fotografías de las obras.

GC: 1966 was a very important year for the development of art in Italy and in Europe. The first antiminimal/antipop work appeared, in reaction to the rigidity and monumental conclusiveness of primary structures and to the extreme iconism of the mass media on which pop artists drew. The works were made of soft materials, like rubber and latex, polystyrene and cardboard, to emphasize the interest in the flexibility and energy inherent in these substances. Furthermore the definitions of art opened up to a formal quality that, from antiform to Arte Povera, implied continuous transformations, destructions and reconstructions. The works lent themselves to a temporal as well as a spatial reading, and art became an open, nomadic system.
A year had gone by since your exhibition at Gian Enzo Sperone's. How did you experience this transition from rigid, repetitive images to soft, free materials which, in their visual tautology, determine an endless "energy field" of figures and forms?

GZ: A work such as *Untitled*, 1966 (2) indicates and contains this dialectic between structure and material. It consists of a pole from my father's building site, a new pole for scaffolding that I wrapped with industrial rubber strips in warm earth colors, then mounted on two blocks of polyurethane. It grew out of my childhood memories of the fences that run along country lanes, their many colors recalling nature, which in turn is replete with repetitive tones of black, red, yellow and green.

GC: The idea therefore is to "crystallize" the extreme fragility of a landscape, to transform it into a coagulation of stillness and elasticity represented by the wood and the rubber. In this way a tension between stiffening or paralysis and the energetic richness of the materials appears, as though a continuous transformation were underway, in which the rubber assumes the form of the pole and the pole becomes covered in the colors of the rubber. There is almost a hardening, always susceptible to conversions, and an equilibrium on the verge of being broken, as if the flows of energy oscillated between the poles of fluidity and solidity, as if the one flowed into the other and vice-versa.

GZ: This process is present in *Untitled*, 1966 (32), the blue structure with red polyurethane. There is a moment of suspension or tearing between soft and hard, and one of tension between the pile of polyurethane, cut into pieces with a long and extremely sharp knife, and the construction of metal elements. There is also a contrast between materials and color.

GC: This piece reminds me a lot of certain works of the Russian vanguards. Is there any connection?

GZ: In 1963 the first volume of the Maestri del Colore came out—it was marvellous, 350 lire—followed by those of the Arte Moderna series. Also, the library of my institute had the original Bauhaus books, as well as the collection of *Domus* and all the magazines of architecture and interior design. This abundance of information included Tatlin as well as Melotti, the knowledge of whom was of great help to me, as was that of Fontana and Burri, with their free recourse to materials in sculpture and painting.

GC: In the catalogue of your first exhibition, in 1967, at Galleria Gian Enzo Sperone,

GC: Este trabajo me recuerda mucho algunas obras de las vanguardias rusas, ¿existe algún tipo de nexo?

GZ: En 1963 salió el primer volumen de *Maestri del colore*. ¡Magnífico!, 350 liras; después se publicaron los de los "Maestri dell'Arte Moderna". Y además, podía leer los libros originales de la Bauhaus, así como la colección de *Domus* y todas las revistas de arquitectura y de mobiliario, que se hallaban en la biblioteca de mi instituto. Así pues, contaba con estas inspiraciones y estas informaciones, que comprendían tanto a Tatiln como a Melotti, cuyo conocimiento me ayudó mucho, así como a Fontana y Burri con su libre recurso a los materiales en escultura y en pintura.

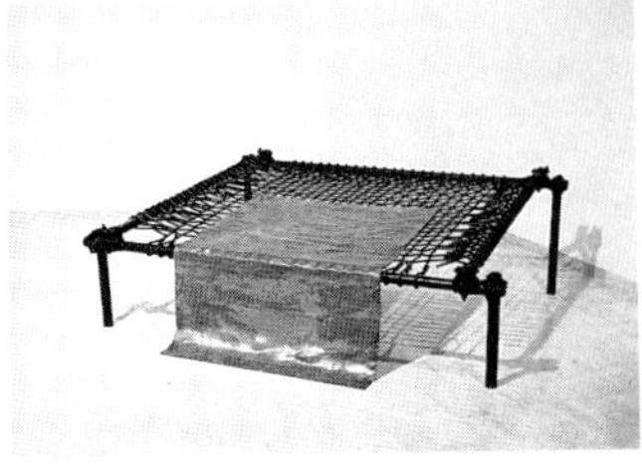

GC: En el catálogo de la primera exposición, en 1967, en la galería Gian Enzo Sperone, el texto de Tommaso Trini afirmaba: "aconceptual y subfísico, si queréis, el trabajo de Zorio nos pone directamente en contacto con una visión dinámica del desarrollo estructural del mundo, que el arte todavía está por descubrir". Tu itinerario se puede identificar de inmediato. La fluctuación de los materiales tiende a romper la estrategia lingüística muda e inmóvil del arte entre los años cincuenta y sesenta. Se propugna la hipótesis de un trabajo "viviente", donde la representación de los fenómenos visuales no puede ser distinta del proceso físico al que están sometidos los materiales. Aquí la materia se hace vital para solidificar imágenes que restauren la tensión y la potencialidad de la vida. Son esculturas como la *Tenda*, 1967 (1), y el *Rosa-Blu-Rosa*, 1967 (I), con cobalto, que aluden –con la transformación del agua de mar en sal y del azul en rosa– al desplazamiento y a la dinámica de los elementos. Se pueden considerar esculturas/ acontecimientos que marcan la manifestación del Tiempo. Es una empresa compartida por muchos artistas, como Merz y Anselmo, Beuys y Nauman, que pretende conjugar lo imposible: el cambio y la tensión, el acontecimiento y la vida. Pero volvamos a la exposición de 1967.

GZ: Me costó un año y medio de trabajo. Era consciente de estar haciendo algo muy importante. Sabía además que el problema no residía en hacer algo "en contra de", sino en realizar algo que no existiera antes. No destruir, sino, como decía Pistoletto, dar un paso al lado según un descarte mínimo pero extremadamente intenso. *Il Letto*, 1966 (II), nace siguiendo este descarte mínimo. Nace con cuatro patas. Un par diferente en altura del otro, con una reja o superficie en goma y una plancha de plomo. La veo como el encuentro entre un animal a cuatro patas, un conjunto vegetal, la goma y un metal romo que, como un cuerpo, choca y se adapta. La memoria de la estatura corporal también está presente en la *Tenda* (1), que presenta un hecho químico pero también hace descubrir, a la altura de los ojos, un lago salado que se corta bruscamente en el paisaje azul. Los propios "tubos dalmine" presentan una dimensión humana, son medidas en relación modular; al igual que mi cuerpo se duplica y crea una medida, así también los tubos.

GC: Pero la progresiva emancipación de la idea entre energías contrapuestas y en relación dinámica, lleva consigo también valores matefóricos. El punto de cohesión, *Senza titolo*, 1967 (III), entre cámara de aire y tubo eternit juega alrededor de la oposición entre lleno y vacío, entre gravedad y levedad. Son ambivalencias que dejan el signo

the essay by Tommaso Trini stated: "aconceptual and subphysical, if you will, Zorio's work puts one in direct contact with a dynamic vision of the structuring of the world, which art has yet to discover." Your itinerary was marked out right away. The oscillations of matter broke with the mute, immobile linguistic strategy of the art of the fifties and sixties. You advocated a "living" work in which the representation of visual phenomena cannot be distinguished from the physical process that substances undergo. Here matter becomes vital to solidify images that restore the tension and potentiality of life. Sculptures like *Tent*, 1967 (1) and *Pink-Blue-Pink*, 1967 with cobalt (I) allude to the movement and dynamics of the elements through the transformation of sea water into salt and of blue into pink. They can be considered events/sculptures that mark Time. This undertaking is shared by many artists, like Merz and Anselmo, Beuys and Nauman. It aspires to conjugate the impossible: mutation and tension, element and life. But let's get back to the 1967 exhibition.

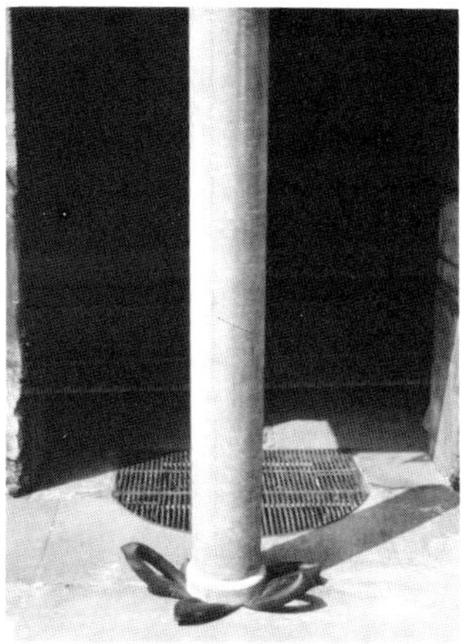

GZ: It cost me a year and a half of work, and I was aware that what I was doing was important. I also realized that it was a question not of making something against something else, but of inventing something that did not exist prior to that moment. Not to destroy, but, as Pistoletto used to say, to take a step to one side–a very slight, but extremely intense deviation. The *Bed* (II) grew out of the decision to follow this slight deviation. It has four legs, with one pair different in height from the other, a rubber grid or resting surface, and a sheet of lead. I see it as the union of a four-legged animal, a plant being (the rubber), and an obtuse metal that clashes and adapts itself, shows a body. The memory of corporal stature is present in *Tent* (1), too, which is a chemical fact but also allows one to discover, at eye level, a salt lake that stands out against the blue landscape. The dalmine tubes themselves present a human dimension: they have modular measurements: as my body in doubling itself creates a dimension, so do the tubes.

GC: But the progressive emancipation of the idea amidst clashing and dynamically related energies also involves metaphorical values. The point of cohesion in *Untitled*, 1967 (III) between inner tube and fiber-cement pipe plays on the contrast between emptiness and fullness, gravity and airiness. They are ambivalences that leave the sign "suspended." They appear to follow a gradation between the abyss of fullness and the depth of emptiness; the work witnesses a flow of alchemic lymph, from positive to negative, stagnation to mercurial energy, opacity to transparency. The intention is to change the "life" of the sculpture, to give it an incredible acceleration, with a view to emphasizing its inner and outer tension. It becomes a criucible where matter, having lost its fixity, reveals itself to be animated, fecundated by a continuous activation.

GZ: Rubber is derived from a plant, but it becomes extremely hard with this cement standing on it without touching the ground, in a frighteningly precarious position with the inner tube supporting the pipe, "capital" down. It is as if a historical being were lacking breath; I could speak of feelings, of forces and relationships between past and present, but the interpretations would take us too far. The same thing can happen in the reading of *Pink-Blue-Pink*, 1967 with cobalt (I), where one is drawn into an extreme slowness due to the hypersensitivity of a chemical that is not paint. I was trying

"en suspenso", paracen seguir una gradación entre el abismo de la plenitud y la profundidad del vacío, y la obra ve un flujo de linfa alquímica del positivo al negativo, de la inmovilidad a la energía mercúrica, de lo opaco a lo transparente. La voluntad es la de cambiar "la vida" de la escultura, para darle una aceleración vertiginosa que enfatice su tensión interna y externa. Se convierte en un crisol donde la materia, perdida su inmutabilidad, se descubre animada, fecundada por una activación continua.

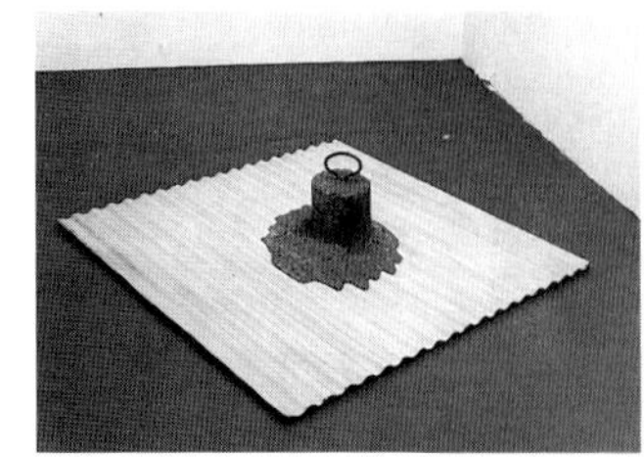

GZ: La goma es un material vegetal que se hace durísima con este cemento que, en un equilibrio espantoso, parece estar sobre nosotros sin tocar tierra, donde la cámara de aire sostiene el tubo capitel invertido. Es como si a un ser histórico le faltase la respiración, podría hablarse de sentimientos, de fuerzas y de relación entre presente y pasado, pero las interpretaciones corren el riesgo de llegar demasiado lejos. Lo mismo puede suceder con la lectura del *Rosa-Blu-Rosa*, 1967 (I), con cobalto, donde nos encontramos inmersos en una lentitud máxima, debida a la hipersensibilidad de un producto químico incoloro. Quería dar a la pintura y a la escultura otra trayectoria, que no fuese natural, aunque pudiera recordarla. Como la superficie ondulada *Senza titolo*, 1967 (IV), que da forma al cemento. El amarillo funciona como fuerza calórica, es el máximo de luz. Tenemos nuevamente un color que no es natural, es fluorescente. Y dicho color posee radioactividad porque sus partículas se agitan hasta incendiarse. El cemento, al entrar en contacto con él, se descompone y, en lugar de algo obtuso y pesado, se transforma en un elemento inteligente.

GC: Respecto a la visualidad pareces exaltar el contenido animista. En toda escultura existe una presencia "oculta" que representa su sistema nervioso. Se alude a un densidad escondida y enigmática que mantiene en suspenso las formas, como si quisiera evidenciar que el arte debe reflejar el *anima mundi*, mediante la dimensión mágica de la materia vivificada. Los *Senza titolo*, 1967, con tubo eternit y cámara de aire o el tubo eternit con cemento, me recuerdan la energía encerrada en las entrañas de la tierra; aparecen ante mí como volcanes industriales. O también, si comparo la columna con el ser humano, lo veo caminar sobre una membrana en la que late una vida infinitamente más verdadera que la de su rígido cuerpo.

GZ: El sentido animista, seguramente, estaba presente, y me servía para poner de mi parte los materiales. Así, con la *Tenda*, (1), conseguí llevar el mar a la altura de los ojos. El trabajo nace de una experiencia que tuve en un camping junto al mar. Después de una monstruosa tempestad salió el sol, el agua se solidificó hasta transformarse en sal. La naturaleza había conseguido, de este modo, trasladar el mar muy arriba, sobre la colina. La escultura con agua salada reproduce el mismo fenómeno.

GC: La *Sedia* (3) no anula la acción, sino que la suspende. Inmoviliza el trayecto de un cuerpo e introduce la posible conjunción de los opuestos: lo masculino y lo femenino, lo móvil y lo inmóvil, lo duro y lo blando.

GZ: Este trabajo funcionaba por la presencia de un material amorfo, el cemento, que toma la forma que le das; es plástico y fluido, es un material de síntesis artificial, típico de la modernidad y para gobernar el peso encierra un peligro, implica la idea del riesgo, un riesgo también mental. Junto a la estructura y al poliuretano se transforma en un

to give painting and sculpture another course, one that was not natural, even though it might appear to be so. Like the undulated surface *Untitled, 1967* (IV). The yellow acts as a caloric force, it is the maximum of light. Again it is an unnatural, fluorescent color. And this color is radioactive because its particles retract to the point of catching fire. The cement crumbles when it comes into contact with it. Formerly obtuse and heavy, it becomes intelligent.

GC: You seem to exalt the animistic element, with respect to visuality. In every sculpture there is an occult presence that represents its nervous system. There is an allusion to a hidden, enigmatic density, which keeps the forms suspended, as though you wanted to point out that art must recall the *anima mundi* through the magic dimension of vivified matter. The *Untitled* works of 1967, involving a fiber-cement pipe and inner tubes, or fiber-cement pipe and concrete, remind me of the energy contained in the viscera of the earth. They appear as industrial volcanoes. Or, if I compare the column to the human being, I can see it walking on a membrane that pulsates with a life infinitely more real than that of its rigid body.

GZ: The animistic sense was certainly present; it brought the materials over to my side. In this way I was able to bring the sea to eye level in *Tent* (1). The work originated in an experience I had at a campground near the sea. After a terrible storm the sun came out and the water hardened into salt; nature had succeeded in carrying the sea high up into the hills. The sculpture with salt water reproduces the same phenomenon.

GC: *Chair* (3) does not disengage action, it suspends it. It immobilizes the course of a weight and it introduces the possible joining of opposites: masculine and feminine, fixity and airiness, hardness and softness.

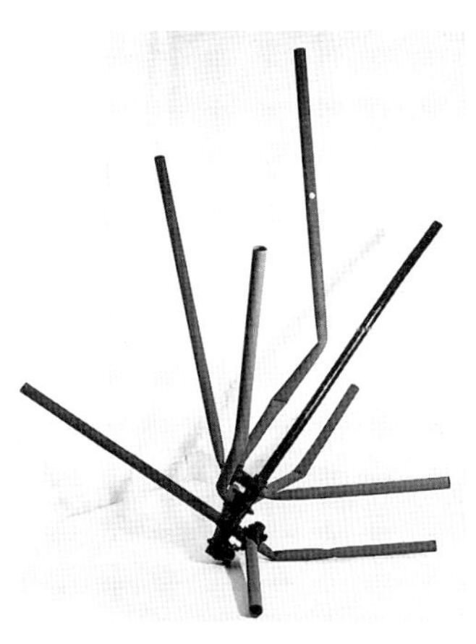

V

GZ: This work had this effect due to the presence of an amorphous material, concrete, which takes the shape you give it. It is plastic and fluid. It is a synthetic material, typical of modernity, and because of its distribution of weight, it can be dangerous. It implies the idea of risk: a mental risk, too. Together with the steel and polyurethane it became a throne, covered in ultramarine blue, which gleams due to the iridescence of the dust. I wasn't thinking of Yves Klein, even though the ultramarine blue implies an idea of purity. It is almost a meeting between brute force and ethereal force. Regarding the dalmine tubes, you spoke of a "nervous system": for me the tube is a vein or wire that carries energy and electricity. It carries the flow. The city, with its arteries, recalls the human body, it is a great macroscopic reconstruction of our lymphatic system. I was attracted by the sight of growth and change, excavations, building sites in action, traffic. At the same time I was thinking of things that had a relationship with the physical dimensions of my range of action. In order for *Tent* (1) to change day by day, moment by moment, it had to be nourished with water. I set mechanisms in motion, the image nourishes itself, visually, and I am the first to be amazed. I think of acids because I don't know what will happen. I'm always waiting to find out.

GC: There are striking analogies with the sculpture with lettuce by Giovanni Anselmo and the untitled work with parrot by Jannis Kounellis, works that, in 1967, led art into a magic recess where materials autonomously generate images. I am reminded also of

trono recubierto de un azul ultramar que resplandece por la iridiscencia del polvo. No pensaba en Yves Klein, si bien el azul ultramar implica una idea de pureza. Es casi un encuentro entre la fuerza bruta y la fuerza etérea.

A propósito de los tubos dalmine has hablado de "sistema nervioso". Para mí el tubo era la vena, el cable eléctrico que conduce la energía y la electricidad, que lleva el movimiento. La ciudad con sus arterias recuerda al cuerpo humano, es una construcción macroscópica de nuestro sistema linfático. Me sentía muy atraído por este ver crecer y cambiar, las obras en la ciudad, los talleres en acción, el tráfico. Al mismo tiempo pensaba en cosas que tuvieran una relación con la dimensión física de mi radio de acción. Para conseguir que la *Tenda* (1) fuera cambiando día a día, momento a momento, era necesario nutrirla de agua.

Me considero alguien que pone en marcha un mecanismo y la imagen se va autoalimentando, visualmente, hasta el punto de que soy el primero en asombrarme –pienso en los ácidos– porque no sé cuál será el final. Es una espera continua.

GC: Encuentro fuertes similitudes con la escultura con lechuga, de Giovanni Anselmo, y con el *Senza titolo* con papagallo, de Jannis Kounellis, trabajos que en 1967 hacen que el arte se precipite en una cavidad mágica donde los materiales autogeneran las imágenes; pienso también en los entramados entre cuerpo y árboles, de Giuseppe Penone, o en el reguero de agua, de Mario Merz, y constituyen el discurso de un reto a la artificialidad y a lo estático: suponen soplos energéticos que empapan el cuerpo de la escultura y de la pintura, remueven el velo de las "apariencias" y ponen de manifiesto la fisonomía sensorial y sensual. Sin embargo, el arte de aquellos años revela la inquietud de una plenitud mental y ambiental que trata de colmar y germinar todos los espacios. Se abandona al extravío y se hace fulmíneo, huella de un ser en el mundo.

GZ: Los comienzos están marcados por mi relación con Richard Long y Gerd van Elk, llegados a Turín y reencontrados después en Amalfi. La comunicación era difícil a causa del idioma; no obstante, nos entendimos. Comprendimos que teníamos un lenguaje común. Junto con muchos otros, como Jan Dibbets y Bruce Nauman, Robert Smithson y Giovanni Anselmo, aunque de culturas distintas, aspirábamos a transformar el territorio del arte. Queríamos llegar a una especie de centro secreto, sumergirnos en él para encontrar una inquietud y una agitación capaces de mantener nuestra búsqueda siempre en tensión. De aquí nace el ímpetu con el que trato de encerrar la enrgía de la *Torcia*, 1967 (V), cuyas llamas se obtienen arrojando los tubos dalmine contra la pared. Seguía un impulso infantil, como liberador de la energía personal, ésa que lleva a los niños a destruir las cosas tirándolas al suelo. Fue un gesto violento, pero delicadísimo, como si se tratase de un fuego interior que traté de manifestar exteriormente.

GC: Fue como liberar un ave de energía, donde esa oleada de intensidad animal, aunque humana, se transforma en imagen. La escultura disuelve y conduce a su cauce las aguas sensibles multiplicándolas. Proporciona una amalgama y una firmeza áurea. Pero concentrar y unir la energía significa dominar la sobreabundancia de las ideas y de las figuraciones para salvar sólo aquellas que poseen una chispa solar; es el punto donde el ojo encuentra un punto de unión con las energías vitales, humanas y naturales.

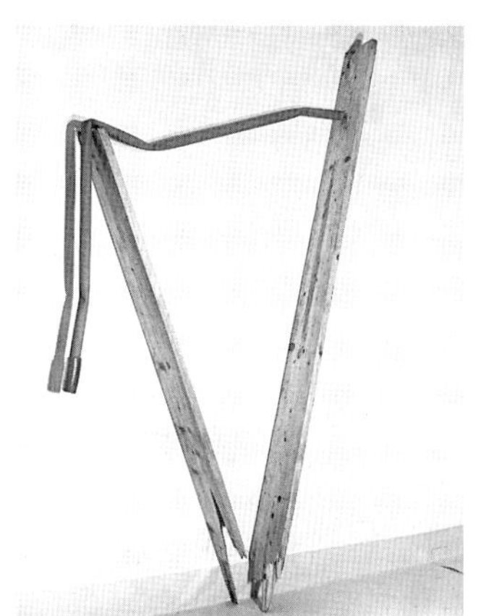

the intertwining of bodies and trees of Giuseppe Penone or the water rivulet of Mario Merz, which challenge artificiality and stillness: they are breaths of energy that saturate the body of sculpture and painting, removing their veil of "appearances" and revealing their sensory and sensuous physiognomy. The art of those years reveals a constant concern for mental and environmental fullness, it tries to fill and germinate all spaces. It abandons itself to wandering and becomes instantaneous self-presentation, the trace of a being in the world.

GZ: The beginning was marked by contacts with Richard Long and Ger van Elk, who came to Turin and whom I met again in Amalfi. Because of the difference of language, communicating was difficult; nevertheless we understood each other. We understood that we had a language in common. Together with many others, like Jan Dibbets and Bruce Nauman, Robert Smithson and Giovanni Anselmo, although we came from different cultures we aspired to transform the territory of art. We wanted to arrive at some kind of secret center, sink into it to find a restlessness and a fever that would keep our research in tension. Hence the fury with which I attempted to imprison the energy of *Torch*, 1967 (V), whose flames were obtained by throwing dalmine tubes against the wall. I followed a childish, almost liberating impulse of personal energy–the one that brings children to destroy things by throwing them on the floor. It was a violent, but extremely delicate gesture, almost an inner heat that I tried to externalize.

GC: It was like freeing a bird of energy, where the surge of animal but human intensity is transformed into image. The sculpture melts the sensitive waters, makes them flow into its bed and unites them. It supplies an amalgam and a golden fixity. But to coagulate energy means to discipline the abundance of ideas and figurations to save only those that possess a solar spark: it is the point at which the eye finds a contact with the vital, human and natural energies.

GZ: I would place the *Broken Board*, 1967 (VI), which I later called *Lightning Bolt*, in this sphere. It originates in a violent tug which, exerted on the aluminum tube, breaks the board. It is the same image, a combination of violence and softness, that gives shape to the arch; it is as if the rubber had managed to bend the tubular structure. Giovanni Anselmo viewed it at the time as a powerful muscle; personally I saw it as a rebellion of materials in which a weak material bends a stronger one, creating a ring or a belt. Here, once again, is the relationship with the body that is physicized, whereas at the time Emilio Prini tended to intellectualize it in his *Steps*. This inner vision of the body comes to me also from viewing it in chemical terms. Each human is a container of minerals and water; his veins, lungs and organs are an extraordinary chemistry lab made of tubes and alembics.

GC: Your vision of the body as electric potential and of the organs and the skeleton as a chemistry lab allows me to understand how your subsequent work concerns the hidden and buried vitality of the elements that form the substances of the body. Your sculptures attempt to explore the "spectacle" of the body crammed with water and minerals, and with magnetic flesh and blood that pass from the center to the periphery and vice-versa. They constitute an inquiry into the mobility of matter, from which

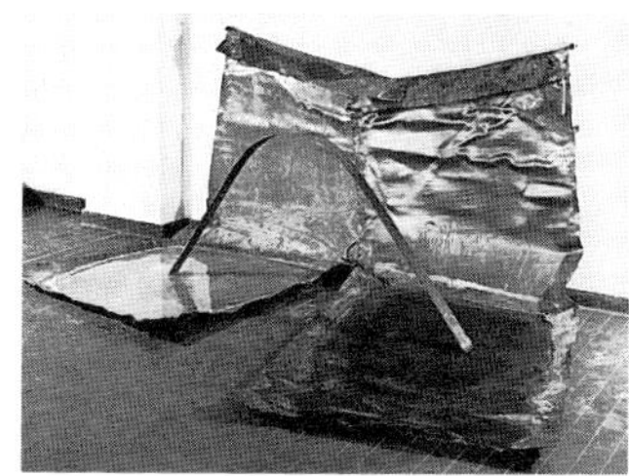

VII

GZ: En este sentido colocaría el *Asse spezzato*, 1967 (VI), que después llamé Rayo, derivado de un espantoso tirón que, enganchado al tubo de aluminio, llega a romper el eje. Es la misma imagen, entre violencia y dulzura, que da forma al arco. Es como si el caucho hubiera conseguido doblar la estructura tubular. A Giovanni Anselmo le pareció entonces un músculo poderoso; personalmente, yo la veía como una rebelión de la materia que, a pesar de su debilidad, es capaz de doblegar al más fuerte, creando la sensación de un anillo o recinto. He aquí, de nuevo, la relación con el cuerpo, que es exaltado en su aspecto físico, mientras que en aquella época Emilio Prini tendía a intelectualizarlo. Tal visión interior del cuerpo proviene en mí también de su lectura química. Todo ser humano es un recipiente de minerales y de agua, sus venas, sus pulmones y órganos son un extraordinario laboratorio químico, hecho de tubos y de alambiques.

GC: Tu visión del cuerpo como potencial eléctrico y de los órganos y del esqueleto como central química, me ayuda a comprender por qué tu trabajo futuro se refiere a la vitalidad nerviosa y sepulta de las materias que forman las sustancias del cuerpo. Tus esculturas tratan de profundizar este "espectáculo" del cuerpo purificado de agua y de minerales magnéticos, así como de carne y de sangre que viajan desde el centro a la periferia y viceversa. Es un estudio sobre la movilidad de la materia de la que todo sale transformado e incandescente. Una incandescencia que recuerda el intensivo germinar de la vida y del cuerpo que, sin embargo, tratas de comunicar haciendo visible el "doble" físico interno. Y, en este momento, me parece poder identificar dos tipos de materia; una baja y estática, sometida a las leyes de la gravedad (cemento, eternit, madera, plomo…) que constituye el cuerpo fáctico y otra animada por el fuego, fosfórica y eléctrica, cambiante y atravesada por la energía vital y la fiebre de ebullición que constituye el núcleo del cuerpo aéreo y ardiente. Entre los dos se abren las cavidades y conductos de los órganos, los orificios y las venas a través de los cuales se insinúan y pasan los flujos y las energías linfáticas. Son los humores puros e impuros que circulan de un órgano a otro, como en los *Piombi*, 1968 (VII), y en los *Crogiuoli*, 1981 (VIII). A través de estos órganos plásticos, definidos como escultura, pasa entonces una respiración cósmica.

GZ: De esta relación con el cuerpo nace en mí la atención hacia la terracota, el primer material de síntesis del género humano. Es el descubrimiento de la primera piedra artificial moldeable; la modelas y el impacto con el fuego hace la transformación irreversible, por lo tanto, otra relación entre cuerpo apagado y cuerpo ardiente.

GC: La segunda exposición en la galería de Gian Enzo Sperone, en Turín, en 1969, renuncia al aglomerado de distintas esculturas para convertirse en un conjunto, casi en un decorado ambiental. Se hace un campamento de sistemas energéticos. En torno a un fuego central sobre el que se calienta un objeto de pyrex, se disponen un arco voltaico, un sistema sonoro y un grupo de fajos de bambú *Senza titolo* (IX) y *Microfoni* (X). La exposición se convierte en una "fragua" de sonidos y de soplos, de descargas y de calor. Además, sobre el suelo se deslizaban bloques con esferas que establecían bases precarias y móviles. El conjunto se podía asumir como dispersión de enrgías en continua

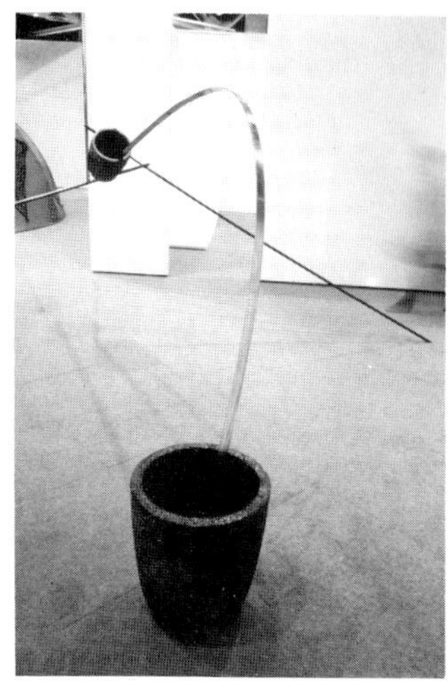

VIII

everything emerges changed and incandescent. An incandescence that recalls the intense germination of life and of the body, but that attempts to communicate by making the "double" internal physicality visible. And at this point I seem to be able to identify two different types of matter: one low and static, subject to the laws of gravity (concrete, fiber-cement, wood, lead), which constitutes the factual body; the other animated by fire, phosphoric and electric, changing and penetrated by vital energy and the fever of ebullition, which forms the nucleus of the aerial, ardent body. Between the two are the cavities and ducts of the organs, the orifices and veins through which the lymphatic flows and energies penetrate. These are pure and impure humors that circulate from one organ to another, as in *Lead Sheets, 1*968 (VII) and *Crucible, 1981* (VIII). Through these plastic organs, defined as sculptures, a cosmic breath passes.

GZ: My interest in terracotta, man's first synthetic material, originated in this relationship with the body. It is the first moldable artificial stone: one models it, and the impact with fire makes the transformation irreversible, hence there is another relationship between the low body and the ardent body.

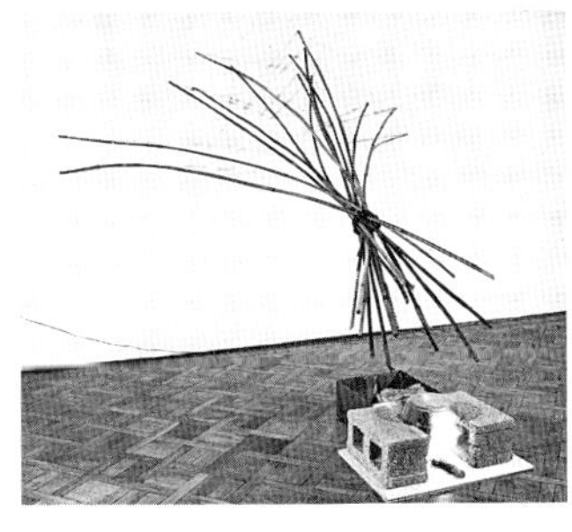

IX

GC: The second exhibition at Gian Enzo Sperone's in Turin, in 1969, presented the agglomeraton of sculptures as a whole, an almost environmental installation, an encampment of energy systems. In *Untitled* (IX) and *Microphones* (X) a voltaic arc, a sound system, and a bundle of bamboo sticks were arranged around a central fire on which an object in pyrex was heated. The exhibition became a "hotbed" of sounds and breaths, of discharges and of heat. Blocks on spheres slid across the floor, establishing precarious and mobile bases. The whole could be considered a scattering of energies in continuous transformation. All the elements seemed to draw on the "furies" of natural or artificial matter in ebullition. The spectator became an "actor."

GZ: The exhibition was a whole. The principal link was established by the microphones, which transmitted the voice and repeated it, at an interval of a few seconds, creating an "echo" effect on which the phrase that followed was refracted. The space was finally filled with continuous, repetitive sound, almost a sonorous magma in which one was completely enwrapped, to the point that auditory perception was disturbed.
Of course the work required the direct participation of the spectator, who was asked to climb onto a moving block and speak into the microphones. The work was made up of consecutive waves, the first visual and plastic, in silence, the second with the introduction of sounds, words or noises, the third with their bouncing back and forth and fusion. It was important to me to achieve an "enveloping" space ready to assimilate all things and events. And if the spectator did not like the things and events he produced, he produced them anyway.

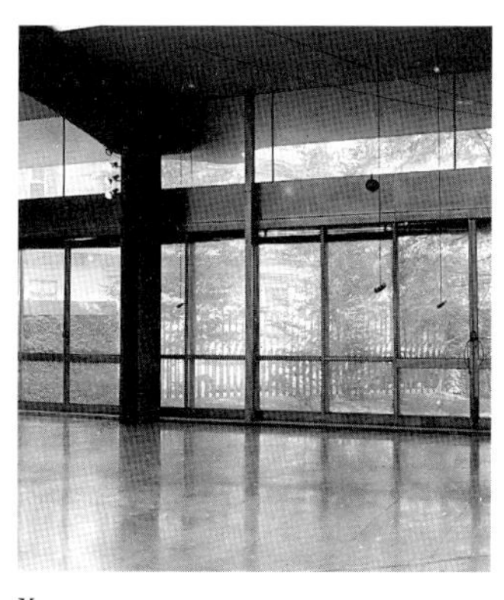

X

GC: The first exhibition in Turin was made up of a series of sculpture-characters; subsequently the public was brought into this cave and "spoke." One has two different sounds, the first silent, of things and materials, the second noisy, of the human body, fire, and the voltaic art.

GZ: It was a shifting in terms. The introduction of the voltaic arc worked because it

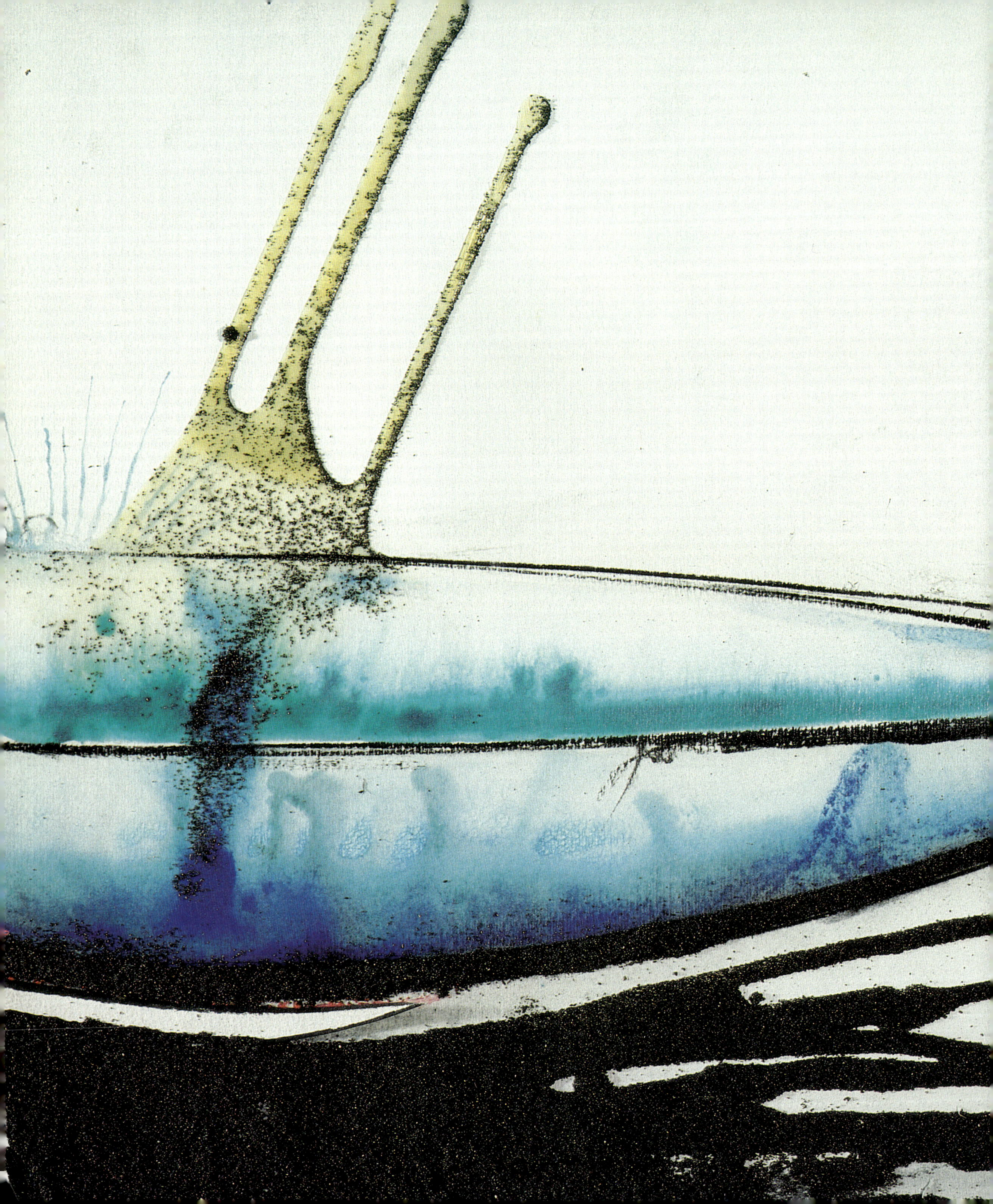

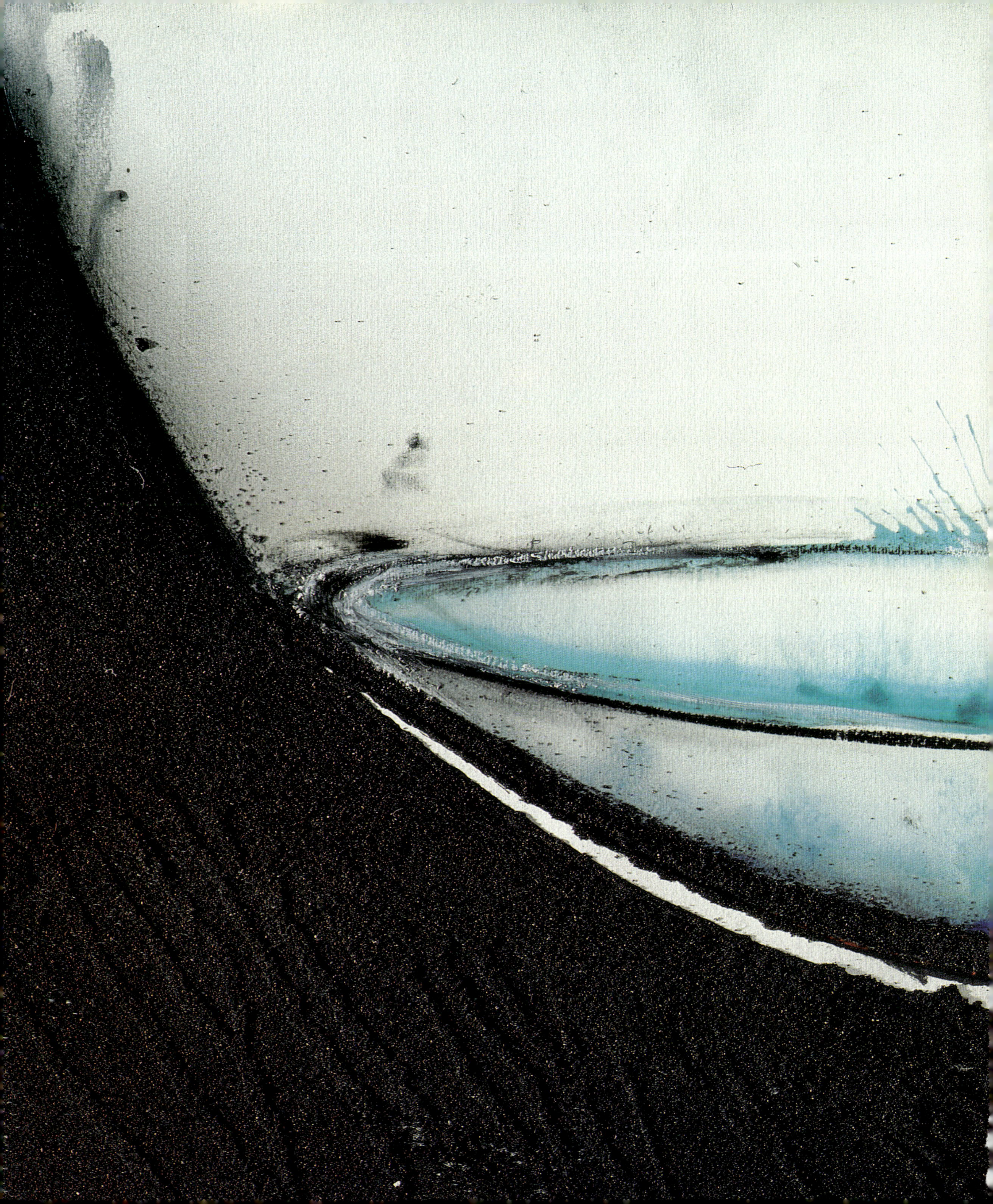

transformación. Todos los elementos parecían alcanzar los "impulsos" de la materia –artificial o natural– en ebullición. El espectador era un "actor".

GZ: La exposición era una unidad. El vínculo principal era establecido por los micrófonos que transmitían la voz y la repetían con un intervalo de pocos segundos, creando de este modo un efecto "eco" sobre el que se rompía la frase siguiente. Se llegaba a llenar el espacio de un sonido continuo y repetido, como si se tratara de un magma sonoro que envolvía completamente hasta llegar a molestar la percepción auditiva. Naturalmente el trabajo necesitaba la intervención directa del visitante, que debía subir sobre un bloque en movimiento y hablar por los micrófonos. La obra se constituía de ondas sucesivas, la primera plástica y visual, en silencio; la segunda, con la emisión de sonidos, palabras o ruidos; la tercera con su resonancia y fusión. Para mí era importante realizar un espacio "envolvente", dispuesto a asumir todas las cosas y los acontecimientos. Y si las cosas y acontecimientos preducidos no les gustaban, los hacía igualmente.

GC: La primera exposición en Turín estaba formada por una serie de personajes-escultura; ahora es el público quien está invitado a entrar en esta caverna para "hablar". Son dos sonidos distintos, el primero silencioso de las cosas y de los materiales; el segundo ruidoso de los cuerpos humanos, del fuego y del arco voltaico.

GZ: Hubo un desplazamiento de términos. La entrada del arco voltaico funcionaba porque señalaba una presencia, de ahí el olor de las antorchas, de la parafina, de las maderas… Se formaba un conjunto, una unidad de olores, sonidos, repeticiones, ecos. Para mí era un calidoscopio de astillas unidas todas ellas pero lanzadas en direcciones distintas. Admitamos que las antorchas verdaderas en Berna y en París siguen el tema de la luz y del fuego, *Torce*, 1969 (4), pero el tema de la luz que deslumbra está también en las luces contrapuestas, presentadas en el "Deposito d'Arte Presente", *Luci*, 1968 (XI). Es siempre una descarga que se produce y centellea.

GC: Pero… existe una distinción entre las luces naturales y las artificiales.

GZ: Producían distintos resultados; las luces del "Deposito" daban una iluminación monstruosa. El arco voltaico es una gran compresión de luz. Las llamas y las antorchas son, en cambio, objetos extremadamente primitivos, recuerdan un rito. El cortejo nocturno con antorchas es, en efecto, una exageración ritual, destinado a vencer las tinieblas de la noche, a desvelar su misterio.
En la exposición en Gian Enzo, en 1969, la combustión, el incendio, las resinas, el perfume del pino quemado acercados a los fajos de bambú extremadamente inflamables, daban el sentido de un riesgo continuo. Suponían el peligro de ponerse fuego en el cuerpo: la voz entra en el micrófono como el arco voltaico entra en la piel.

GC: La luz es el "soplo", la matriz del mundo de la Manifestación. A través de éste las cosas se manifiestan y vienen a la luz. Los materiales son obtusos y brutales, por el contrario la voluntad humana "ilumina" y activa la conciencia. En todos tus trabajos desde 1969 hasta hoy, la luz empuja o equilibra el peso de los materiales. Desde *Per purificare le parole*, 1969 (XII), hasta *Acidi Antonelliana*, 1984 (17), mediante el recurso a las lámparas, construye un halo mágico. Parece representar la victoria del "conocer"

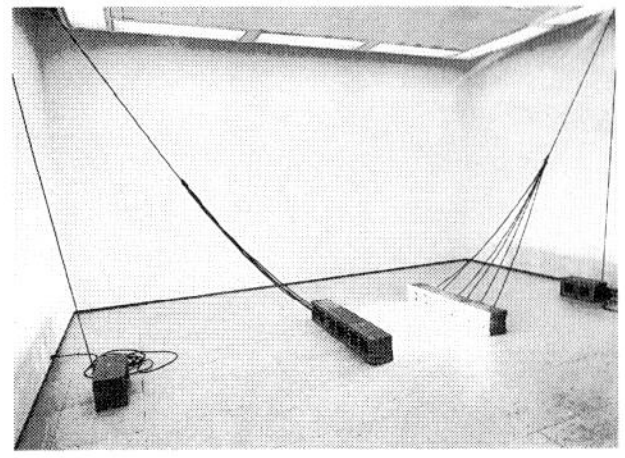
XI

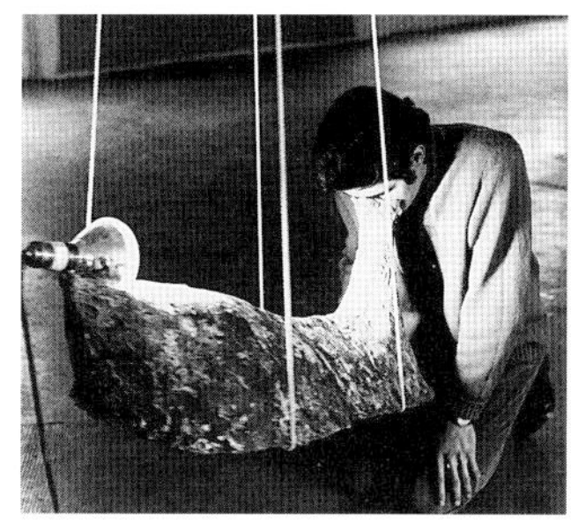

XII

signalled a presence, as did the smell of the torches, of paraffin and wood. A whole was formed, an ensemble of odors, sounds, repetitions, echoes. For me it was a kaleidoscope of splinters, joined together but thrown in different directions. The real torches in Berne and Paris followed the theme of the light and fire in *Torches*, 1969 (4), but the theme of light that dazzles is also present in the opposing lights presented at the Deposito d'Arte Presente in *Lights*, 1968 (XI). It is always a discharge that is produced and flashes.

GC: But there is a difference between artificial and natural light.

GZ: They gave different results. The lights in the Deposito gave me a monstruous lighting. The voltaic arc is a great compression of light. Torches, in contrast, are primitive objects, they remind one of rituality. The torchlight procession is in fact a ritual exaggeration, it serves to overcome the darkness of the night, its mystery.
In the exhibition at Gian Enzo's in 1969, the combustion, the fire, the resins, the scent of burnt pine, next to the extremely flammable bamboo, gave the impression of a continuous risk. They implied the danger of introducing the fire into one's body: the voice entered the microphones as the voltaic arc penetrated the skin.

GC: Light is "breath," the basis of the world of Manifestation, through it "things" reveal themselves. Matter is obtuse and brutal; human will, on the contrary, "illuminates" and activates knowledge. In all your works from 1969 to the present light compresses or balances the weight of materials. Through the recourse to lamps it compresses and constructs a magic halo, from *To Purify Words*, 1969 (XII) to *Acidi Antonelliana, 1984* (17). It seems to represent the victory of "knowledge" and "seeing" over material impulses. But it is always in a precarious position, it acts as a swing wheel, as if the sculpture were an oscillation between two rhythms: the intellectual and the physical, fullness and emptiness, the immaterial and the material. Not incidentally, a swing wheel forms an arc, thus presupposing a circle, the shape of and course toward perfection.

GZ: After all, the lamps lighting other lamps form a short circuit or a circular course, but this complete form leads to the emanation of an incredible heat and a blinding light. They have the same condition of knowing and thinking, but their knowledge and thought derive from the energy of the materials. Hence, in the 1969 exhibition at Ileana Sonnabend's, I connected *Torches* (4) to *Burnt Writing*, 1968-69 (6), the silence and temporal speed of the word. The process is identical, it concerns consumption, carbonization. There are analogies also with the microphones: once the word is launched into them, as on a printed page it can no longer be recovered, it speaks of its own accord and is amplified or made legible. If the echo was repeated several times, there arose a kind of frustration to compete with the sculpture; anything, written or spoken, possessed an absolute destiny. It is the same destiny of *Radical Fluidity*, 1969 (XIII): to act you must take hold, and if you take hold you mark your destiny. It is forcing the accumulation of sign upon sign; each substance "matures" in the other, to be transformed into vivifying energy. The same is true of *Lead Sheets*, (VII) and of *Crucible*, (VIII), in which the sculpture succeeds, through a slow reaction, in changing

y del "ver" sobre las pulsiones de la materia. Sin embargo, está siempre en equilibrio, funciona como una rueda que regula el movimiento, como si la escultura se constituyese en una especie de oscilación entre dos ritmos: el intelectual y el físico, el vacío y la plenitud, lo inmaterial y lo material. Ésta es la razón de que la rueda forme un arco, presupone por lo tanto un círculo, la forma y el camino hacia la perfección.

GZ: En el fondo las lámparas que iluminan otras lámparas forman un pequeño circuito o un trayecto en círculo, pero esta forma completa lleva a la emanación de un calor horroroso, así como a un deslumbramiento. Tienen la misma condición del conocimiento y del pensamiento, pero de un conocer y un pensar que vienen de la energía de los materiales. Por eso, en la exposición del Ileana Sonnabend en París, en 1969, traté de relacionar las *Torce* (4) con *Scrittura bruciata*, 1968-69 (6); el silencio y la velocidad temporal de la palabra. El proceso es idéntico, concierne al consumo y a la carbonización. Existen analogías con los micrófonos, una vez lanzada la palabra, al igual que la hoja de papel, ya no se puede recuperar, habla por sí sola y es amplificada o hecha legible. Si el eco se repetía más veces se instituía una especie de frustración que competía con la escultura. Cualquier cosa dicha o escrita poseía un destino absoluto.
Es el mismo destino de *Fluidità radicale*, 1969 (XIII) para actuar debes rebatir, y rebatiendo estás marcado. Es forzar a acumular signo sobre signo: cada materia "madura" en la otra para que se transforme en energía vivificante. Lo mismo en *Piombi II*, 1969 (VII), o en *Crogiuoli*, 1980 (VIII), donde la escultura logra, a través de la lenta reacción, cambiar la visión día a día. Algo que puedo prever pero no de una forma total, como los fenómenos psíquicos: su previsión es extremadamente vaga. Quizás el conjunto nace de mi interés juvenil por la oxidación de las estatuas de bronce cuando las veía en los museos. Sólo que aquí ya no existe el brazo, la cabeza o el cuerpo de la estatua, sino el proceso de mutación. Es un proceso fantástico, en el espacio de centenares de años; será como un matrimonio entre cristales.

GC: La pasión por la densidad te lleva entonces a una estrategia lingüística que implica distintos ritmos temporales. Uno veloz e imprevisible del fuego o de la voz, o de la escritura quemada, y otro concerniente a un tiempo infinito, a una dimensión secular. La velocidad del sonido frente a la velocidad de la historia, fundidos en un abrazo fecundante, pero depositados en formas definidas, en continuo movimiento.

GZ: Es un problema que concierne a todos. He tratado de extrapolar esta mentalidad, que pertenece a cualquier ser histórico, intentando ponerla de manifiesto, como si perteneciese a un ser de hace mil años, con su técnica, demasiado tosca y pura, ciertamente primitiva. En esta técnica o tecnología tosca incluyo también el láser, que he utilizado del mismo modo que una antorcha eléctrica.
Mi trabajo se refiere siempre a un deslizarse por el espacio, ya sean palabras o haces de luz. *Odio* y *Confine* recorren el espacio, la palabra es solidificada y comprendida en el plomo (7) o en la pared (XIV), o bien se la hace incandescente. Ambos términos "marcan". La palabra "odio" es un término durísimo, excavado con fuerza en el muro, revela el enyesado. Es una palabra exagerada y terrible que quiebra y pesa. Además el odio oscila y, como los extremos de la cuerda, se apoya donde puede. Es también un fogonazo, que, como *Confine fluorescente*, 1970 (9), te aparece sólo cuando está

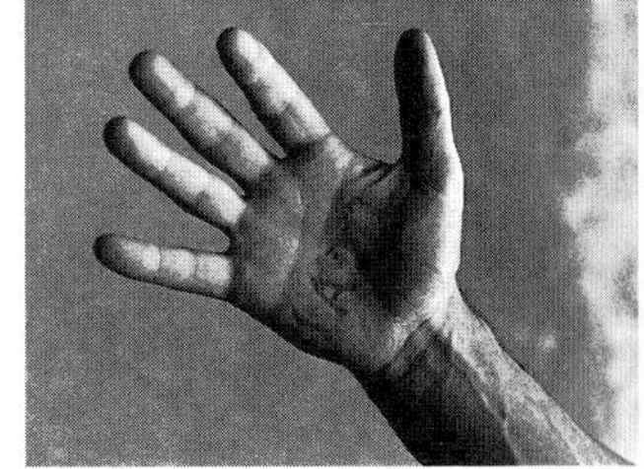

XIII

vision day by day. This is something I can foresee, though not totally; as in psychic phenomena, its prediction is extremely vague. All this probably arose from my interest as a boy in the oxidation of bronze statues I saw in museums. Only that here the arm, head, or body of the statue has been replaced by the process of mutation. It is a magical process, spanning hundreds of years. It is like the wedding of crystals.

GC: Your passion for density has thus brought you to a linguistic strategy that implies different temporal rhythms: one fast and unreachable, belonging to the fire or the voice or the burnt writing; the other concerning an infinite time, a secular dimension. The speed of sound versus the speed of history, joined in a fecundating embrace, but deposited in definite forms in continuous movement.

GZ: It's a problem that concerns everyone. I attempted to extrapolate this mentality, which belongs to every historical being, and to make it appear as if it belonged to a being of a thousand years ago, with his extremely crude and, no doubt, also primitive technique. In this raw technique or technology I include the laser as well, which I used in the same fashion as an electric torch.
My work always concerns a flowing through space, which can be achieved by words or by beams of light. *Hatred* and *Boundary* traverse space; the word is solidified and compressed in the lead (7) or in the wall (XIV), or else it is made incandescent. Both terms "mark." The word, hatred, is a brutal term; carved with force in the wall, it reveals the plaster. It is an exaggerated, terrible word that lacerates and weighs heavily. Furthermore, hatred oscillates and, like the ends of a rope, it rests where it can. It is also a fulmination; just like *Fluorescent Boundary*, 1970 (9), it appears only after dark, then it disappears, as would a revelation. Furthermore the term, boundary, contains a threat of its own; it is fluid and undefinable. The word implies many meanings, which are never ends in themselves. For this reason the incandescence is never a light understood as an end in itself. The nichrome becomes incandescent because it is invested by a tremendous energy in *Incandescent Boundary,* 1970 (13). It is the same with the "boundary" written on the wall: it appears when the black lights are lit and they excite the fluorescein.

GC: But materiality nailed to the ground by gravity always implies the ideas of "blowing" and "breath," with which it forms a whole. Acceptance of the concept of "living" implies that an air or wind catches matter, triggering its flow, expressing energy. Matter cannot be deprived of the "sulphur" that sets it on fire, as the flesh cannot be deprived of the spirit. The idea of frenzy passes through both, it is a plunge in the current of things. Each of your sculptures metaphorically re-ties the knot between breath or soul or spirit and matter. It restores a nervous vitality, the voice or the word, to its role of "receiver" of power, of energetic drunkenness.

GZ: *To Purify Words,* from 1969 to 1984, involves this chain process. It becomes a tool for inebriating and giving words a plastic meaning, it visualizes them as a river or a nuclear chain that flows from one end to the other, returning to the point of the speaker-listener. But the words can also be lost, when they pass through the hemp hose filled with alcohol that oozes out on contact with the earth. It is an inebriation of

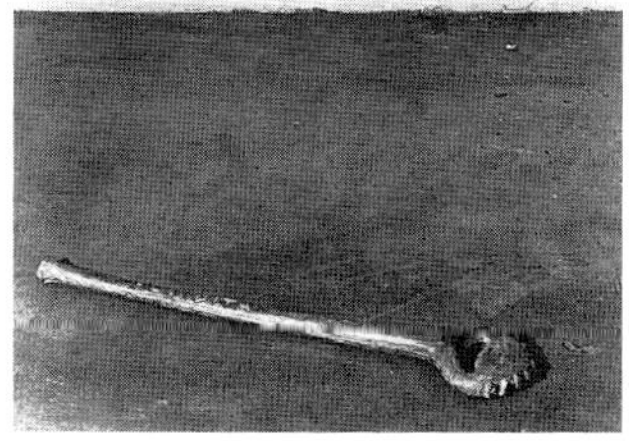

oscuro, desapareciendo después como una revelación. El término "confine" (límite) encierra una amenaza, es fluido e indefinible. La palabra comporta muchos significados, ninguno fin en sí mismo. Por esto la incandescencia no es una luz fin en sí misma; el níquel cromo se hace incandescente porque es recorrido por una enrgía exagerada, *Confine incandescente*, 1970 (13). Y lo mismo sucede con *Confine* (9), escrito en la pared, aparece cuando funcionan las lámparas de Wood e inflaman la fluoresceína.

GC: Pero la materialidad enclavada en la tierra por la gravedad siempre lleva consigo la idea del "soplo" y de la respiración, que unidas forman un "todo". La adhesión al concepto de "viviente" implica que el aire o el viento abrace la materia, alimente su flujo y exprese la energía. La materia no puede ser privada del "azufre" que la incendia, como la carne del espíritu. La idea de frenesí pasa a través de ambas, es un sumergirse en la corriente de las cosas. Toda escultura tuya, de forma metafísica, reduce el nudo entre la materia y el soplo, ánimo o espíritu. Reintegra una vitalidad nerviosa, la voz o la palabra en su rol de "captación" de fuerza, de embriaguez energética.

GZ: *Per purificare le parole* de 1969 a 1984 conlleva este proceso en cadena. Se convierte en un instrumento que embriaga y da a las palabras un significado plástico, las visualiza como un río o una cadena nuclear que va de un extremo a otro para volver al mismo punto del hablante-oyente. Pero también pueden perderse en el tubo de cáñamo lleno de alcohol, que rezuma al contacto con la tierra. Es un embriagarse con el alcohol y las palabras, con su ida y vuelta.

GC: Y ¿qué refleja el círculo?

GZ: Es una línea que parece trazada por el gesto del brazo, una rotación del cuerpo, un perímetro donde el ser humano está en el centro.
Me interesa siempre la relación con la animalidad del cuerpo. Yo soy un animal, cada uno tiene características animales, por eso mantengo constnate la relación con la animalidad. Las pieles de vaca recuerdan el ciclo de la vida: el rumiar de la vaca, el trabajo que se hace con su piel. Sin embargo, me gustaba tomar las pieles en su pureza, ponerlas contra la pared, como en *Pelli con resistenza*, 1969 (22), y acercarles esta condición terrible de la incandescencia. Dos signos metafóricos, uno presente, el orto fatuo.

GC: Es una noción de "crueldad" que contiene un núcleo cognoscitivo y sublimador, como si el encuentro entre mapa animal y trayecto incandescente hiciera convivir en la sociedad un *continuum*, basado en la relación entre vida y muerte, en su incesante escape de materias y fuerzas. Como si las miserias de la vida fueran llevadas a la verdadera matriz, la fuerza errante que produce y deshace los mundos.

GZ; Desde esta perspectiva, la incandescencia es para mí una exageración fantástica; no es posible evitarla, sientes que se consume. Es una emanación terrible, une una masa enorme que serpea por el hilo con un resplandor que no es color pero se transforma en brillantez cromática. Precisamente este esfuerzo en su manifestación es lo que más me interesa. Es una continua revelación de energía.

GC: El juego de la vida como juego de polaridades antagónicas, como diálogo entre Eros y Thanatos encausa tu cuerpo viviente.

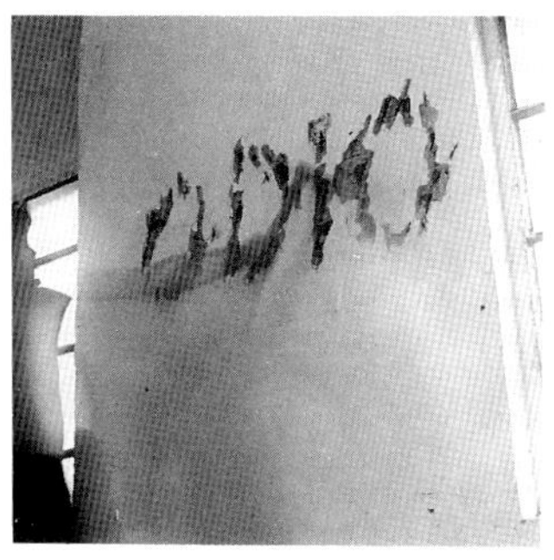

XIV

alcohol and words, with their coming and going.

GC: And what does the cycle recall?

GZ: It is a line that seems to be traced with a gesture of the arm, a rotation of the body, a perimeter of which the human body is the center.
I have always been interested in the animality of the body. I am an animal, each of us has animal characteristics, for this reason I keep the relationship with animality constant. The cow hides recall the life cycle: the ruminating of the cow, as well as what is done with its hide. I liked the idea of taking the hides in their purity and placing them against the wall, as in *Skins with Resister*, 1969 (22), and of putting next to them the terribleness of the incandescence. Two metaphoric signs, one present and the other fatuous.

GC: It is a notion of "cruelty" that contains a cognitive and sublimating nucleus, as if the meeting between the animal map and the course of the incandescence made possible the existence of a continuum based on the relationship between life and death, on their incessant output of matter and forces. As if the miseries of life were brought back to their true source, the errant force that makes and unmakes worlds.

GZ: In this perspective, incandescence is a fantastic exaggeration. To avoid it is impossible, you feel it consuming. It is a terrible emanation that subtends an enormous mass meandering in the wire, with a brilliance that is not color, but that becomes chromatic brightness. It is this very effort to show itself that interests me. It is a continuous revelation of energy.

GC: The game of life as a game of antagonistic polarities, as a dialogue between Eros and Thanatos, questions your living body. Already with *Hatred,* (XIV) *Radical Fluidity,* (XIII) and *Phosphorescent Fist* (10) sculpture is linked to the presence of your psychic and physical "characteristics." The different denominations of the skin continually repropose a human-animal crucible, the identity of which can no longer be hidden. Does the transmutation of substances pass through your self-portrait?

GZ: The theme of the star is a kind of self-portrait. It originated in fact in a leather work with my face in relief, in which the pupils are star-shaped. It is a visible passage in which my "animality" is declared, as is the identification between the gaze and the observed object: I am a star if I look at a star. But the concept of transition or identification between body and sculpture is already present in *Radical Fluidity,* (XIII) the weight of which creates a sense of vertigo that recalls the column on the inner tube, as well as the block on invisible spheres. A key upsets the human center of gravity, because when you hold out your arm it throws you off balance. Thus an energetic fluid is created that carries the body with it, just as the microphone carried the voice. Furthermore, this so-called key, with the words "radical fluidity" in relief on the handle, is made of tin, an extremely fluid metal that accepts all relations: mixed with copper, it gives bronze; it is the medium that puts itself in relation with a terrible metal such as copper. And mankind changed with the discovery of bronze, the ease of its use, the process of minting coins or casting works of art. Finally, its weight, as soon as you hold your arm

Ya con *Odio* (XIV), *Fluidità radicale* (XIII) o el *Pugno fosforescente*, 1971 (10), la escultura queda vinculada a tus "características" psíquicas y físicas. Las diversas denominaciones de la piel reproponen continuamente un crisol humano-animal, cuya identidad ya no puede ser escondida. ¿Pasa la transmutación de la materia a través de tu autorretrato?

GZ: El tema de la estrella es un poco como mi autorretrato. De hecho nace de un trabajo en cuero con mi rostro en relieve, donde en lugar de los ojos hay pupilas en forma de estrella. Es un momento muy visible donde se declara mi "animalidad" y también la identificación entre mirada y objeto contemplado: si miro una estrella, soy una estrella. Pero los conceptos de tránsito o de identificación cuerpo-escultura están ya presentes en *Fluidità radicale* que crea con su peso un sentido de vértigo que recuerda tanto la columna sobre la cámara de aire como el bloque sobre esferas invisibles. La llave desplaza el centro de gravedad humano, porque alargando el brazo te desequilibra. Se crea entonces un fluido energético que se lleva consigo al cuerpo, como el micrófono se llevaba la voz tras de sí. Además esta especie de llave, con el escrito en relieve sobre la empuñadura "fluidez radical", está realizada en estaño, un metal fluidísimo y disponible a todas las aleaciones: mezclado con el cobre da el bronce, es el *medium* que se relaciona con un metal terrible como el cobre. La humanidad se transformó cuando descubrió el bronce, la velocidad de su utilización, el conocimiento del cuño para las monedas y para el arte. Y por último su peso, apenas alargas el brazo se hace insoportable, como si de golpe aumentase cincuenta kilos. Debes apretarlo fuertemente y la incisión sobre la mano se hace dolorosísima, casi deslumbrante. Superas el dolor y te queda esta inscripción: *fluidità radicale*, como *Odio*; pesa cincuenta gramos pero en seguida se convierte en una tortura.

GC: El *Pugno fosforescente*, 1971 (10), ¿se mueve en la misma dirección, concentra su fuerza en el salir fuera del cuerpo?

GZ: En el puño están el fósforo y la cera. La cera es un elemento excepcional. Existe desde siempre, es transparente, casi eterna; resiste todos los elementos, es muy sensible al calor y al frío, sirve para escribir en ella, sirve para taponar las orejas. Posee el recuerdo del cosmos. Suspendida en el vacío en forma de mano, entre dos faros acumula memoria y energía. Cada vez que la luz se apaga, sufre o denota un salto violentísimo. El puño comienza a "moverse", es una respiración incontrolable. Concentra y dispersa, como la memoria. Me sirvió para llegar al esplendor de la estrella. Viaja en el espacio, como la mirada, por eso los ojos del autorretrato tienen forma de estrella y son incandescentes.

GC: La fuente de la luz es identificada con las estrellas que, en la simbología antigua, simbolizan el espíritu y el conocimiento contra las tinieblas, son faros proyectados sobre la noche de la inconsciencia. Con su forma en cinco puntas recuerdan además el pentagrama y el centro místico de las creencias esotéricas, o sea el ser "regenerado", luz irradiante sobre las tinieblas del mundo profano. La identificación con la estrella, después de todos tus procesos de implicación corporal, es consecuente; pasa a través de una historia esotérica basada en la "reapropiación" de la energía. La inmersión en el oscuro torbellino de la materia produce la consecuencia de "ver" y de "verte" como

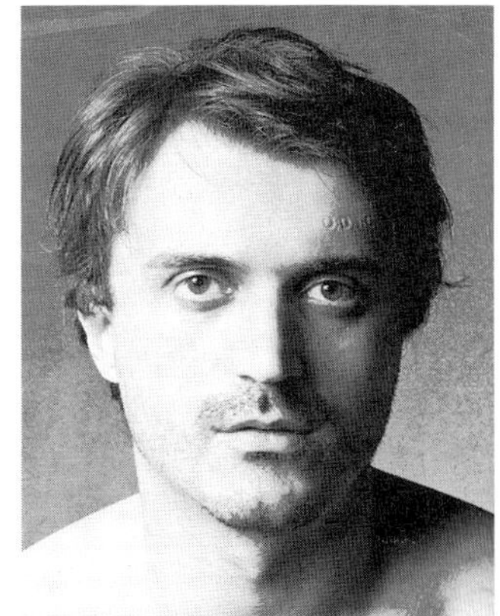

XV

out, becomes intolerable, as if it had suddenly become a hundred pounds heavier. You are forced to squeeze it very tightly, and the incision in your hand becomes terribly painful, almost blinding. You overcome the pain and you are left with this writing, "radical fluidity," like "hatred," in your head, it weighs only an ounce, but immediately it becomes a torture.

GC: *Phosphorescent Fist*, 1971 (10) moves in the same direction. In becoming estranged from the body, does it concentrate its strength?

GZ: The fist is made of phosporous and wax. Wax is an extraordinary element. It has always existed, it is transparent, almost eternal. It resists all elements, it is extremely sensitive to heat and cold, it can be written on, or it can be used to plug one's ears. It contains the memory of the cosmos. Shaped like a hand and suspended in thin air between two lights, it accumulates memory and energy. Every time the light is turned off it undergoes an incredibly violent jolt. The fist starts to "move," it is an uncontrollable breathing. It is concentrated and dispersed, like memory. It helped me reach the splendor of the star. It travels in space, like the gaze. This is why the eyes of the self-portrait are shaped like stars and are incandescent.

GC: The source of light is identified in the stars, which in ancient symbology represent the spirit and knowledge against darkness. They are lights projected over the night of unconsciousness. With their five-pointed shape they also recall a music score and the mystical center of esoteric beliefs, that is to say the "regenerated" being that radiates light over the darkness of the profane world. The identification with the star, after all your processes of corporal implication, is consequent; it passes through an esoteric history based on a "reappropriation" of energy. The immersion in the obscure vortex of substances produces the consequence of "seeing" and of "seeing yourself" as a "redeemed" nature where the human body magnetically and magmatically meets its partly animal and partly celestial destiny. Joseph Beuys, too, was stimulated to secrete matter to designate a magnetic term that could make his art a "social sculpture." Your work seems to be more secular, or at least materialistic; it does not share his illusion of an artistic democracy. Creativity for you makes and unmakes forms, but it also marks a personal course, where the ego is identified with matter without social dreams or ecstasies. The process leading toward "light" is inversely proportional to the identification of its limits in relation to the being, as well as to its sign, the star.

GZ: Using the identification between my face and the star meant risking a certain surrealism, but I had to invent a starting point. I had to do it, and in that sense I consider *Self-Portrait* (58) an instrumental work, which in a few months brought me to *Incandescent Star* with javelin (13), exhibited in Turin at Sperone's, in 1973 together with *Boundary* (13). The star is a fantastic, extremely energetic image that floats in space, like the incandescent resister and the javelin. The two images coexist because it is my intention to "grasp" them both. In fact they support each other; if you remove the javelin the star is left incomplete. Furthermore, a star can never be completed. I therefore tried to "travel" with it, to bring it to high levels of tension. It continues to obsess me by virtue of its impregnability and its extent, as it has occupied small and

naturaleza "redimida", donde el cuerpo humano se encuentra magnéticamente y magmáticamente con su destino animal y celeste. También Joseph Beuys se sentía impulsado a filtrar la materia para designar un término magnético que hiciese de su arte una "escultura social". Tu trabajo me parece más laico o, al menos, materialista, no comparte su ilusión de una democracia artística; para ti la creatividad compone y deshace las formas, y marca un trayecto personal, donde el yo se identifica con la materia sin sueños ni éxtasis sociales. El proceso hacia la "luz" es inversamente proprorcional a la identificación de sus límites en relación con el ser, como la estrella con su signo.

GZ: Utilizando la identificación entre mi rostro y la estrella corría el riesgo de un cierto surrealismo, pero debía inventarme un punto de partida. Debía hacerlo, y en este sentido considero el *Autoritratto* (58) como un trabajo instrumental que en pocos meses me llevó a la *Stella incandescente* (13) con venablo, que expuse en Turín el año 1973 en la galería Sperone, junto a *Confine* (13). La estrella es una imagen fantástica, extremadamente energética, flota en el espacio, como la resistencia incandescente y el venablo. Las dos imágenes perviven porque es mi intención "oponerlas" entre sí. De hecho se sostienen recíprocamente, si quitas el venablo la estrella queda incompleta. Por otra parte, nunca se puede completar una estrella. Así pues, he tratado de "viajar" con ella para llevarla a niveles de tensión bastante notables. Es una figura que continúa obsesionándome por su imposible aprehensión y por su extensión, de modo que ha ocupado grandes y pequeños espacios. Asumiéndola como metáfora de un espejismo inalcanzable pero pensable, da significado al vínculo entre *Stella Laser* (14) en la galería Ariete de Milán, en 1975, y la Internacional. El término internacional por sí solo ya representa una definición "desconocida": un gran sueño que, como los fotones del láser, podría llegar a cualquier lugar. Es todo un juego de relaciones entre palabras e imágenes, sonidos y luces, cuerpo y formas, las palabras cantadas y allí lo separado iluminado. Cada elemento se derrama en el otro en un continuo proceso de resonancia. La Internacional es "emitida" después de que el ordenador ha memorizado el paso de diez visitantes, pero las notas musicales no se oyen, se ven. Con relación a la exposición en la sala Sperone el año 1969, donde el sonido estaba confiado a la libertad y al movimiento, no creaba tipo alguno de reacción; en este trabajo siento el sonido como imágenes y utilizo su figuración. La música es una partitura y el láser es una figuración de la luz, ya formada. Como si la figuración de la estrella, caída al suelo y hecha visible, me empujase a usar elementos figurativos, para dar un "rostro" a la inmaterialidad de las cosas y de la energía.
No obstante, este salto a la "figuración" lo siento como un aumento de presunción. Presunción porque me lanzo al cosmos y muestro las cosas. Existen muchas estrellas, pero sólo señalo "una". Me encuentro en la exageración, pero me fascina.

GC: Y sin embargo, después de la primera estrella, las estrellas se multiplican y se convierten en un sistema. Una conduce a la otra, se configuran de materias y energías distintas, hasta el punto de formar toda una cosmología.

GZ: Las estrellas son un conjunto de presencias astrales, deben permanecer juntas y formar un mapa celeste.

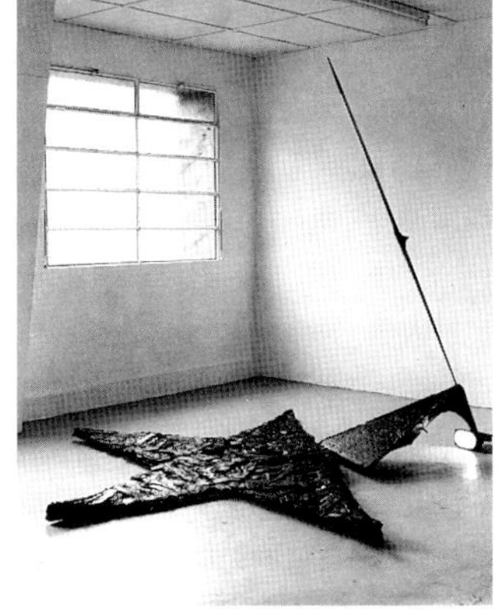

XVI

large spaces. Adopting it as the metaphor for an unreachable but imaginable mirage gives meaning to the link between *Laser Star* (14) at Galleria L'Ariete in Milan, in 1975, and the *International*. The term "international" in itself represents an "unknown" definition, a great dream which, like the photons of the laser, could go anywhere. It is a play of relations between words and images, sound and light, body and forms, sung words and illuminated score. Each element pours into the other, in a continuous process of references. The international was "emitted" after the computer had memorized ten passages of the bodies of the visitors, but the musical notes were not heard, they were seen. With respect to the exhibition at Sperone's in 1969, where the sound was free and the passage created no reaction, in this work I feel sounds as icons and I use their figuration. Music is a score and the laser is a figuration of light, already formed. It is as though the figuration of the star fallen to earth and made visible, compelled me to use figurative elements to give a "face" to the immateriality of objects and energy. However, I feel this jump into "figuration" increased my presumption– presumption because I ventured into the cosmos and I indicated things. There are many stars, but I indicated "one" of them. I reached exaggeration, but it fascinated me.

GC: Yet, after the first one, the stars multiplied and became a system. One star recalls another, and is given its shape by different substances and energies, to the point that it forms a cosmology that can be traveled over.

GZ: Stars are astral presences, they must stay together to form a celestial map.

GC: After the incandescence and the javelin, the stars were made in glass and in terracotta, in leather and with a blowtorch. They rotated in the firmament of primary substances, as though they did not want to maintain a fixed position. They became physical and psychic comets, like *Star to Purify Words*, (XVI) which perceive the "light" within themselves, both in the shape of words and in that of lights. They chained energy to the ground.
But what, then, is sculpture? Is it a physical reappropriation of the primordial illumination of the concept and of the idea? Or is it a force that obscures and solidifies the solar and stellar magma, that is to say, unknown and fantastic worlds? The star with the broken point and the triangular shape pointing upward appears to denounce its origin of "high" thought, as its creation from a tearing or from a fracture that brings to earth unknown and indefinite images. All these figurations dominate your stars, as though to state that the most vivid light, when it is impaired or captured by human beings, is transformed into heavy shadow, and this transformation from illumination to "sculpture" is the task of art.

GZ: The star represents the power of the image. It can take on maximum transparency, as in the *Crystal Star,* (XVII) making the ray travel, or it can remain visible yet impalpable, as in *Laser Star* (14), where the ray is perceptible with the passage of the body or of dust, where the image is visible only if submitted to certain impulses or human movements.

GC: Don't the images materialize without being grasped? Is human presence indispensable to give them a "body"?

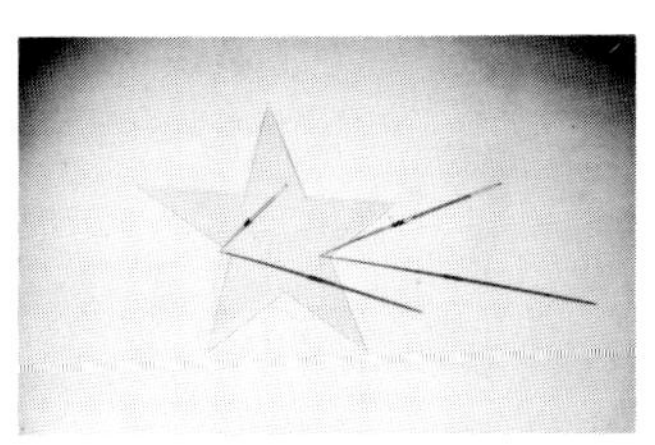

XVII

GC: Después de la incandescencia y el venablo, las estrellas están hechas en vidrio y en terracota, en cuero y con la llama de acetileno, giran en el firmamento de las materias primarias como si no quisieran tener una posición fija. Son cometas físicos y psíquicos, como la *Stella per purificare le parole*, 1984 (XVI), que advierten en sí la "luz", tanto en forma de palabra como de faro. Encadenan la energía a la tierra.

Pero ¿qué es entonces la escultura? ¿Es una reapropiación física de la iluminación primordial, del concepto y de la idea? ¿O acaso es una fuerza que oscurece y solidifica el magma solar y estelar, es decir los mundos desconocidos y fantásticos? La estrella con la punta rota y la forma triangular dirigida hacia lo alto me parece denunciar su origen de "alto" pensamiento, como su creación de un desgarro o de una fractura que lleva a tierra las imágenes desconocidas e indefinidas. Todas estas figuraciones dominan el conjunto de tus estrellas, como si afirmasen que la luz más viva, cuando es menoscabada o atacada por el ser humano se transforma en una pesada sombra y esta transformación, de la iluminación a la "escultura", es tarea del arte.

GZ: La estrella representa el poder de la imagen. Puede asumir una transparencia máxima, en la *Stella di cristallo* (XVII), de modo que el rayo se mueva y sea siempre visible o bien intocable como en la *Stella Laser* (14) donde el rayo se percibe con el paso del cuerpo o del polvo. La imagen es, en efecto, visible sólo si se somete a ciertos impulsos o movimientos humanos.

GC: ¿No se concretan las imágenes sin la empuñadura? ¿Es fundamental, entonces, la presencia humana para darle un "cuerpo"?

GZ: Las imágenes son impugnadas pero también arrojadas. Por eso de *Fluidità radicale* (XIII) deriva el venablo, que siempre he concebido como deseo, prolongación del brazo, vuelo y velocidad, posibilidad de alcanzar el blanco. Un instrumento perfecto tecnológicamente, su caída tiende nuevamente al círculo, pero encierra el deseo de volar. Además su diseño se ha perfeccionado durante milenios. Su línea ha alcanzado una belleza absoluta. Es un instrumento que sirve para llegar lejos: es una máquina, una pértiga o una piedra alargada. Además, su longitud es referida al cuerpo humano, dos metros sesenta de largo. Ni siquiera es un arma, se asemeja muchísimo a una canoa; corta el aire del mismo modo que aquélla corta el agua. Son dos sueños que permiten volar y correr en el tiempo y en el escpacio, permaneciendo suspendidos en él. Acababa de regresar de Japón cuando realicé el primer venablo que llevaba la inscripción *fluidità radicale* y –con agujeros llenos de fósforo– presentaba una punta cargada con ocho kilos de plomo, precisamente para recordar el primer trabajo, extensión del brazo. En aquel país había visto los arqueros japoneses que, en el Palacio Imperial, conseguían dar en el blanco a cientos de metros, guiados sólo por un fortísimo *training* interior. La flecha era disparada y hacía un blanco perfecto, como si hubiera sido guiada por el espíritu zen. Una energía sostiene a la otra, la interior guía a la exterior, como la *Stella di giavellotti* (15) donde uno sostiene a otro, pero cuidado si se abren, porque suponen una violencia y un peligro enormes.

GC: En un determinado momento vuelve la terracota, las estrellas son realizadas en terracota y parecen como atravesadas por una fuerza telúrica.

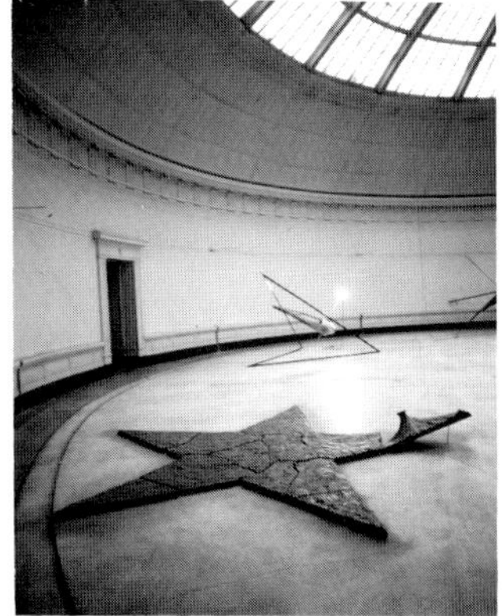

GZ: The images are grasped, but also thrown. This is why I derived the javelin from *Radical Fluidity* (XIII). I consider the javelin a wish, an extension of the arm, flight and speed, the hypothesis of a target. A technologically perfect tool, its fall tends once again to trace a circle, but it subtends the desire to fly. Furthermore its design has been perfected down through the centuries, attaining absolute beauty. It is a tool for reaching into the distance: it is a machine, a pole, or an elongated stone. In addition, its length is related to the human body: it is two meters and sixty centimeters long. It is not even an arm, it looks like a canoe, it cleaves the air as the canoe cleaves the water. They are two dreams that allow one to fly and glide in time and space, remaining suspended there. When I made the first javelin, inscribed with the words "radical fluidity" in holes filled with phosphorous and a tip weighted down with eight kilograms of lead, with the intention of recalling the earlier work, an extension of the arm, I had just returned from Japan. There I had seen the Japanese archers in the Imperial Palace, who were capable of centering a target from hundreds of yards away without looking at it, simply guided by intense interior training. The arrow is shot, it soars through the air and makes a perfect center, almost as if the zen spirit had guided it. One energy supports the other, the interior guides the exterior, as in *Star of Javelins*, 1974 (15), where one javelin supports the other. It would be hell if they ever came apart, they develop an enormous potential for danger and violence.

GC: At a certain point you went back to terracotta, the stars were made of clay, and they seemed to be penetrated by a telluric force.

GZ: The first terracotta star, that of Lille, *Star to Purify Words*, 1978 (XVIII), arose from the pleasure of exploiting the drying speed of clay, when the dampness withdraws. I let it crack, and one side became a container for alcohol to purify words. I liked this effect of tearing, of a puddle that dries up and becomes a desert. It is a little like a slice of earth that carries the flame with it, with its irreversibility. Sometimes the star becomes a ruin whose fragments must be recomposed, like the Greek columns. It too supports the world of vision.

GC: Does the explosion of the star recall its radiation in the cosmos of sight, do its fragments become parts of images?

GZ: Seeing that it is broken and recomposed, one can imagine its infinite openings.

GC: The center of the star is thus an abyss where manifold movement is brought back to oneness. The star is a "filter" figure, the point at which light crystallizes. It substitutes the voltaic arc and the copper coil that give body to the crystals and salts which, in *Crucible*, 1980 (VIII) and *Sifnos-Stromboli*, 1981 (23), pass from hydrochloric acid to copper sulphate. The star offers itself as the place that celebrates the transformation from impure to pure forms. It represents the final stage of "luminous writing," the moment in which base matter acquires a fiery brilliance. In such a brilliance the parchment is imbued in *To Purify Words*, 1979 (XIX), as though the gesture of the lips and the flow of words were capable of etching this ancient paper. The score of the sounds of the lights thus becomes a mental page and a wedge.

GZ: La primera estrella de terracota, aquella de Lille, *Stella per purificare le parole*, 1978 (XVIII), nació del placer de aprovechar la velocidad del endurecimiento de la arcilla cuando pierde la humedad. Dejé que reventase y un lado se conviertiera en un contenedor de alcohol para purificar las palabras. Me gustaba mucho este efecto de desgarro, de charca que se deseca y se transforma en desierto. Es como un indicio de tierra que el fuego, con su irreversibilidad, se lleva consigo. A veces la estrella se convierte en una ruina cuyos fragmentos deben ser recompuestos, como las columnas griegas. También ésta sustenta el mundo de la visión.

GC: ¿Pero la explosión de la estrella no recuerda su irradiación en el cosmos de la visión, sus fragmentos se transforman en fogonazos de imagen?

GZ: Viendo que está rota y recompuesta se pueden intuir sus infinitos orificios.

GC: El centro de la estrella es, pues, un abismo donde el movimiento múltiple es conducido a la unidad. Es una figura "filtro", punto donde se cristaliza la luz. Sustituye el arco voltaico y la trenza de cobre que da cuerpo a los cristales y a las sales que, en los *Crogiuoli*, 1980 (VIII), y en *Sifnos-Stromboli*, 1981 (23), pasan del ácido clorhídrico al sulfato de cobre. La estrella se ofrece como lugar que celebra la transformación de las formas impuras en puras. Representa el último estadio de una "escritura luminosa", el momento en el que la materia vil adquiere un brillo ígneo. Dicho brillo, en *Per purificare le parole*, 1979 (XIX), empapa el pergamino, como si el gesto de los labios y el flujo de las palabras llegasen a grabar su imagen en este viejo papel. La partitura de los sonidos, de las luces se hace entonces página y cuño mental.

GZ: El pergamino es la piel de la inteligencia, recuerda la animalidad culta. Al igual que la cera es una niebla solidificada, posee delicadeza al guiar, al hacerse percibir; y vive en la transparencia y luminosidad. Por eso es iluminada por una potentísima lámpara a mil o quinientos vatios, que se transforma en un tercer ojo que va más allá de la ceguera y da a las palabras una vibración continua. La luz y el pergamino están, además, en equilibrio, casi levitando en el vacío. Me interesa este sentido de vértigo que se crea cuando existe un solo punto de apoyo.

GC: La figura de la balanza que pesa los materiales antes de mezclarlos posee una connotación alquimista. Recuerda el ceremonial del *faber* medieval, con sus alambiques y sus crisoles. Su proceder, como tu trabajo, nace de la vidriosidad bifronte, donde los elementos son divididos y divisibles, de modo que no existe una identidad segura y aseguradora, sino que todo queda confiado al itinerario. Los cristales son entonces la meta invocada, donde la sal se fija y hace homologable al cuerpo y a la enregía mercurial que queda como encarcelada. ¿Es este momento deslumbrante de los cristales o de las sales el que te fascina, precisamente porque es el máximo de la transmutación de la creación?

GZ: Me atraen todos los procesos de "suspensión", donde puedes encontrar las raíces de una acción o de un momento. Así el crisol es ese extraño vaso que contiene el metal, antes de derramarlo en el molde que da forma a la escultura. Es un instrumento hecho de grafitos, mezclado con tierras especiales. Soporta temperaturas altísimas y se modifica

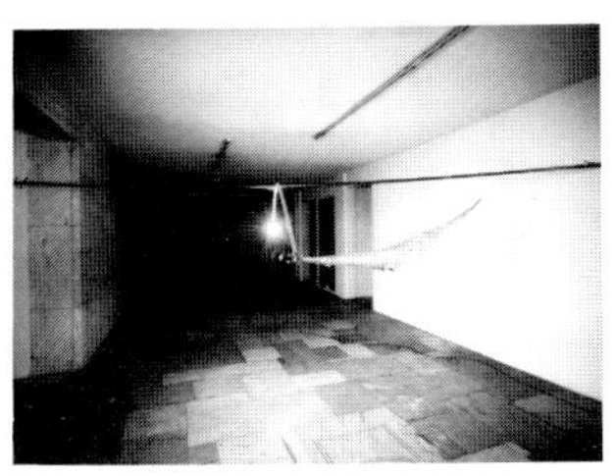

XIX

GZ: Parchment is the skin of intelligence, it makes reference to a learned animality. Like wax it is a solidified fog, it possesses a delicacy for conduction, for letting itself be perceived, it thrives on transparency and brightness. For this reason it is illuminated by an extremely strong fifteen-hundred-watt light, which becomes a third eye, surpassing blindness and making the words vibrate continuously. The light and parchment are then in equilibrium, they almost levitate in space. I am interested in the sense of vertigo where there is only one point of support.

GC: The figure of the scale that weighs substances before they are mixed possesses an alchemical connotation. It recalls the ceremonial of the medieval faber, with his alembics and crucibles. His research, like your work, proceeded on double-faced vitreousness, where the elements are split and splittable, so that there is no secure and reassuring identity, but everything is entrusted to the itinerary. The crystals are the invoked goal, where the salt fixes itself and makes the body recognizable, and it is here that the mercurial energy is imprisoned. Is it this dazzling moment of the solidified crystals or salts that fascinates you, by virtue of the fact that it is the maximum transmutation of creation?

GZ: I am attracted by all processes of "suspension," where one can find the roots of an action or a moment. Thus the crucible is the strange glass that holds metal before it is poured into a mouth that gives the sculpture its form. It is a tool made of graphite mixed with special earths. It sustains incredibly high temperatures and is modified in time, it becomes like a pipe. Each time it is used it establishes an optimal relationship with the artisan who guides it. But when it reaches the optimum it must be abandoned, because it can break. It becomes extremely thin, and much more elastic, and therefore more fragile. It has done a great deal for art. It has served for its writing, and therefore it is also a container of words, purifying them, or else it effects a leap and becomes light, like the art for which it has worked.

GC: Many works are based on the mobility of the word and of sounds in the simultaneously active-passive function of the spectator. This is not an isolated case, the exhibitions from 1969 on achieved a double valency, from positive to negative, they decentralized materials with respect to their origin and they "hurled" them against the spaces and against human beings. Submitted to a chemical reaction or to an aspiration, the crystals, as well as the sounds, underwent an explosion that recalls the impact of the javelin. A blow that sets off another uncontrollable process. In the 1987 sculptures in the Stein exhibition in Milan, up to the large show at the Stedelijk van Abbemuseum in Eindhoven, an extremely high-pitched whistle invaded the space and resounded until it bounced off the walls and "hit" the visitors. This was the product of another swing wheel that condenses an impalpable contrent, air, and expels it as a sonorous "seed" that fecundates the inner fibers of human bodies and objects. Its presence determines a continuous celerity, capable of accumulating discharges and intrusive aculei, as if the substances wanted to pierce and bring perception and feeling to the point of shattering. The whistle appears to be the product of an extreme excitement that produces continuous openings in the stillness of reality. It hammers the bodies in order to send forth energy from them. Furthermore, its emission coincides with a

en el tiempo, se hace como una pipa. Cada vez que se utiliza entra en perfecta relación con el artesano que lo guía. Pero cuando se alcanza el *optimum* es necesario abandonarlo porque puede romperse, de hecho se hace muy sutil, mucho más elástico y por lo tanto mucho más frágil. Es un personaje que ha trabajado muchísimo por el arte. Ha servido para su escritura, y por lo tanto vuelve como contenedor de palabras, para purificarlas, en *Per purificare le parole*, 1981, o bien da un salto y se hace ligero, como el arte para el que ha trabajado.

GC: Muchos trabajos juegan sobre la movilidad de la palabra y de los sonidos, sobre la función contemporánea activa-pasiva del espectador. No se trata de un caso aislado; desde 1969 las exposiciones obtienen un doble valor, del positivo al negativo, descentran los materiales respecto a su origen y los "lanzan" contra los espacios y los seres humanos. Sometidos a una reacción química o a una "aspiración", los cristales y los sonidos sufren una expulsión que recuerda el golpe del crisol. Golpe que alimenta un proceso ulterior sin ningún tipo de control.
En las esculturas de 1987, desde la exposición en la galería Stein de Milán hasta el gran Stedelijk van Abbemuseum de Eindhoven, un sonido agudísimo invade el espacio y resuena silbante hasta retumbar sobre las paredes y "alcanzar" al visitante.
Es el resultado de otra rueda que condensa un contenido impalpable –aire– y lo expele como una "semilla" sonora que va a fecundar las fibras interiores de los cuerpos humanos y de las cosas. Su presencia determina una celeridad continua, capaz de acumular descargas y pinchazos, como si los materiales quisieran atravesar y llevar el percibir y el sentir al desmoronamiento. El silbido parece el extremo producto de una fuerte excitación que abre continuos caminos en la estabilidad de lo real.
Martillea los cuerpos para liberar energías. Además, su emisión coincide con un temblor de la escultura que se puede equiparar al escalofrío auditivo y físico de las personas. ¿No es, pues, la escultura tan sólo un fulgor luminoso, sino también la estrella y un venablo sonoro?

GZ: En octubre de 1954, a los diez años, realicé una experiencia increíble, transportado por el viento de Termoli, que llenó mi cazadora hasta hincharla y separarme de la tierra, "¡volé!". El recuerdo de aquel momento maravilloso se acompaña con el sonido lacerante y fortísimo del viento del Adriático. Y siempre asocio al vuelo –el primero en avión en 1967– el ruido ensordecedor pero mágico de los turborreactores. Las esculturas de Milán y Florencia para la sala Stein y para al grupo GFT, presentan un soplo sonoro inlocalizable. Se te echa encima y no se comprende bien de dónde proviene. Nace de un mecanismo que a través de un ventilador aspira y comprime como la cera, es una niebla comprimida, el ansia, hasta empujarla fuera con extrema violencia.

GC: La estrella que se quiebra equivale a la dispersión de las esculturas, se hinchan y centellean iluminándose entre sí. Cuando las reúnes en grandes espacios tus trabajos adquieren una tensión metafísica, aceleran la compleja estratificación sígnica que actúa como medio de cohesión. El mecanismo del decorado crea otra presencia, produce un gran sistema nervioso.

GZ: Cuando en 1976 tuve la oportunidad de exponer más trabajos en la Kunsthalle

trembling of the sculpture that can be compared to the auditory and physical trembling of people. Is sculpture then not only a luminous lightning bolt, but also a sonorous star and javelin?

GZ: In October 1954, when I was ten, I had an incredible experience: I was carried off by the *bora,* the great north wind, in Termoli. It filled my jacket, inflating it and lifting me off the ground. I flew! The memory of this marvellous moment is accompanied by the lacerating and tremendous sound of the wind. And it is flight, my first flight in an airplane in 1967, with which I associate the deafening but magical sound of jet engines. The sculptures of Milan and Florence, for Galleria Stein and the G.F.T., make a sonorous, unlocatable blast. You are hit by it and you can't quite understand where it is coming from. It arises from a mechanism that, through a turbine, sucks in and compresses the air, making a compressed fog like wax, and releasing it with extreme violence.

GC: The star that breaks open has its equivalent in the scattering of the sculptures: they inflate and sparkle, illuminating each other. When you gather them together in a large space, your works acquire a metaphysical tension, they accelerate the complex sign-stratification that acts as a cohesive element. The mechanism of the installation creates another presence, it produces a great nervous system.

GZ: In 1976, when I had the opportunity of exhibiting several works together at the Kunsthalle in Lucerne, directed by Jean-Christophe Amman, and at the Stedelijk in Amsterdam, I tried to make it so that they would point to and press upon each other, producing a complex body possessed by hypervitality. Each installation, including those in Ravenna and Gent, sought to achieve a "perfect mixture" which, by interposing and entangling the sculptures, would form an active body.

GC: Once again we are brought back to the *solve et coagula* of alchemical rhythm, where the figures welded together designate the birth of the "glorious body." The alembics are around the corner.

GZ: The history of alembics is a long one, from alchemy to chemistry, from the search for happiness to scientific knowledge. An alembic is a transparent instrument, in pyrex, and its function is to recall the viscera of the human body. I used it because it reminded me of a work by Piranesi: it gives you the idea of a monstruous and subterranean, but magical and fascinating cosmos. It is a cosmos, like the head, in which the brain is the land of dreams. Like the imagination, it hangs on where it can–as a monkey on the walls of the Bernier Gallery in Athens, or on the pipes of the Centre Pompidou in Paris. I cling to the walls because I feel architecture is a positive fact. Buildings are a rigid and tested knowledge in which sculpture finds a furtive as well as a fantastic space: I am thinking of the reversal of order obtained in *Acidi Antonelliana* (17) at the Mole Antonelliana in Turin or at the Palacio de Cristal in Madrid, or of the fabulations and architectural landscapes of the Castello di Rivoli.

GC: We are still in a dimension of travel–less that of the crystals and words, than of the sculptures themselves: in the end they are "transformed" into canoes–a shape that

de Lucerna, dirigida por Jean Christophe Amman, y en el Stedelijk de Amsterdam, traté de hacer que se indicaran y se empujaran recíprocamente, repodujeran un cuerpo complejo poseído de una hipervitalidad. Todo decorado, incluso los de Ravena y Gent, ha tendido hacia una "mezcla perfecta", que engastando y enredando las esculturas diese forma a un cuerpo activo.

GC: Nos aproximamos al *solve et coagula* del ritmo alquímico, cuando las figuras soldadas juntas designan el nacimiento del "cuerpo gloriso". Los alambiques están detrás de la esquina.

GZ: La historia del alambique es larguísima, de la alquimia a la química, de la búsqueda de la felicidad al conocimiento científico. Es un instrumento transparente, en pyrex, y nos recuerda las entrañas del cuerpo humano. Lo utilicé porque me recuerda un trabajo de Piranesi, te da la idea de un cosmos subterráneo monstruoso pero al mismo tiempo mágico y fascinante. Es un cosmos, como la cabeza, donde el cerebro es el lugar de los sueños. A la par de la fantasía se agarra donde puede, como un mono en las paredes de la galería Bernier en Atenas o sobre los tubos del Centre Pompidou en París. Me sujeto a las paredes porque siento el hecho arquitectónico como positivo. Los edificios son un saber ensayado y rígido donde la escultura encuentra un espacio furtivo y fantástico a la vez, pienso en la inversión de orden obtenida con los *Acidi* (17) en la Mole Antonelliana de Turín o en el Palacio de Cristal de Madrid, así como en las fabulaciones y en los paisajes arquitectónicos del Castello di Rivoli.

GC: Nos encontramos siempre en una dimensión de viaje, primero de los cristales y palabras, después de las esculturas mismas, hasta el punto de que al final se "transforman" en canoa, una forma que recuerda la punta de la estrella y que avanza sobre caminos líquidos impulsada por la fuerza de las corrientes. Los términos son todavía energéticos y químicos, favorecen la travesía de la vida, o de las vedas.

GZ: La primera canoa nace en Modena, en 1984, de la prolongación de un triángulo de terracota que equilibra el crisol. Surgió de allí una forma extraña que llamé *Canoa* (21). También puede recordar la punta del venablo, pero, a diferencia del venablo, ya no es lanzado sino que, en vez de esto, transporta. Además la canoa tiene una historia similar al crisol. La primera *Canoa*, 1984 (33), realizada en el Castello di Rivoli es de 1946. Ha trabajado durante cuarenta y un años, ha sido restaurada por maestros artesanos, es un instrumento perfecto, hasta el punto de que los primeros aviones se inspiraron en su aerodinámica. Asumiéndola en la escultura he hecho continuar su viaje, es un poco como un artista, ha realizado y realiza viajes increíbles.

GC: Todo esto para decir que lo vivido en imagen no puede ser retomado por la realidad, porque el pensamiento fantástico es la verdadera realidad, tanto que el viaje siempre continúa.

Octubre de 1987

recalls the point of a star–that advance over liquid courses, driven by the force of the currents. The terms are still energetic and chemical, they favor the crossing of life, as well as of lives.

GZ: The first canoe originated in Modena, in 1984, from the elongation of a terracotta triangle that balanced a crucible. What came out was a strange shape that I called *Canoe* (21). It could also recall the tip of the javelin, but with respect to the javelin it is no longer thrown, but it carries. Furthermore the canoe has a history similar to that of the crucible. The canoe in *Canoe* 1984 (33) at the Castello di Rivoli dates from 1946; it worked for forty-one years, it was restored by master craftsmen, it is a perfect instrument, to the point that the construction of the first airplanes was inspired by its aerodynamic design. By using it in the sculpture I allowed its voyage to continue; it is somewhat like an artist, it has taken and still takes incredible journeys.

GC: Which is to say that what is experienced through images cannot be taken up by reality, as imaginative thought is the final reality, the one in which the journey never ends.

October 1987

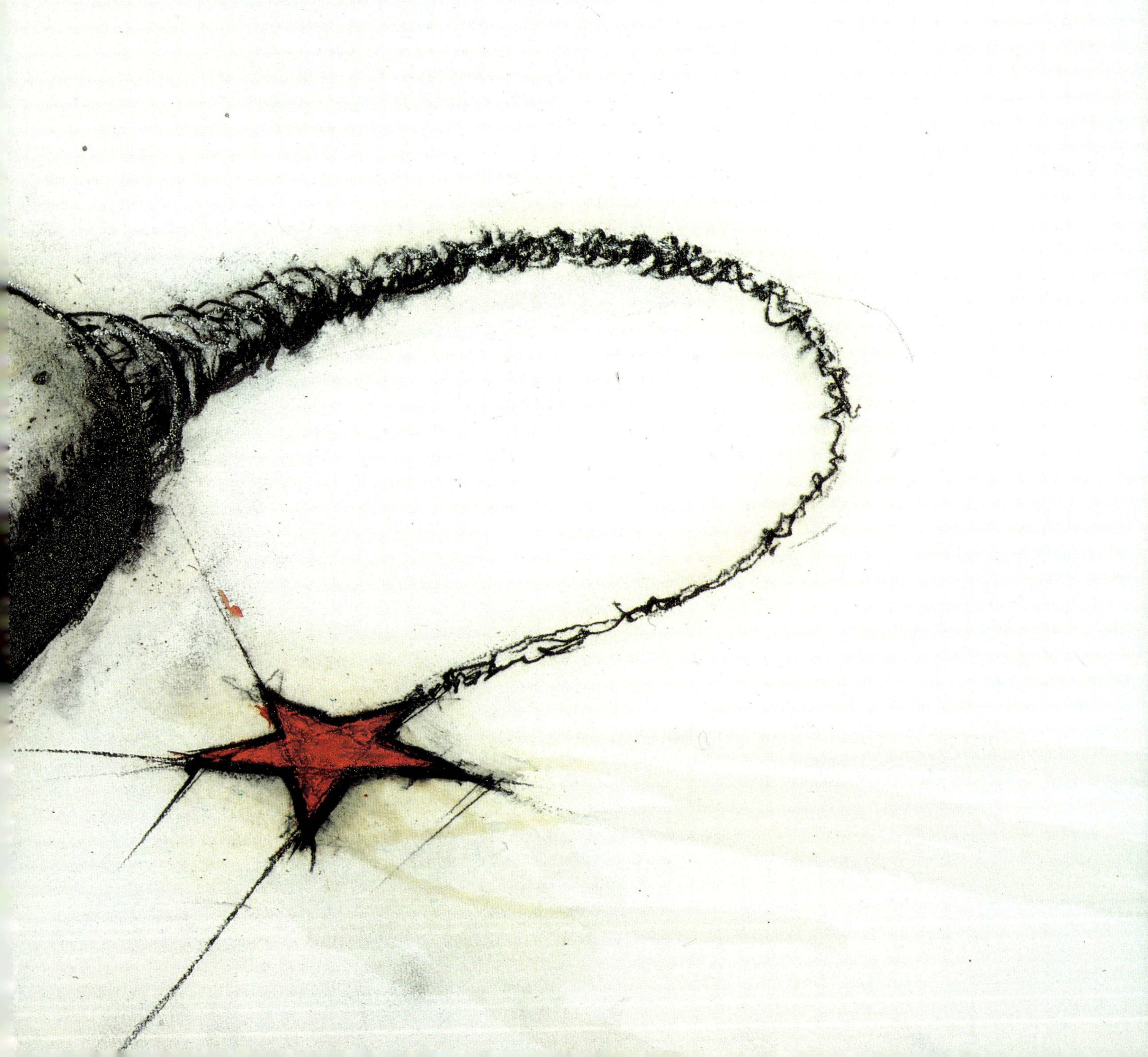

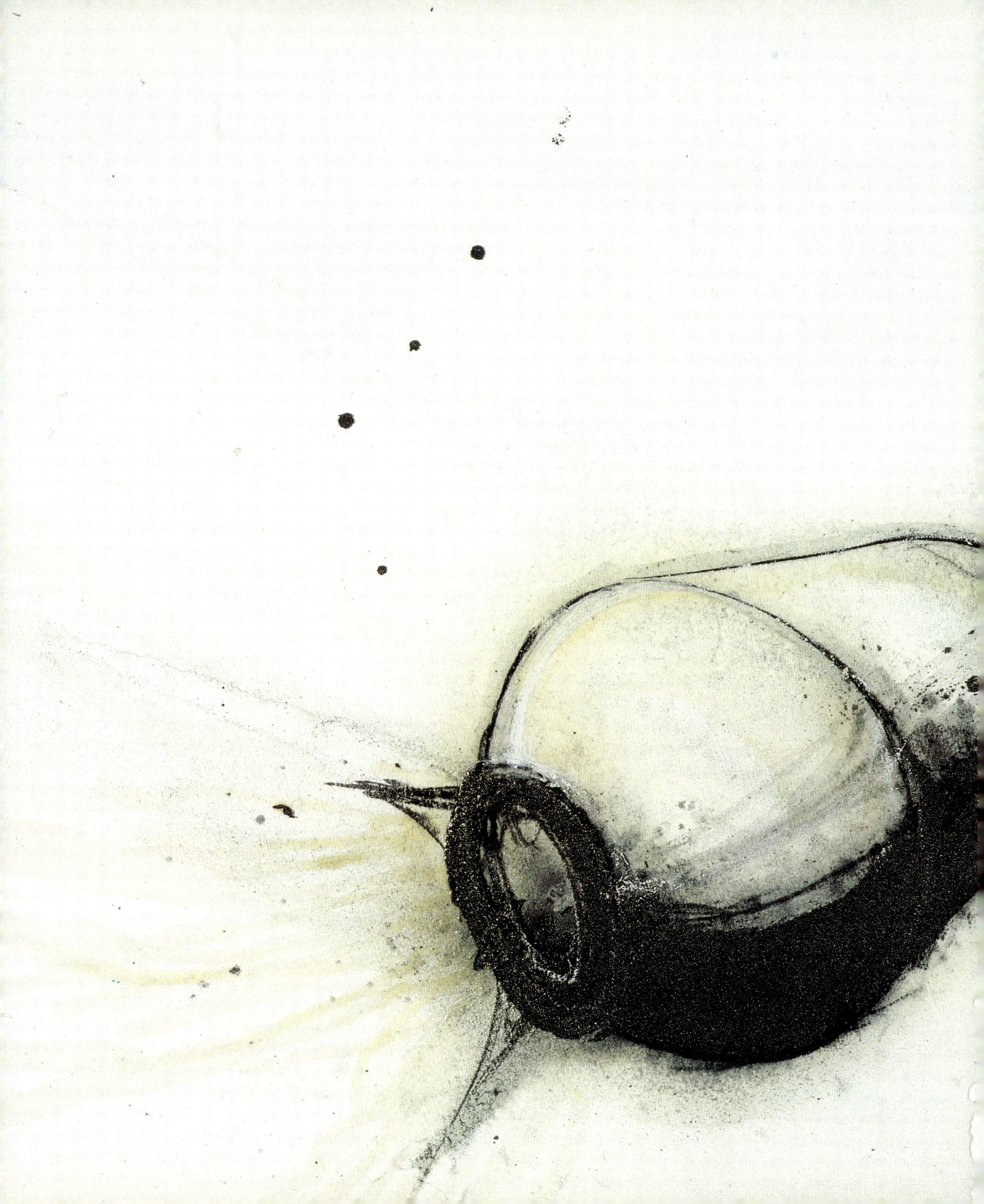

Germano Celant: En 1987, en la galería de Sparta en Chagny y después en la galería Sonnabend de Nueva York, en tus conjuntos hechos de alambiques, tubos, partes de canoa, estrellas, pieles, lámparas, crisoles y reactivos minerales, aparece el sillín. Otro vehículo, ya no de luz o de sonido, de metamorfosis químicas o aéreas, sino de energía humana. Éste participa del sistema de vasos comunicantes que transmite la linfa de una parte a otra. Se convierte en una parte fundamental del complejo nervioso y vascular que forma la esctructura de tus ingenios mecánicos.

Es un enriquecimiento ulterior de tu viaje a través de las vísceras del volcán visual, lleva en sí la presencia de un "cosmonauta" que recorre el espacio de la experiencia y es traspasado por él. Sería como decir que es un elemento que comparte una corriente generadora que se articula según una doble mirada y materia, naturaleza observante y naturaleza observada; se podría entonces leer tu trabajo como un largo trayecto de vehículos, de la *sedia* (silla) al *pugno* (puño), del *giavellotto* (venablo) al *flauto*[*], de la *canoa* al *seggiolino* (sillín) que son dispositivos de una dominación espacial. Éstos definen los lugares de observación y los límites de alcance de la mirada. Son instrumentos de inscripción de un trayecto o de una actividad, definida por las cuerdas y los tubulares; por los cables y los hilos de la escultura. Reafirman una "teatralidad" del mecanismo visual que, vinculándose a la vida, no se puede basar en la inmutabilidad, sino en la transformación y en la metamorfosis de las materias y de los espacios.

Gilberto Zorio: Fue mi hijo Marzio quien me hizo reanudar este juego de memoria. Cuando lo vi sentado en el sillín –una silla que se apoya en otra silla–, vi un cosmonauta que viaja en automóvil. Lo percibí como un crisol de experiencias (experiencias incluso químicas... orina), en el que Marzio era el sujeto y la materia, viajando absorvía energía y percibía imágenes; así pues, podía participar no sólo de mi vida privada sino de mi vida pública: el arte.

GC: Tu alusión a la máquina y al crisol de experiencias me hace recordar –he aquí mi juego de memoria– la historia de las Máquinas Célibes, de Duchamp a Roussel, de Kafka a Ernst,

---

*. El "flauto" es un antiguo barco de carga que tiene forma de vaso. [N. del T.]

Germano Celant: In 1987, at Sparta's gallery in Chagny and then at Sonnabend in New York, the baby-seat appeared in your complexes of alembics, tubes, pieces of canoe, stars, skins, lamps, crucibles, and mineral reagents. It is another vehicle, no longer of light or sound, of chemical and aerial metamorphoses, but of human energy. It is part of the system of communicating vessels that transmits lymph from one place to another. It becomes a fundamental part of the nervous and vascular complex that makes up the fabric of your mechanical devices.

It is a further extension of your journey into the depths of the visual vulcano. It bears the presence of a "cosmonaut" who traverses the space of experience, but is pierced by it. That is, it shares a generating current that is articulated in accordance with the duality of gaze and matter, observing and observed nature. One could therefore read your work in terms of a long course of vehicles, from the chair to the fist, the javelin to the flute, the canoe to the baby-seat, that are devices of a domination of space. They define the places of observation and the limits of rebound of the gaze. They are tools for inscribing a journey or an occupation, defined by the sculpture's cords and pipes, cables and threads. They reiterate a "theatricality" of the visual mechanism, which, because it is life-related, cannot be based on staticity, but must be founded on the transformation and metamorphosis of materials and spaces.

Gilberto Zorio: My son Marzio made me resume this play of memory. When I saw him sitting in a baby-seat, a chair that rests on another chair, I saw a cosmonaut who goes by car. I perceived it as a crucible of experiences (chemical ones, too–he wets his pants), in which Marzio was the subject and the material, in travelling he absorbed energy and perceived images, and could therefore participate not only in my private life, but in my public life: art.

GC: Your reference to the machine and to the crucible of experiences takes me back–this is my play of memory–to the history of *macchine celibi,* from Duchamp to Roussel, Kafka to Ernst, Jarry to Poe, which are governed by a search for an impossible territory linked to the ebullitions of human, natural, and artificial matter. Your mechanical transmittors of vibrations and sounds, of shivers and ebullitions, of entities that swell up and slip back

de Jarry a Poe, que están gobernadas por la búsqueda de un territorio imposible, ligado a las ebulliciones de la materia humana, natural y artificial. Tus transmisores mecánicos de vibraciones y sonidos, de temblores y ebulliciones, de entidades que se hinchan y se deslizan hacia delante y hacia atrás, el recurso a los alambiques, me remiten a una tradición alquímica que utiliza los recipientes o vehículos para realizar "agrupaciones" y armonizaciones de los opuestos, que conducen a una transmutación del ser.

GZ: El viaje de Marzio y del sillín es, definitivamente, alquímico. Es el cachorro de hombre y el cosmonauta que se encuentra inmerso en una velocidad física y vive un sistema acelerado, con todos los estímulos e informaciones que esto lleva consigo. Aceptado como navegante del espacio, él flota y ello me ha inducido por ejemplo a insertar su silla en la estrella, entrelanzándola con los tubos que viajan suspendidos en el aire.
Muchos de mis trabajos son aéreos, pues, a pesar de ser pesados y peligrosos, deben comunicar el sentido de instrumentos libres, siendo capaces de moverse en el espacio como el ojo que se desliza sobre las superficies y atraviesa las aristas. Es un lanzamiento de dardos de la mirada, que equivale a un registro o a una germinadora toma de posesión.
El ojo puede posarse sobre una pared, sobre un árbol y en el cielo, funciona como un radar o un láser. Toca, alcanza o rebota. Nuestra experiencia se basa en este sistema de registro o de ocupación visual del territorio. En un cachorro de hombre como Marzio, el modo de dominar o de aferrarse al espacio debe comportar un privilegio fantástico, el cual me permite "ver" el sentido táctil y mental de su mundo.

GC: Lentitud y aceleración en el habitáculo cósmico, el firmamento de estrellas y el control de la sala de operaciones; son todos ellos elementos de un acontecer que tiende a la regeneración de las materias primas, humanas y artificiales. Todo se concentra en una cámara arquitectónica, donde cualquier cosa se realiza, hasta la próxima reacción. La reflexión sobre el espacio y sobre la arquitectura, como teatro del acontecimiento transformador, se hace importante. ¿Cuál es tu opinión sobre el ambiente arquitectónico, antes de utilizarlo o integrarlo en tus conjuntos?

GZ: El espacio está compuesto por muros que son puntos de apoyo. Separan lo exterior de lo interior. Nada más entrar, los utilizo y se convierten en "las verticales", mientras que el pavimento se convierte en "la horizontal". Son coordenadas y virajes, a veces testimonios de gran cultura, rebosantes de sedimentos históricos, como la Palazzina de Modena o el Castello di Rivoli, o también representan otras culturas proyectistas, como el Guggenheim de Nueva York, el Van Abbemuseum de Eindhoven o el Pabellón Elena Rubinstein de Tel Aviv. Sea como sea, estas distintas culturas asumen la responsabilidad de ser templo, el templo de la calidad.

GC: En el proceso alquímico, para que la experiencia fructifique, los cuerpos deben despojarse (el viaje en silla, canoa o sillín) o bien los conjuntos deben hacerse pedazos (la estrella, el sonido, la luz) liberando una enrgía que invade el espacio. La disección o la disociación de los objetos o de los minerales, de la palabra o de los líquidos vibran a través de todo tu trabajo. ¿Brota el nuevo ser del conjunto de surtidores visuales que produces?

GZ: Es mi propio viaje interior y exterior, donde la fragmentación tiene lugar bajo control. La estrella rota y recompuesta participa de un trabajo de arqueologia que descubre y pone

and forth, your recourse to alembics, take me back to an alchemical tradition that uses vessels or vehicles to realize "couplings" and conciliations of opposites that lead to a transmutation of being.

GZ: Marzio's journey, and that of the baby-seat, is definitely alchemical. He is the man-cub and the cosmonaut who is immersed in a physical speed and experiences an accelerated system, with all the stimuli and information that this involves. Seen as a navigator in space, he floats, and this has led me, for instance, to put his seat on the star, intertwining it with the tubes that travel, suspended.
Many of my works are aerial because, even though they are heavy and risky, they must communicate the sense of being free instruments. To the degree that they can move, in space, like the eye that glides over surfaces and pierces corners. It is a darting of the gaze, which is equivalent to a registration, to a germinating appropriation.
The eye can rest on a wall or a tree, and turn toward the sky; it works like a radar or a laser. It touches, then it goes beyond or bounces back. Our experience is based on this system of visual registration or occupation of a territory. In a man-cub like Marzio, the way of dominating or grasping onto space must involve a fantastic privilege, which allows me to "see" the tactile and mental sense of his world.

GC: The deceleration or acceleration of the cosmic capsule, the firmament of stars, and the command of the control room are all elements of an occurrence that tends toward the regeneration of human and artificial raw materials. Everything flows into an architectural chamber, where all things are concluded until the next reaction begins. Reflection on space and architecture as a theater of the transformational event becomes important. How do you view the architectural environment, before using it or integrating it in your complexes?

GZ: Space is made up of walls that are resting points. They divide the inside from the outside. As soon as I go in I use them, and they become "verticals," whereas the floor becomes a "horizontal." They are coordinates and trajectories, sometimes bearing witness to immense culture and rich in historical sediments, as at the Palazzina in Modena or tRivoli Castle, or representing other projects, as at the Guggenheim in New York, the van Abbemuseum in Eindhoven, or the Helena Rubenstein Pavilion in Tel Aviv. These diverse cultures all take on the responsibility of becoming a temple, the temple of quality.

GC: In the alchemical process, in order for the experiment to bear fruit, bodies must divest themselves (the journey in the chair, canoe, or baby-seat), or wholes must break up (the star, sound, light), freeing an energy that invades space. The dissection or dissociation of objects and minerals, of the word or of liquids vibrates throughout your work. Does the new being spring from the complex of visual eruptions you produce?

GZ: It is an inner and outer journey of mine, where the breakup takes place under control. The broken and recomposed star takes part in a sort of archaeological excavation that rediscovers and restarts the stitching together of the fantastic. Sometimes its image is re-articulated in clear, legible conduits of energy, and sometimes it is seen again through the perforation of surfaces.
In both cases, a very clear image is produced. I don't believe, though, that I've ever closed

en marcha la reconstrucción de lo fantástico. A veces su imagen la reconstruyo a través de los conductos de energía, muy claros y legibles, otras es examinada a través de la perforación de las superficies.

Persiste, sin embargo, una imagen clarísima que no creo haber cerrado o completado nunca. La estrella, aunque esté limpia y afilada, es una imagen imposible de cerrar; siempre y por sí sola se "vuelve a abrir".

GC: La estrella es un completo amasijo molecular, funciona como polo de dispersión, irradia y fermenta energía incontrolable. Produce un flujo sin interrupciones. Es una incandescencia triunfante. En tu trabajo aparece realizada en chapa perforada, en cerámica, en tubos, en hilos incandescentes y en láser, o sea, en materias ligadas todas ellas a la transparencia, al vacío y al fuego.

GZ: La superficie perforada posee un ritmo extraordinario, a veces me recuerda las redecillas de Francesco Lo Savio con sus experiencias de "veo", "no veo"; un movimiento continuo entre lleno y vacío, luz y sombra: el misterio en la transparencia. El tubo es, en cambio, la nervadura, la vena que conduce fluidos, fuerza y elasticidad.

GC: La chapa con agujeros actúa como un eje entre dos opuestos, define una acción de tránsito y de movimiento. Es una partición y una textura dialogísticas entre entidades contrarias y contrapuestas, como el agua y el aire que interaccionan en los recipientes o en los alambiques de vidrio, partícipes ambos de los conjuntos expuestos en Reggio Emilia en el Palazzo Ruini en 1988, y en Nueva York en las galerías Sonnabend y Steingladstone en 1991.

GZ: En la galería Sonnabend un contenedor de agua de forma vagamente cónica, cada x minutos, se veía envuelto por un chorro de aire proveniente de las estructuras tubulares. Provocaba una especie de ebullición que se convertía en una vibración total de la "escultura". El conjunto se concluía con un silbido, proveniente del sillín de Marzio. Era una secuencia de resonancias del oído al ojo. El silbido funcionaba como una artimaña benéfica, capaz de transformar un hecho táctil/plástico en un movimiento imprevisto, acústico, desplazante, generador de dudas… que espero que sean de cualquier forma benéficas.

GC: Todo impulso energético está ligado a fuerzas simétricas y agitadoras, que al final encuentran su equilibrio. En tu trabajo el movimiento y el equilibrio no son, pues, físicos o visuales de manera autónoma, sino que más bien forman parte de un proceso. Son fuerzas que mueven lo hondo y lo profundo, dan reverberación concreta a una reacción físico-visual. Permanecen sólo como entidades irradiantes, aptas para transformar. Se diferencian, pues, de la tradición que realiza el arte bajo la divisa del movimiento, desde el futurismo al cinetismo, de Calder a Tinguely.

GZ: Existe la memoria de aquellos hechos artísticos en lo que concierne a la sorpresa y a las cualidades orgánicas, pero no por la ironía que los configuraba.

GC: La arquitectura es un espacio que debe ser rellenado con un lenguaje físico y concreto, inverso a la visión tradicional, previsible. Es un San Sebastián traspasado por signos que le atraviesan el cuerpo, pero en el interior de estas "flechas" (venablos, estructuras tubulares o láser) se deposita una fuerza errante, la energía sonora o visual que hace acceder al tiempo, con su oleada desencadenada de particiones y de sorpresas.

or completed it. The star, even if it is sharp and cutting, is an image that is impossible to close, it always "reopens" itself.

GC: The star is a complete molecular mass. It acts as a pole of dispersion, it radiates and ferments uncontrollable energy. It produces an uninterrupted flow, it is a triumphant incandescence. In your work it appears in perforated metal, ceramics, tubes, incandescent tubes, and drawn with a laser—all materials linked with transparency, emptiness, and fire.

GZ: The perforated surface possesses an extraordinary rhythm, sometimes it reminds me of Francesco Lo Savio's grids with their now-you-see, now-you-don't effect; a continuous vascillation between fullness and emptiness, light and shadow: mystery in transparency. The tube, in contrast, is a skeleton, a vein that conducts fluids; it is strength and elasticity.

GC: The metal sheet with holes is an intermediary between two opposites, it defines an action of passage and oscillation. It is a dialogical score and texture between contrary and opposing entities, like the water and air that interact in the glass vessels or alembics, both of which were part of the works exhibited in Reggio Emilia at Palazzo Ruini, in 1988, and in New York at Sonnabend and SteinGladstone, in 1991.

GZ: At Sonnabend a vaguely conical container of water became involved, every x minutes, with an air jet coming from the tubular structures. It provoked a sort of boiling effect that became a total vibration of the "sculpture." The whole thing ended with a whistle coming from Marzio's baby-seat. It was a sequence of rebounds, from the ear to the eye. The whistle functioned as a benevolent trap, transforming a tactile/plastic fact into a sudden, disorienting acoustic movement, a generator of doubts ... beneficial doubts, I hope.

GC: Every rush of energy is linked to symmetrical agitating forces that find an equilibrium in the end. In your work movement and equilibrium therefore are not autonomous physical or visual problems, but processual ones. They are forces that move the background and the depths, giving concrete reverberation to a visual-physical reaction. They remain just radiating entities, apt to transform. Hence they stand outside the tradition of art created under the banner of movement, from futurism to cinetism, from Calder to Tinguely.

GZ: The memory of those artistic facts exists, as far as their surprise and organic quality is concerned, but not of the irony that shaped them.

GC: Architecture is a space to fill with a concrete, physical language, contrary to the traditional, predictable vision. It is a Saint Sebastian pierced by signs that run through its body, but within these "arrows" (javelins, tubular structures or lasers) lies an errant force, the energy of sight or sound that gives access to time, with its unrestrained gush of scannings and surprises.

GZ: Time is a wealth that I spoil; I'm not able to take advantage of it and exploit it in an idyllic manner. I consume it passionately and sometimes dully. It's passionate when it's heavy and exhausting, it's dramatic. The whistle that ends with the sound of the flute is a reference to a laceration. It is a return to childhood, a childhood to be discovered all over

GZ: El tiempo es una riqueza que derrocho, no consigo aprovecharlo y estructurarlo de forma idílica. Lo consumo de forma apasionada y a veces obtusa. Es apasionado cuando es pesado y fatigoso, es dramático. El silbido que se concluye con el sonido de la flauta es una evocación y una laceración. Es una vuelta a la infancia, todo está por redescubrir. Es también la flauta de Pan, no tocada por mí sino por un compresor. Es un intercambio sorprendente entre máquina y ser humano. Dentro de mi historia estamos cerca de los *Microfoni* (X), *Scrittura bruciata* (6), y *Odio*, 1968-1969 (7), pero aquí el tema es, quizá, más lírico, aunque sea más "expresionista" o, mejor, más expresivo para el público. La sorpresa de la vibración y de los sonidos siempre es inesperada porque, si bien están regulados por un temporizador, no es posible preverlos con exactitud.
Además el sonido sirve a veces para unir los trabajos, se sobrepone y se intercambia con otros sonidos. En Eindhoven y en Filadelfia producía silbidos que unificaban, en Valencia en cambio me gustaría hacer una isla que podría formar parte del trabajo sobre el pavimento.

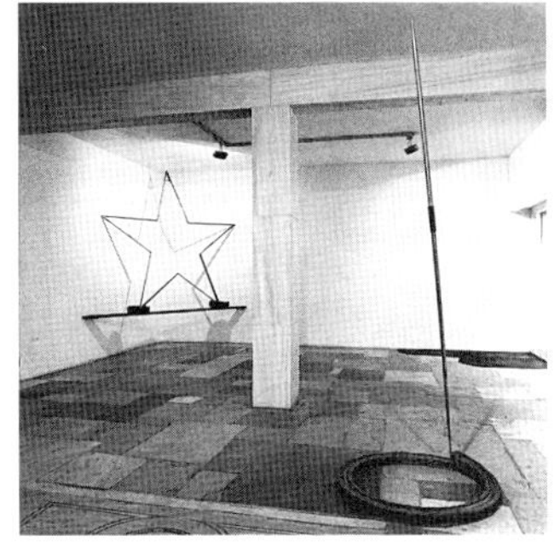

GC: La intensidad del sonido no impone una jeraiquía entre los distintos elementos expresivos, encierra un trabajo único, es un vínculo que une la obra al público. Trasciende los límites y define un perímetro. Es, no obstante, un cohesionador inmaterial, que encuentra una complementariedad en el material. Me refiero a la colocación en horizontal de la estrella en el suelo, *Stella*, 1989 (63), en la sede del ex-Partido Comunista Italiano en Turín, que ocupa toda la superficie pisable.

GZ: Es una escultura plana, recuerda aquella de Atenas en la galería Jean Bernier, aunque allí eran piezas y chapas de cuero negro encoladas al pavimento (XX). Nadie caminaba por encima aunque pudiera hacerlo. Era un encuentro entre la dureza de la piedra de la galería y la suavidad del cuero. Me gustaba mucho pensar en el cuero contra cuero; el de la suela acostumbrada a pisar sobre mármol, piedra, madera y cerámica, pero difícilmente a pisar el mismo cuero. Era un encuentro entre dos pieles. El pavimento de la sede del ex Partido Comunista Italiano está realizado en taracea. Con volúmenes de materiales diversos, que resuenan de forma distinta cuando caminas. Un sonido lo da el cobre, otro el cemento, otro la resina. Además hay una notable diferencia térmica. Está realizado con cinco triángulos vaciados y rellenados de chapas de cobre, con las irradiaciones de cinco líneas (una por triángulo) que van a tropezar contra las paredes. Es un carro solar, que se mueve en sentido contrario a las agujas del reloj, no es una imagen absolutamente armónica, no decora ni forma un friso central. Después realicé un boceto, en arcilla mojada, sobre el pavimento en Porto, del que deriva la gran estrella de Valencia, sobre la que se debería poder caminar. Las puntas de esta gran estrella deberían componerse de cinco pilas, llenas de bicromato de amonio, con sales muy rojas, o también, quién sabe, de sulfato de cobre.
En el interior me gustaría dejar algunos espacios vacíos que funcionaran como pasillos, mientras que en otros puntos quisiera levantar la arcilla como muro. Dentro, la arcilla, que estará cocida, debería tener marcadas las huellas de los pies: los fenómenos de desplazamiento. Así, si bien la estrella se ofrece en el ambiente como momento de paz y de silencio, en el interior se percibe como momento de tensión y de memoria. Consciente de que no podrá registrar la energía que gira a su alrededor, tiende a registrar la energía que la ha producido, siendo, no obstante, testimonio activo de los acontecimientos.

again. It is also a Pan-pipe, played not by me but by a compressor. It is a surprising exchange between the machine and the human being. In terms of my development, we are close to the *Microphones* (X) and *Burnt Writing* (6) and *Hatred*, 1969 (7); but here the approach is perhaps more lyrical, even if it is more "expressionistic" or, let's say, more expressive toward the public. The surprise of the vibration and the sounds is always unexpected because, even if they are regulated by a timer, it is not possible to foresee them exactly.

The sound, moreover, is sometimes used to connect the works, it overlays and interacts with other sounds. In Eindhoven and Philadelphia the whistles blew in unison; in Valencia, on the contrary, I'd like to make an island that could be part of the floor piece.

GC: The texture of the sound does not establish a hierarchy among the various expressive elements, it embraces a single work, it is a bond that joins the work to the public. It transcends limits, but defines a perimeter. It is nevertheless an immaterial element of cohesion, which finds a complementarity in its material counterpart. I'm referring to the horizontal development of the star on the floor, *Star*, 1989 (63), in the Turin offices of the former Italian Communist Party, a work that occupies the entire surface of the pavement.

GZ: It is a flat structure, it goes back to that of Athens, at Jean Bernier's, but there I used pieces of black leather glued to the floor. No one walked on them, even if they could have. It was an encounter between the hardness of the stone of the gallery and the softness of the leather. I really liked thinking of the leather against leather–that of soles accustomed to dealing with stone, wood, and tile, but rarely leather itself. It was an encounter between two skins. The floor of the former Italian Communist Party is inlaid with different materials, which make different sounds when you walk on them. One sound is made by copper, another by concrete, another by resin. Furthermore a considerable thermal difference is established. The work is made up of five triangles dug in the floor and filled with sheets of copper, with the irradiations of five lines (one per triangle) running into the walls. It is a chariot of the sun that moves counterclockwise. It is not an absolutely harmonic image, it is not decorative, and it is not a central frieze. Later I executed a maquette, in unfired clay, for a floor in Porto; from this I derived the large star in Valencia, on which it will be possible to walk. The points of this large star will be composed of five basins filled with ammonium bichromate (which has intensely red salts), or, who knows, with copper sulphate.

In the interior I'd like to leave empty spaces that will function as passages, whereas in certain points I'd like to make the clay climb up the wall. In the interior, the clay, which will subsequently be fired, will record the footprints of the visitors: the phenomena of displacement. Thus if the star in the environment presents itself as a moment of peace and silence, in an interior it is perceived as a moment of tension and memory. It tends to record the energy that produced it, conscious that it will not be able to record the energy that revolves around it; nevertheless it will be an active witness of events.

GC: Red is a virtual fire, political in the former Communist Party offices in Turin, an instinctive and virtual power in the Carmelite cloister in Valencia. The color forms a whole with the inertia of the star. It is condensed in its points or extremities as though it wished to fecundate the entire architectural space. It is a live element that is consumed.

GC: El rojo es un fuego virtual, político en la sede del ex-PCI en Turín, potencia instintiva y virtual en el Claustro del Carmen en Valencia. El color forma un todo con la inercia de la estrella. Se condensa en sus puntas o extremidades, como si quisiera fecundar todo el espacio arquitectónico. Es un elemento vivo que se consume.

GZ: El bicromato de amonio, que la define cromáticamente, es un no-color, parecido a los colores fluorescentes. No es un pigmento fijo y se modifica con el esfuerzo.

GC: El *Senza titolo*, 1988 (53), de Filadelfia repropone un esquema de trenzado entre canoa y crisol, que están unidos por el principio de movimiento y transformación. La fuerza inferior de las materias primas se equilibra con la fuerza superior de la acción humana, que hace mover la canoa. El conjunto revela el placer de Fuerza, pero también el deseo de someter la energía evocada por el brazo y por el mineral, un trabajo de recíproca decantación.

GZ: Es seguramente una convivencia entre deseo, trabajo y sueño; en el que la canoa representa el sueño de ser veloces y de volar. Es muy parecido al venablo. Trabajo sobre el lanzamiento y sobre la anticipación. Viaja y, por lo tanto, acumula experiencia. A veces termina de hacer su trabajo después de cuarenta años. Está rota porque debe ser repensada y valorada de nuevo, porque es llevada a una región desconocida en la que debe ser defendida. Por eso la cubro de pez, para perpetuar su supervivencia en el arte, que es por antonomasia la zona de lo desconocido, un lugar oscuro y desconocido que genera conocimiento.

GC: ¿La travesía de la canoa evoca, como el sillín, alguna memoria?

GZ: La ósmosis entre estrella y barca es un conjunto percibido por los navegantes, que viven de viajes y de naufragios. En Termoli, en los años cincuenta, asistía a la recuperación de las barcas y de los botes hundidos por los alemanes para impedir el desembarco de los aliados. Me sentía turbado al ver estas cosas que salían del agua cubiertas de algas y de alquitrán. Hoy se empieza desde el principio y la estrella pesca en la canoa, tira dentro de ella el aire. Pero la canoa ya no está en el agua y, en cambio, está llena de agua o de sulfato de cobre. Es un gran vientre que produce un borboteo. Estamos cerca de la plasticidad de la palabra, cerca de una lengua desconocida…, evoca de forma natural a *Per purificare le parole*, 1969 (XII).

GC: Tu reconocimiento de los espacios y de las culturas desde Filadelfia a Tel Aviv, desde Columbus a Modena, desde Porto a Valencia se está convirtiendo en un instrumento de sonda, mayor o menor, de tu interior y de tu exterior. Te sirve para solidificar una energía que es análoga al proceso de iniciación, típico de la alquimia. Quieres poseer la arquitectura y la memoria, lo personal y lo público para romperlos y reconstruirlos, de modo que puedan volver a ser conocimiento. Para ti el arte es una fragua genesíaca donde reconstruir la explosión incandescente y alquímica del mundo y de sus materias humanas, naturales y artificiales. Aquí toda entidad fija se volatiliza, no permanece más que la travesía y el viaje hacia lo desconicido.

GZ: Sí, es un tenderse en un lugar sin verdaderos parámetros… Un lugar insomne, un lugar oscuro sacudido por relámpagos de fósforo… ¡Sí!, un lugar donde no se puede dormir… como en Nueva York.

Julio-agosto de 1991

GZ: The ammonium bichromate, which defines it chromatically, is a noncolor, similar to fluorescent colors. It is not a fixed pigment and it is modified in the effort.

GC: The *Untitled* piece, 1988 (53) in Philadelphia reproposes a pattern of interlacement between canoe and crucible, which are joined by the principle of movement and transformation. The upward thrust of the raw materials is balanced by the downward thrust of human action, which makes the canoe move. The whole reveals the pleasure of Force, but also the desire to subdue the energy evoked by the arm and by the mineral, a work of reciprocal decantation.

GZ: It is certainly a coexistence of desire, labor, and dreams, in which the canoe represents the dream of being fast, of flying. It is very similar to the javelin. It deals with launching and advancing. It travels and, therefore, accumulates experience. Sometimes it ends its career after forty years. It is broken, because it must be thought over and revalued, as it has been brought to an unknown region in which it must be defended. This is why I cover it with tar, to help it continue to survive in art, which is the area of the unknown *par excellence*, an obscure and unknown region that generates knowledge.

GC: Does the passage of the canoe, like the baby-seat, make reference to a memory of some sort?

GZ: The osmosis between the star and the boat is something that is perceived by sailors, whose life is made up of journeys and shipwrecks. In Termoli, in the fifties, I watched the recovery of the boats sunk by the Germans to obstruct Allied landings. I was disturbed by the sight of these things that came out of the water covered with seaweed and various tars. Today we are starting all over, and the star fishes in the canoe, it throws in air. But the canoe is no longer in the water; on the contrary, it is filled with water and copper sulphate. I is a large belly that produces a gurgling. We are not far from the plasticity of the word, from an unknown language…, a reference to *To Purify Words*, 1969 (XII) comes naturally.

GC: Your reconnaissance of spaces and cultures, from Philadelphia to Tel Aviv, Columbus to Modena, Porto to Valencia, is becoming an organ for sounding, to a greater or lesser degree, your interior and exterior. You use it to solidify an energy that is analogous to the initiatic process typical of alchemy. You want to possess architecture and memory, the personal and the public, in order to crumble them and reconstruct them, so that they can go back to being knowledge. For you art is a genesiac hotbed where the incandescent and alchemical explosion of the world and of its human, natural, and artificial materials can be reconstructed. Here every fixed entity is volatilized; all that remains is the passage and the journey into the unknown.

GZ: Yes, it is like throwing oneself into a place without true boundaries … A sleepless place, a dark place stirred by phosphorus flashes … Yes, a place where you can't sleep … like New York.

July-August 1991

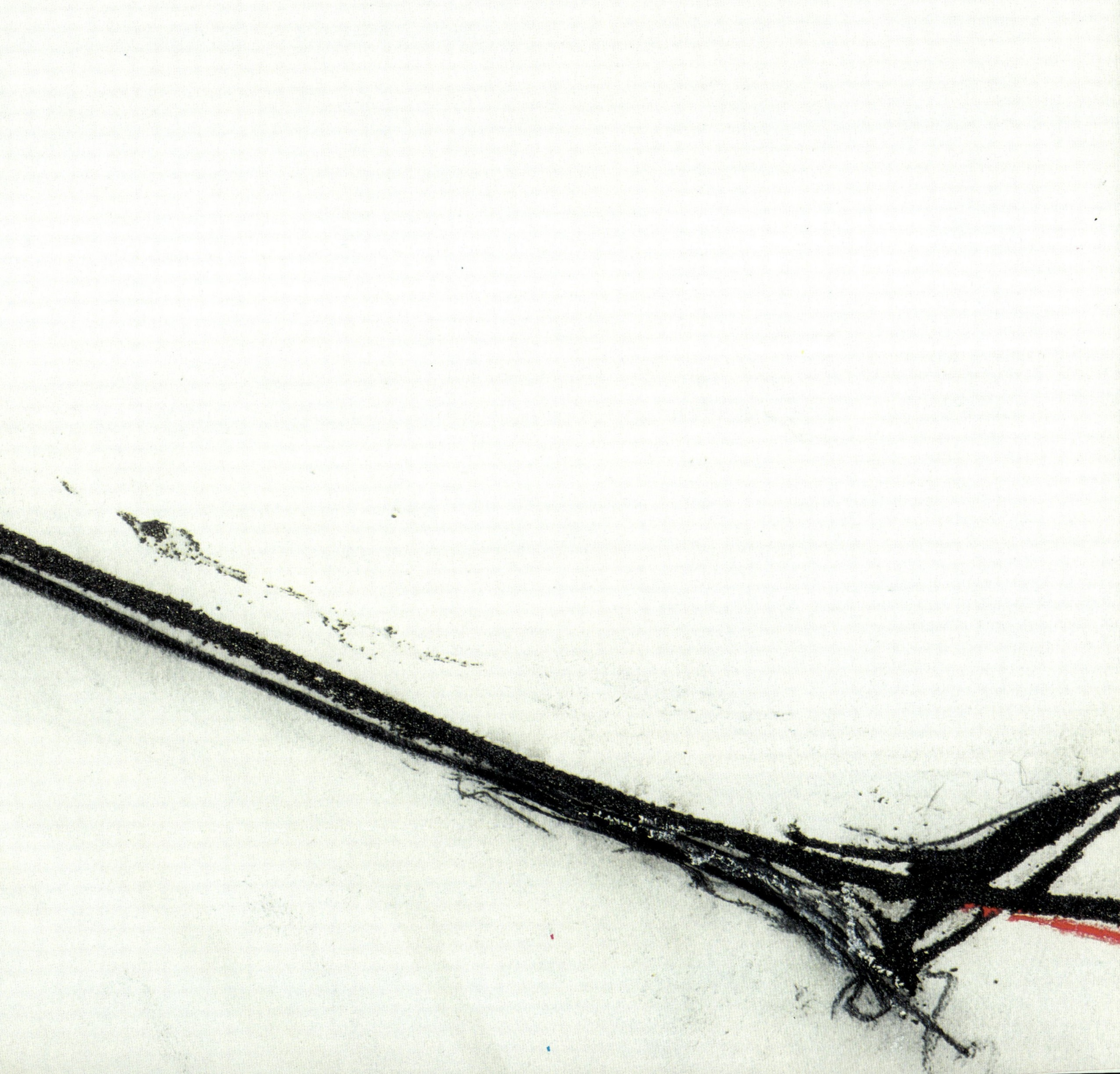

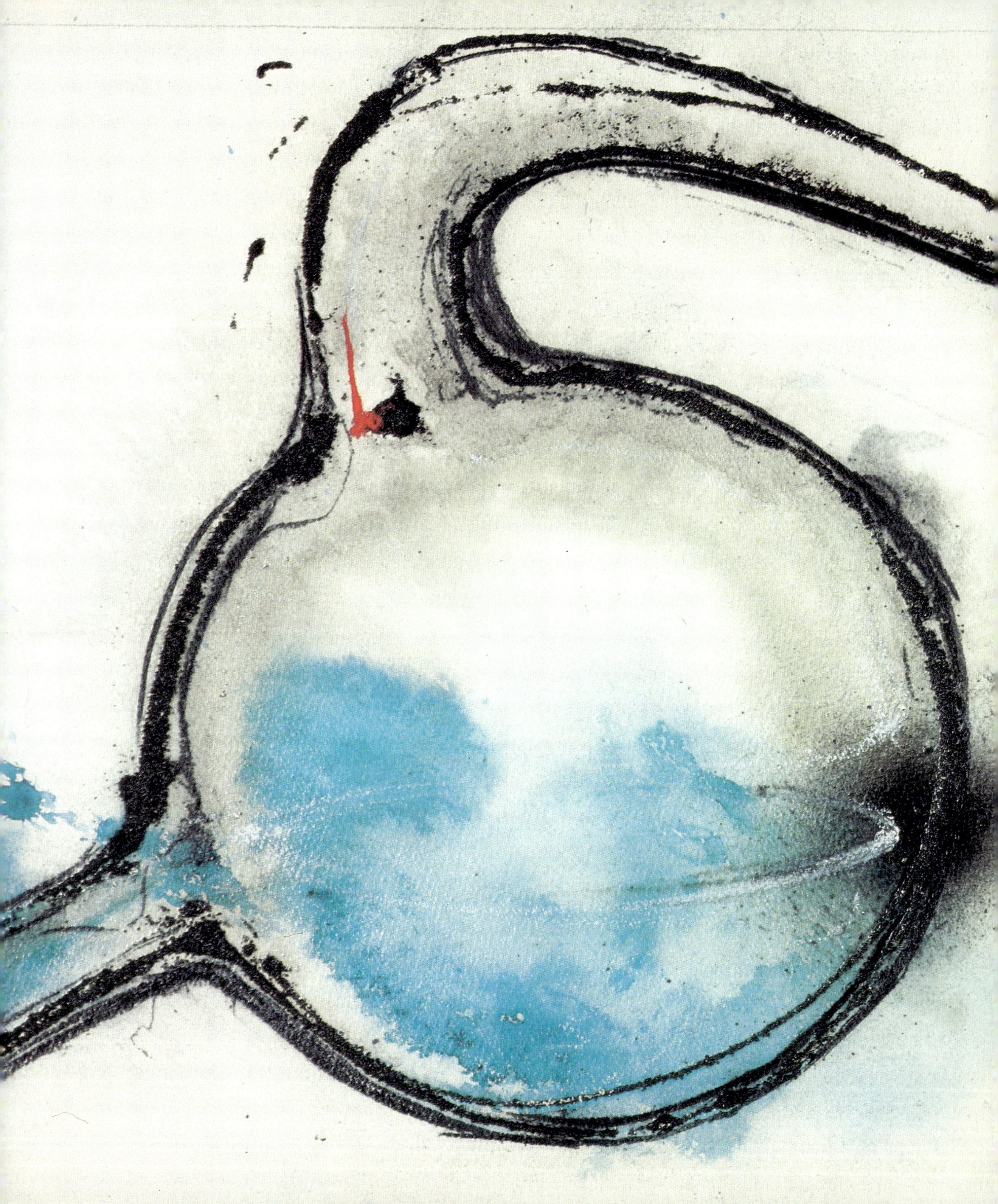

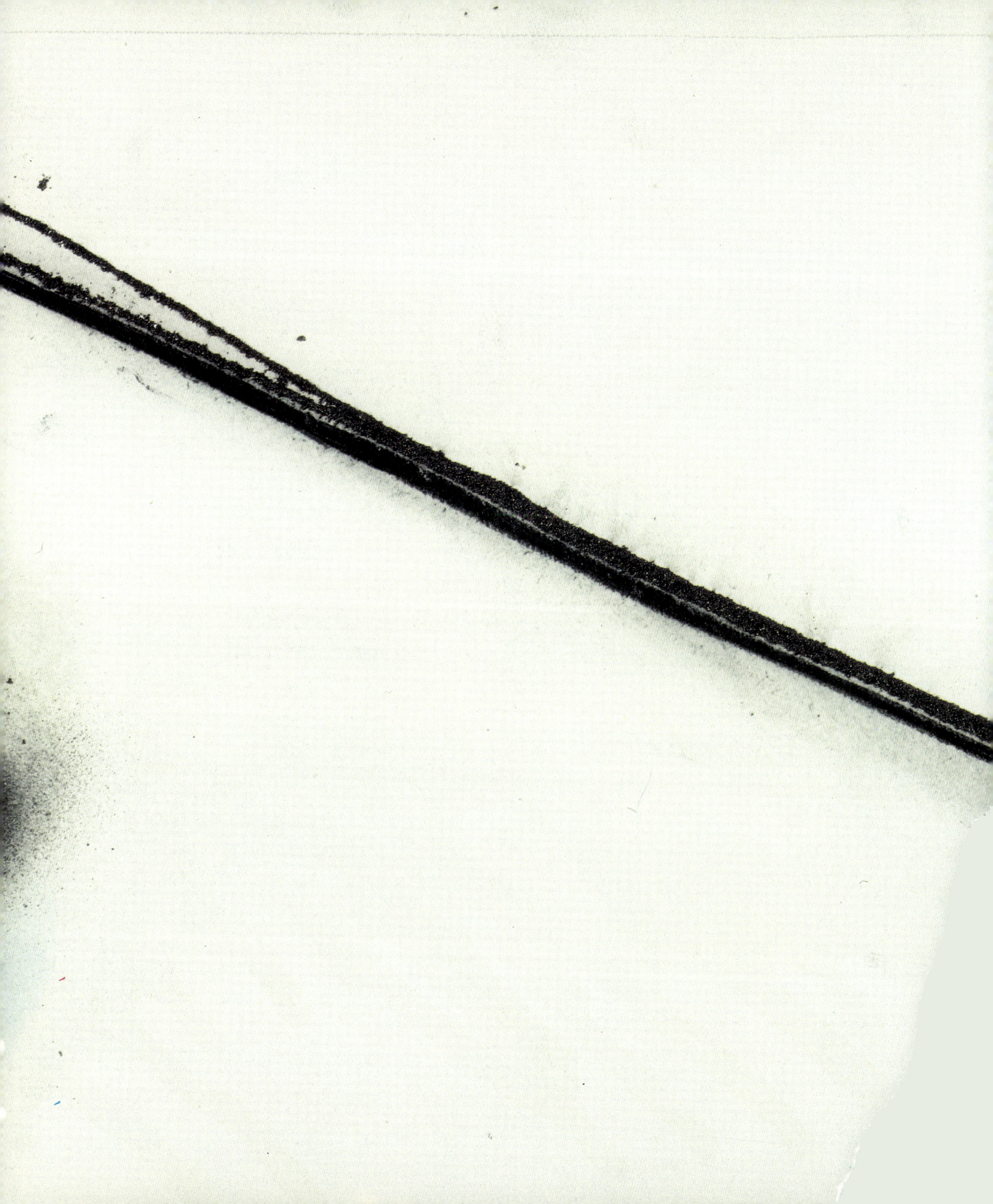

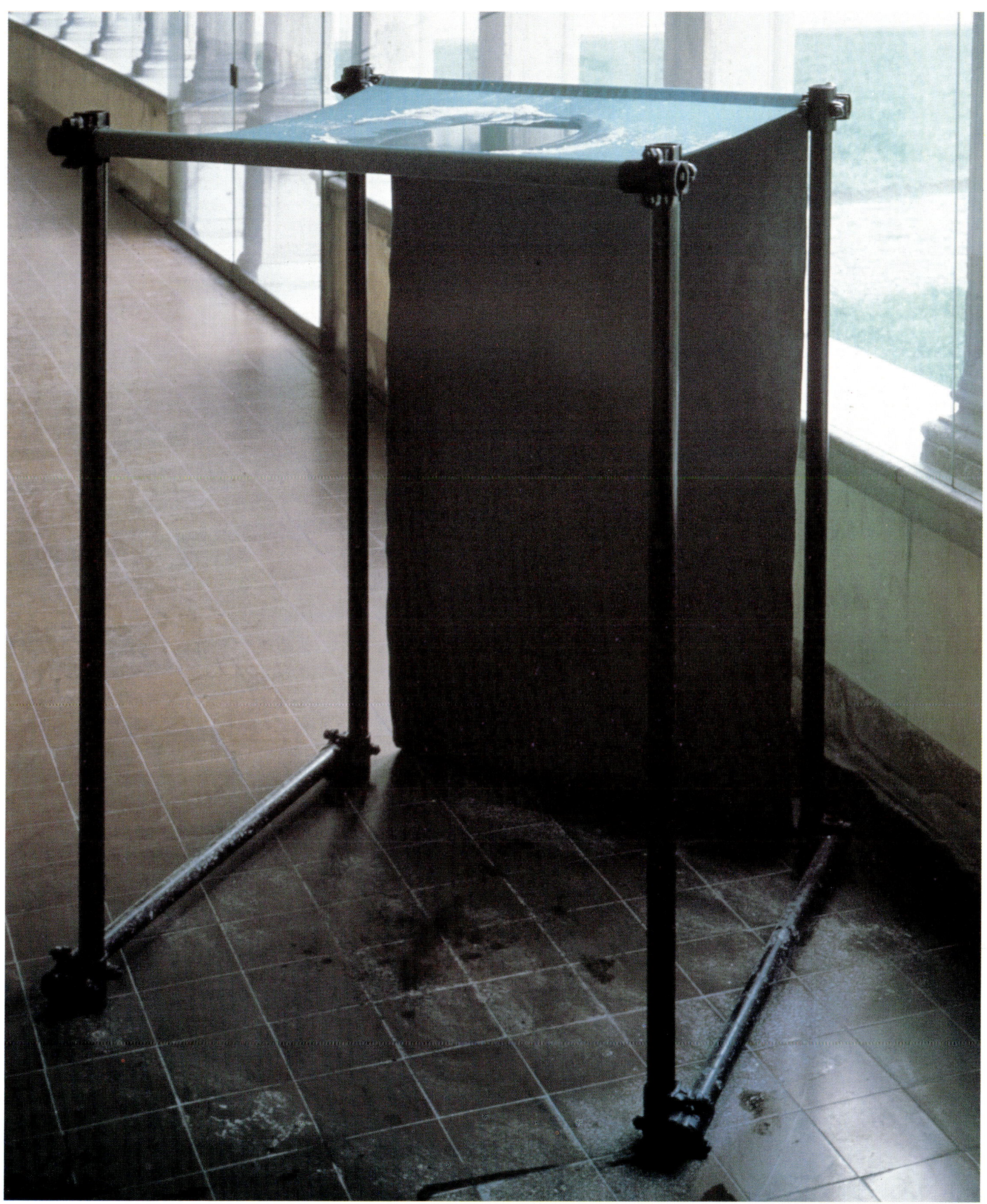

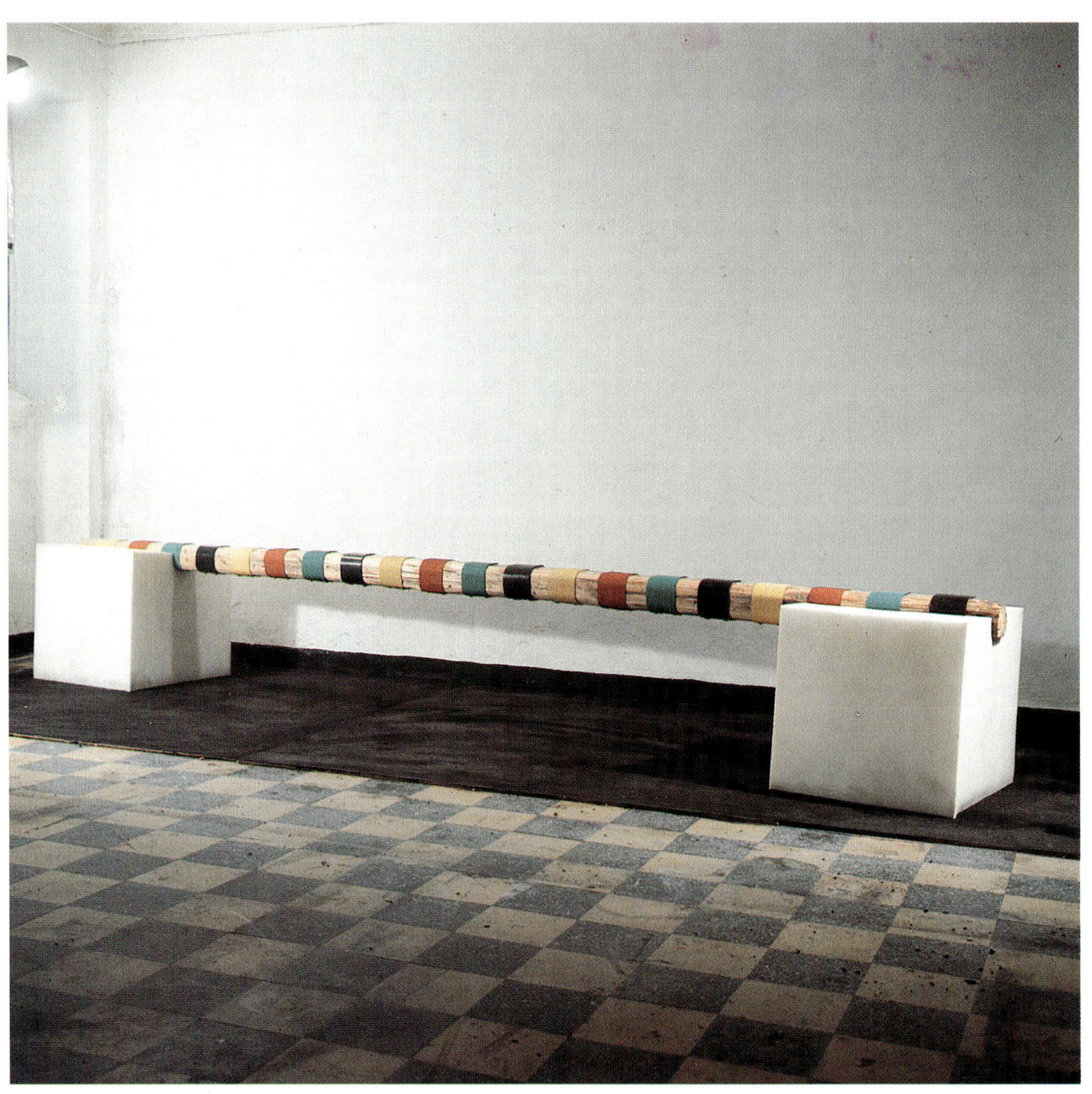

2

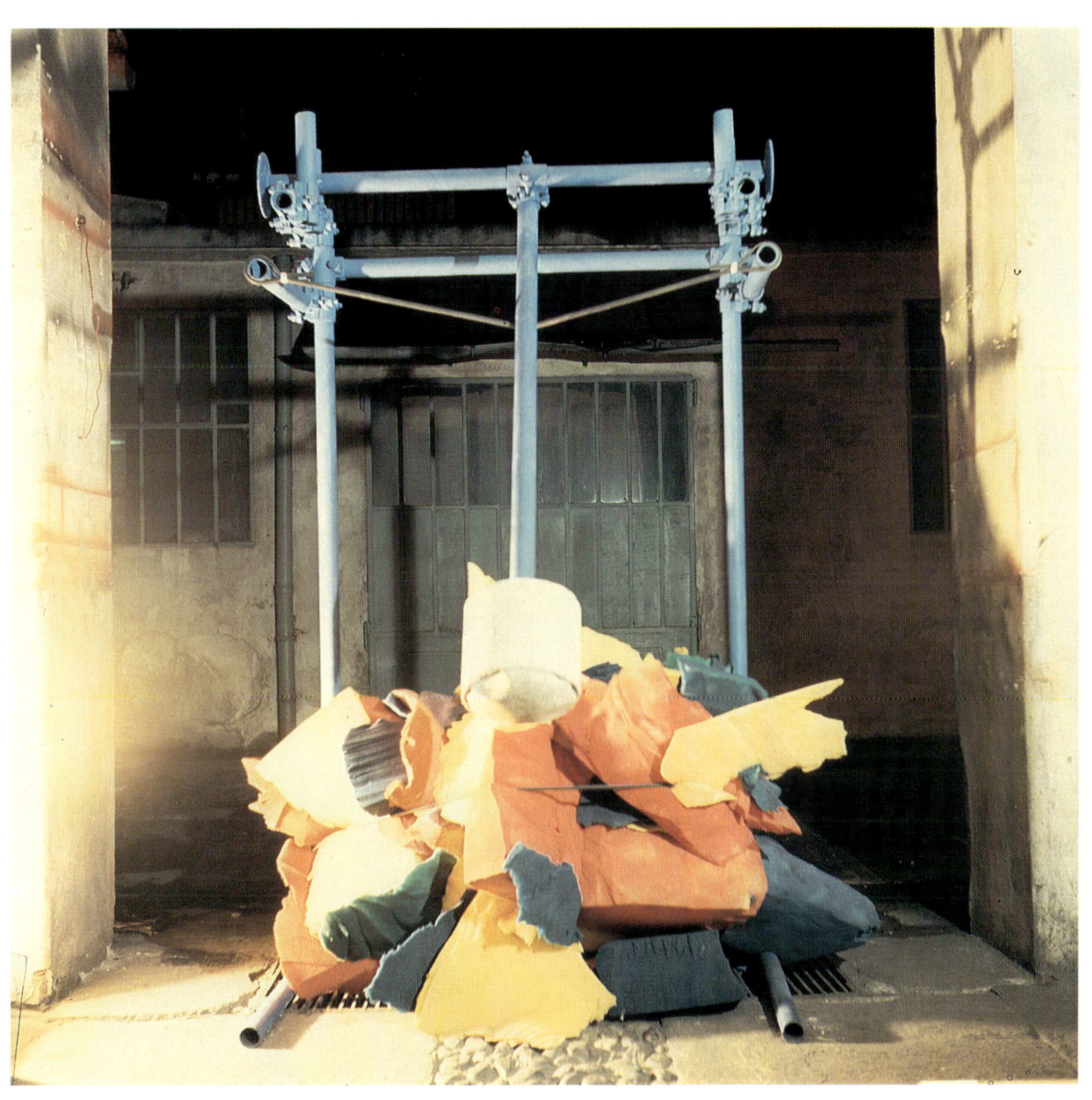

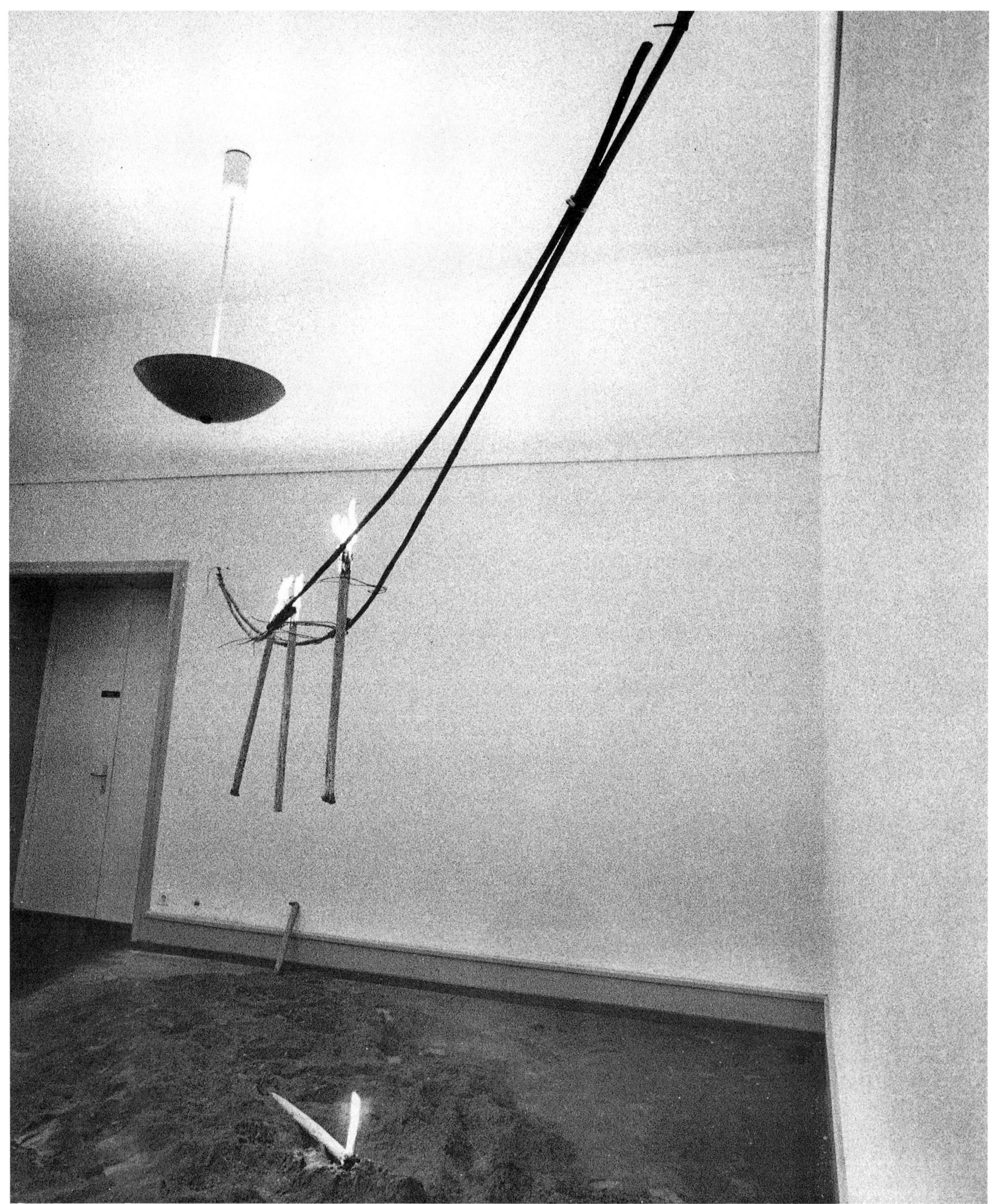

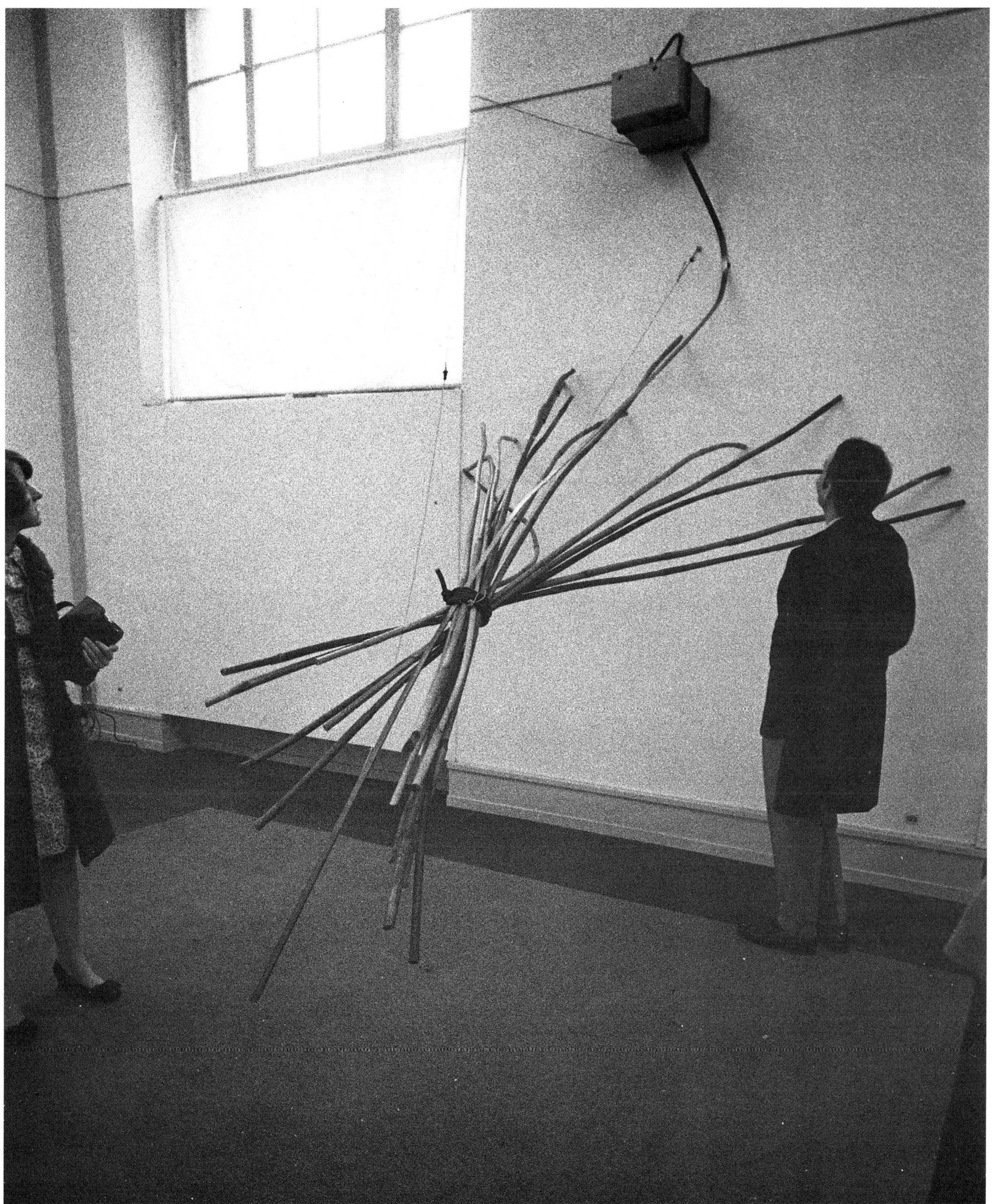

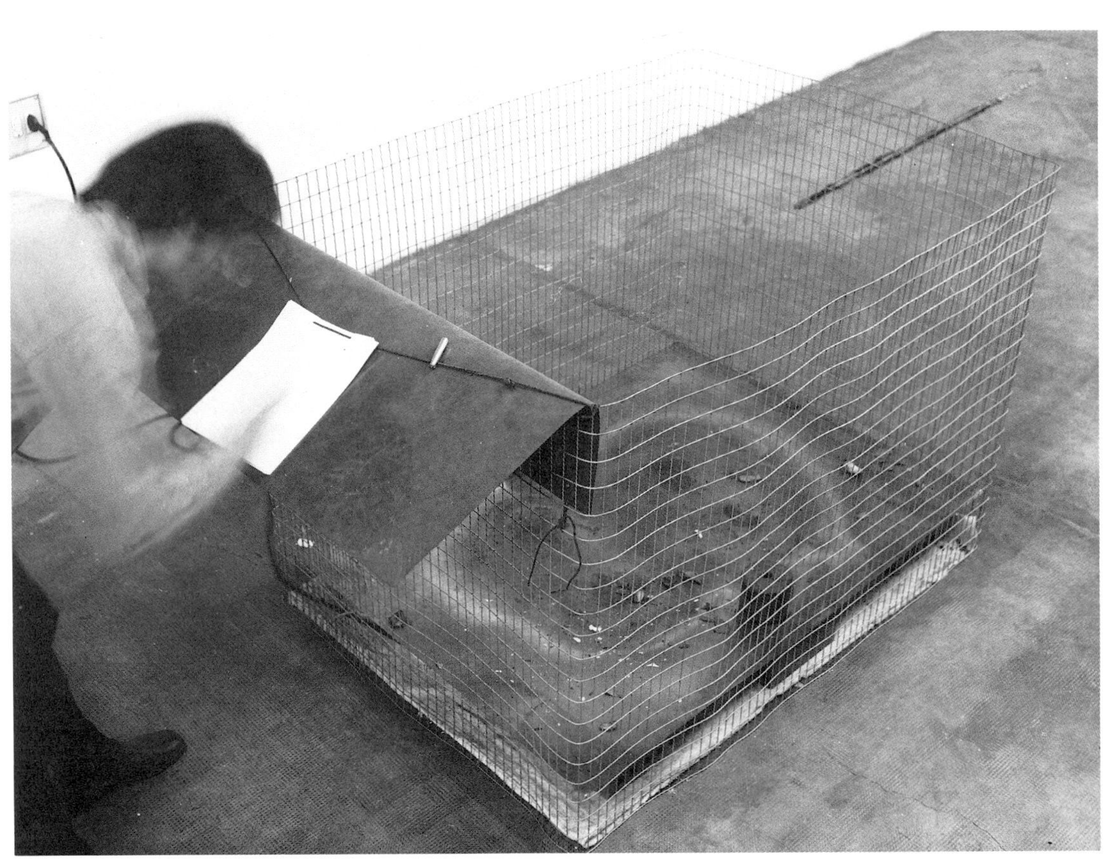

6

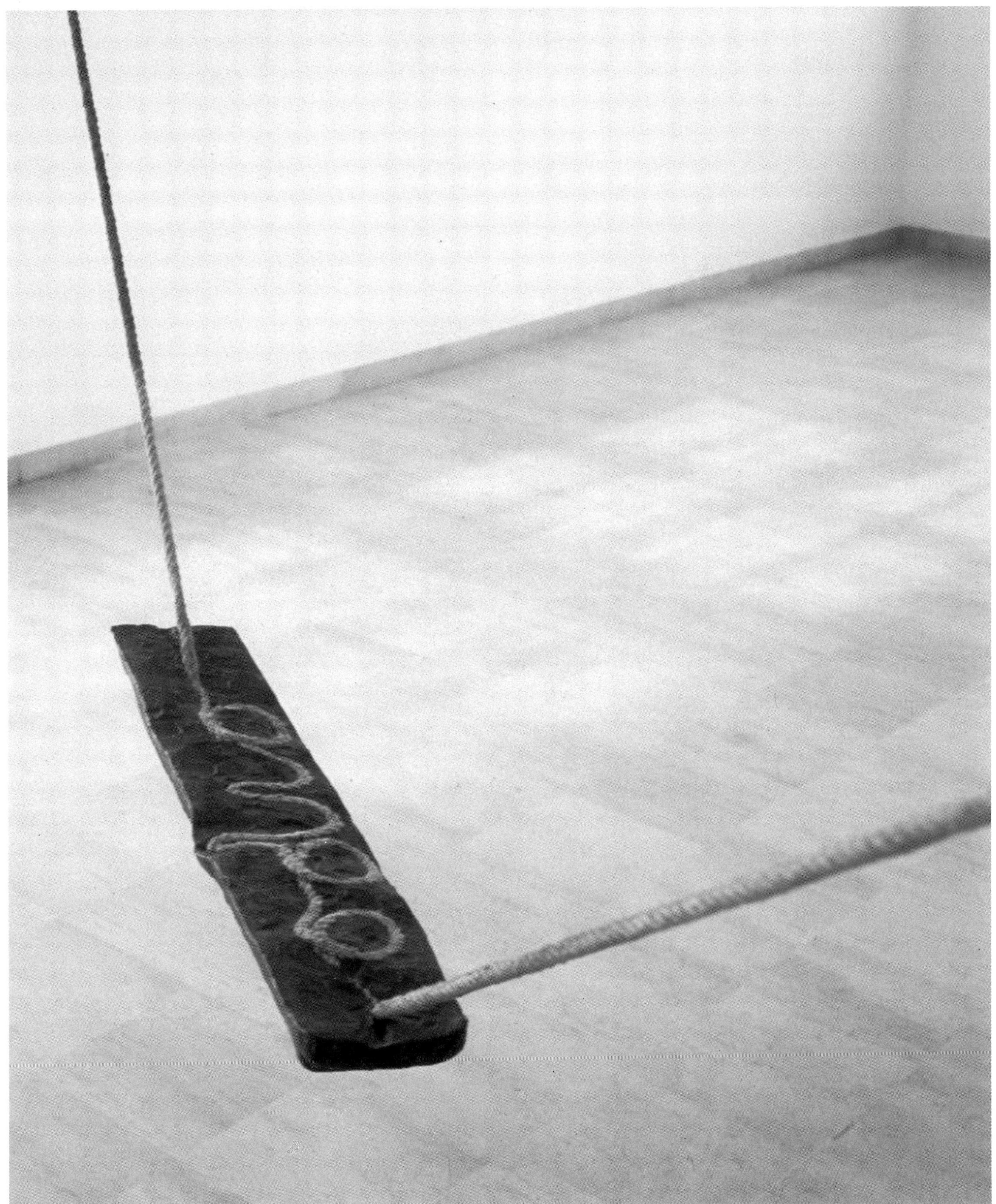

Energía
es la posibilidad de colmar un vacío,
la posibilidad de vaciar un todo,
es la posibilidad de planificar
pasado, presente y futuro,
es la posibilidad de hacer operativas
las funciones conscientes e incoscientes
del lenguaje. [2]

Energy
is the possibility of filling an emptiness,
the possibility of emptying a fullness,
is the possibility of planning
past, present, and future,
is the possibility of rendering operative
the conscious and unconscious
functions of language. [2]

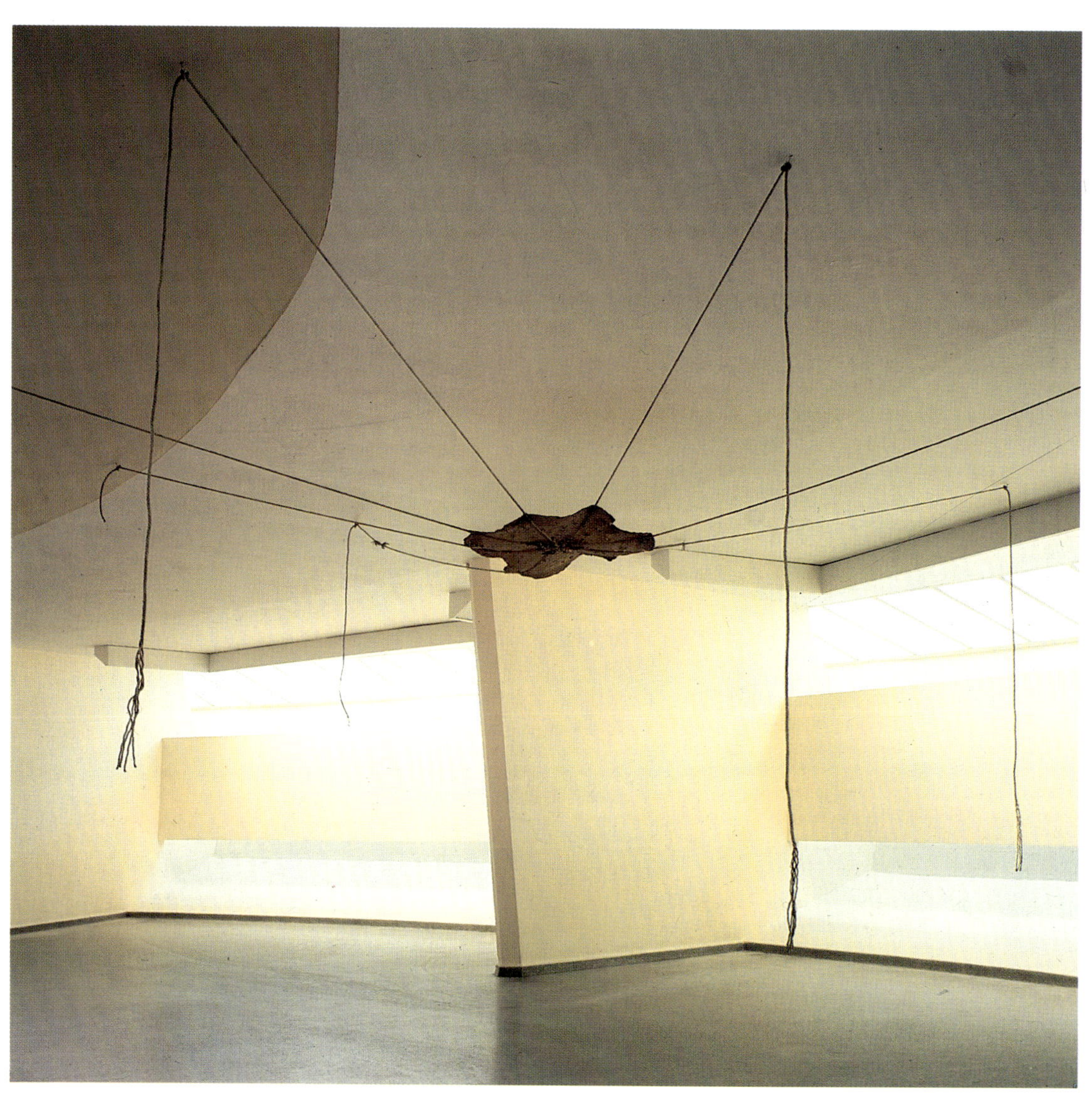

8

CONFINE

La política es un espacio,
        una velocidad,
        un tiempo;
es un coágulo de seres pensantes que tratan de
        inventar una imagen de espacio,
        de velocidad,
        de tiempo
perteneciente a la raza humana. [3]

Politics is space,
         speed,
             time;
it is a coagulation of thinking beings trying
to invent an image of space,
                    of speed,
                    of time
belonging to the human race. [3]

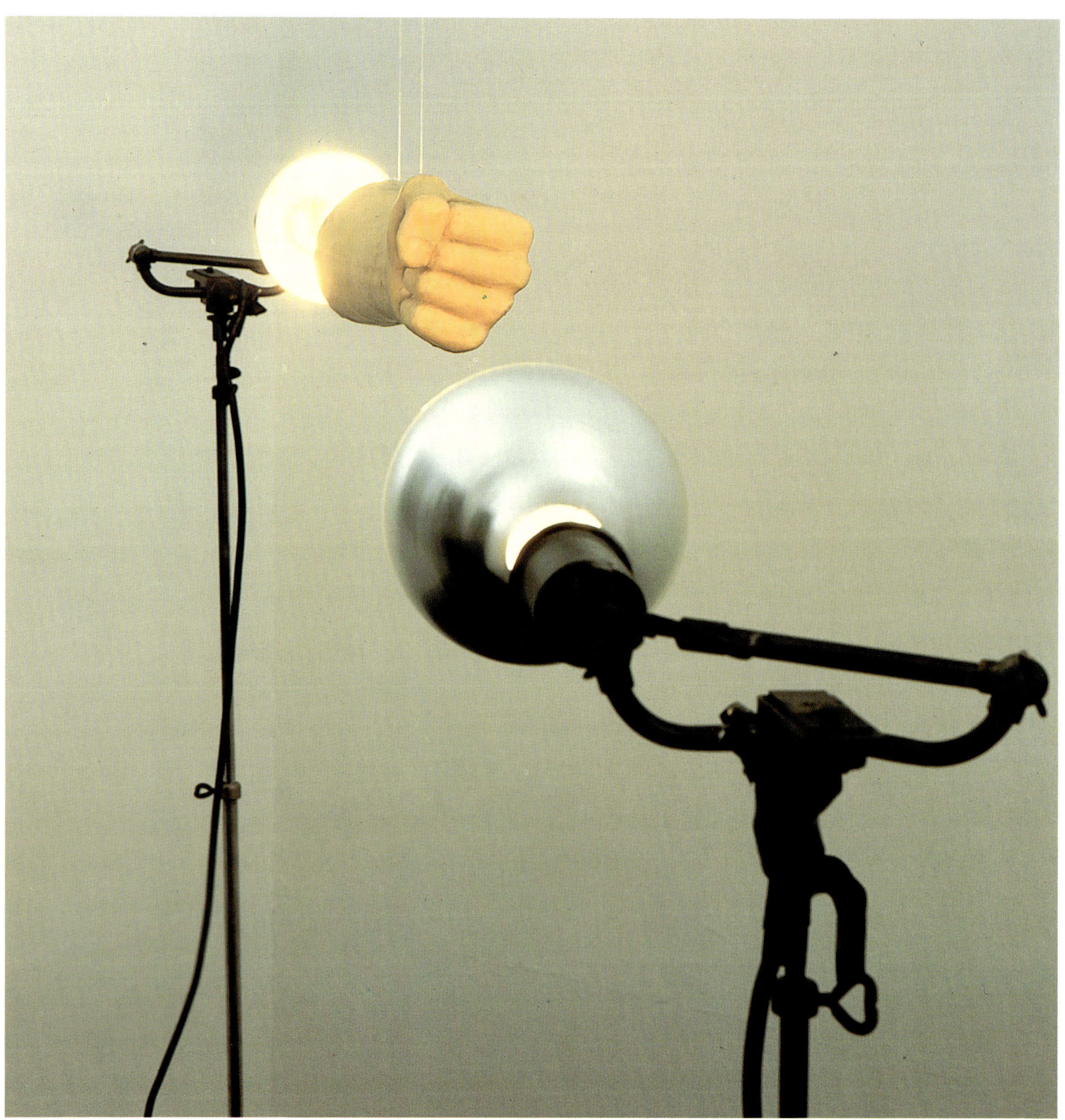

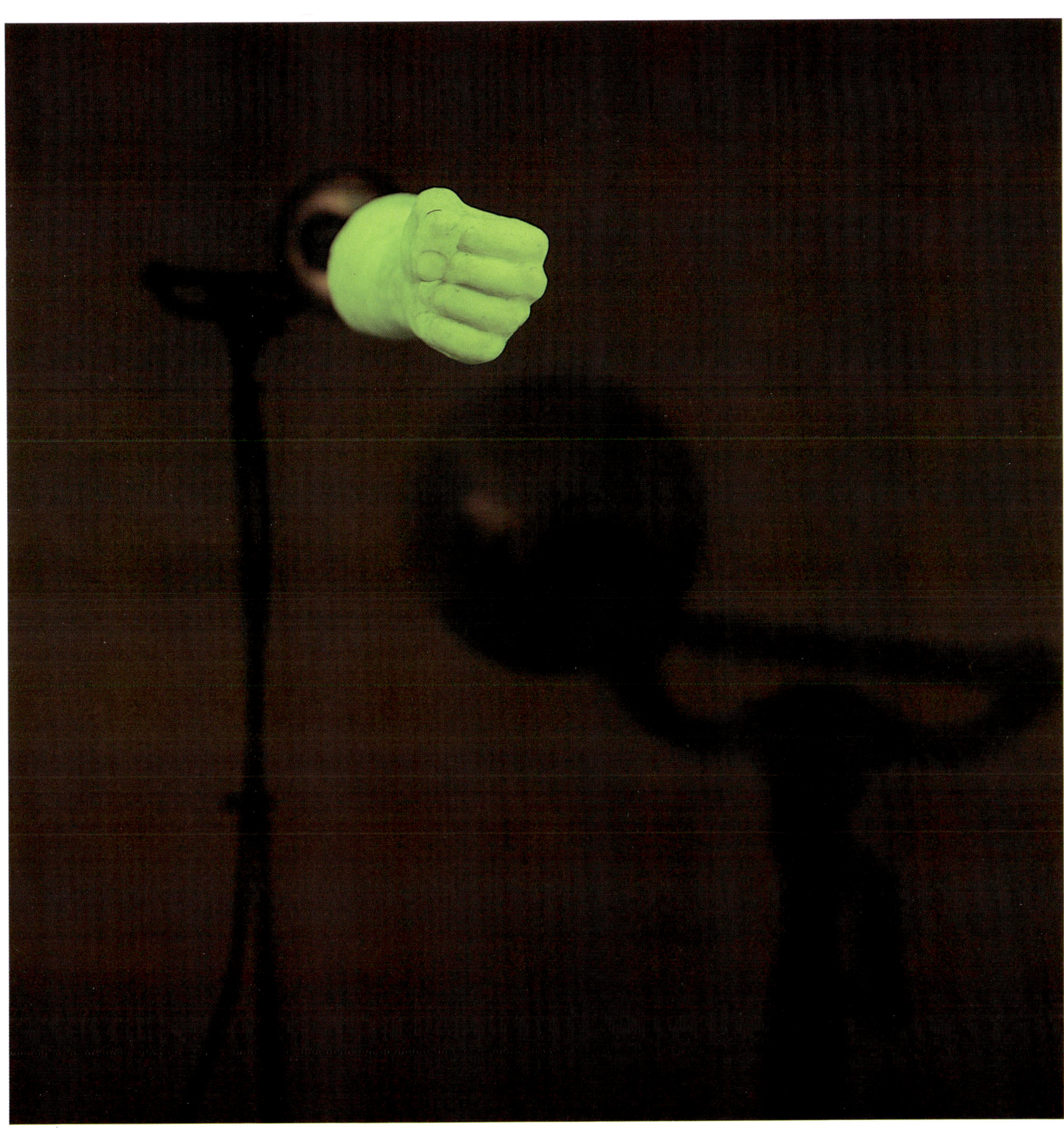

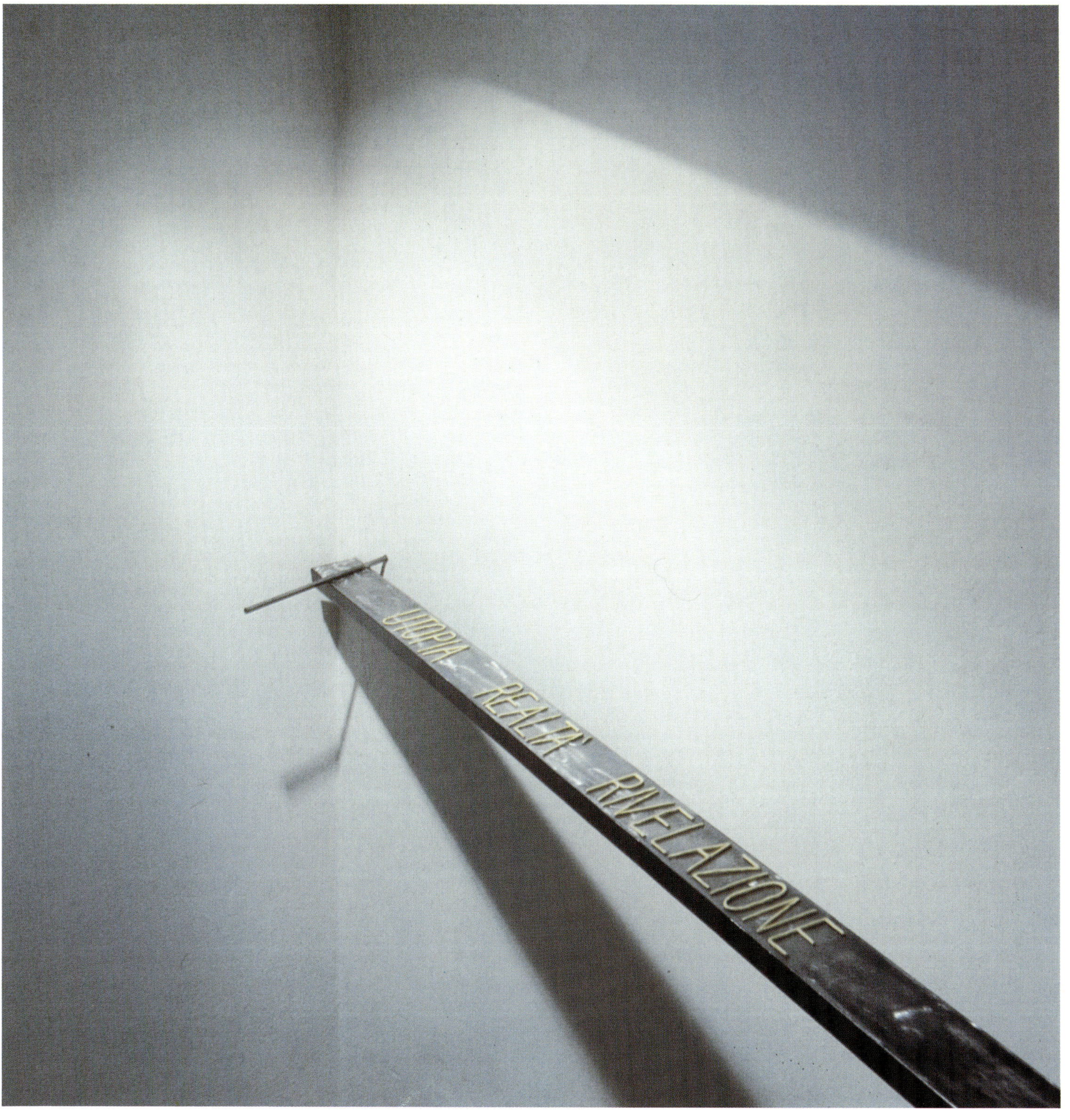
UTOPIA   REALTÀ   RIVELAZIONE

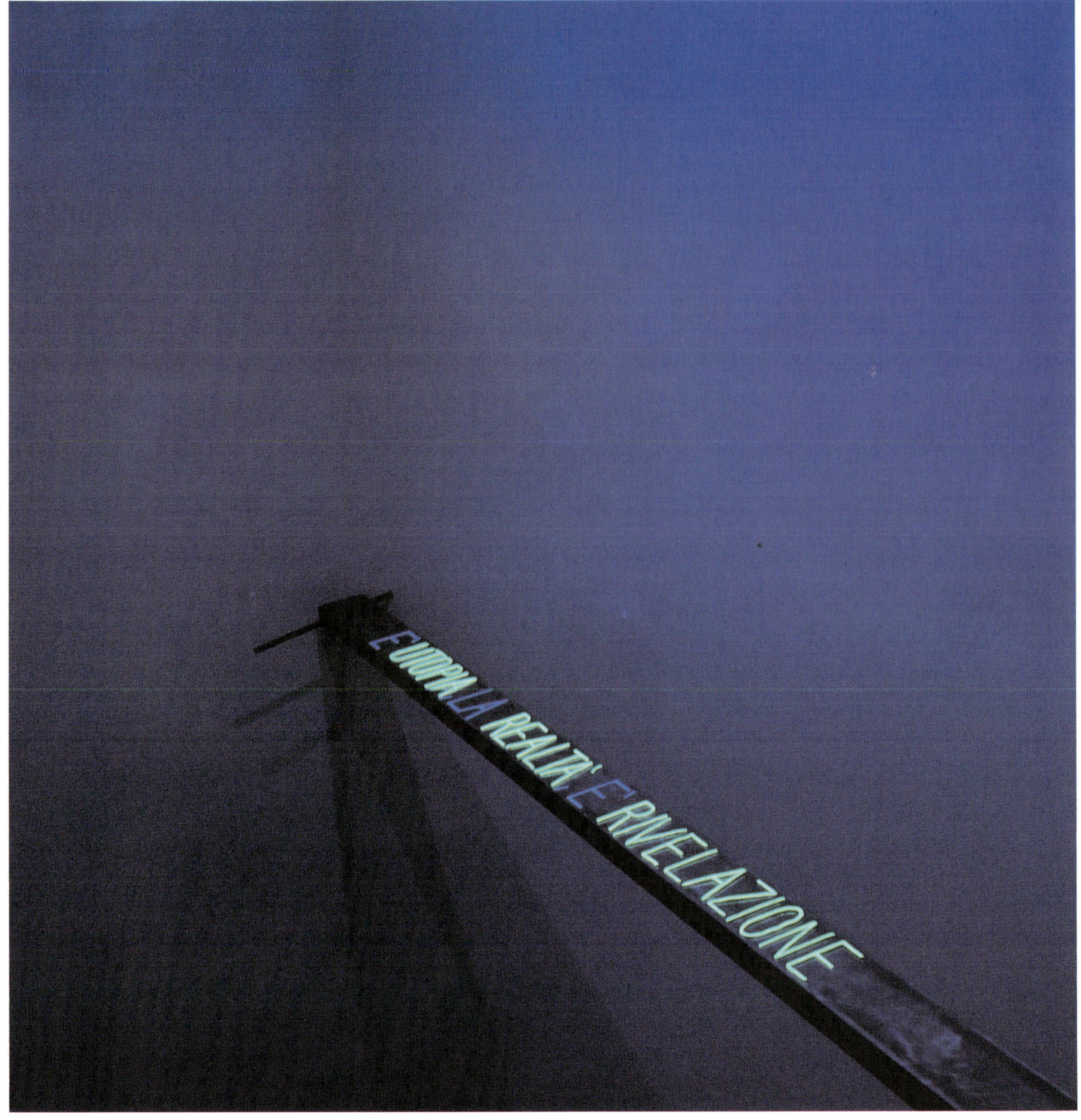
È UTOPIA LA REALTÀ È RIVELAZIONE

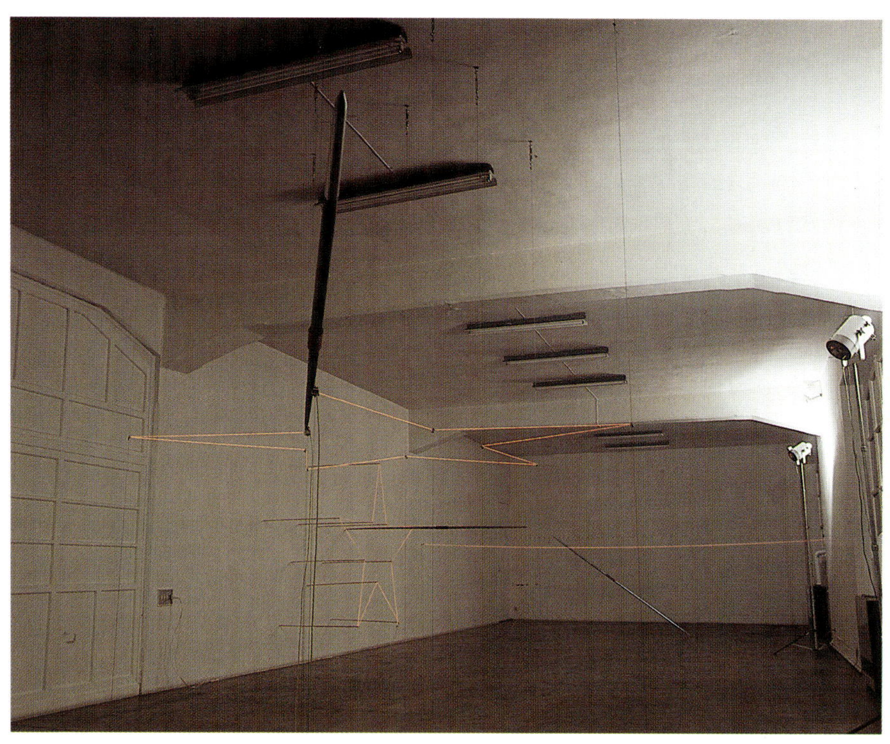

12

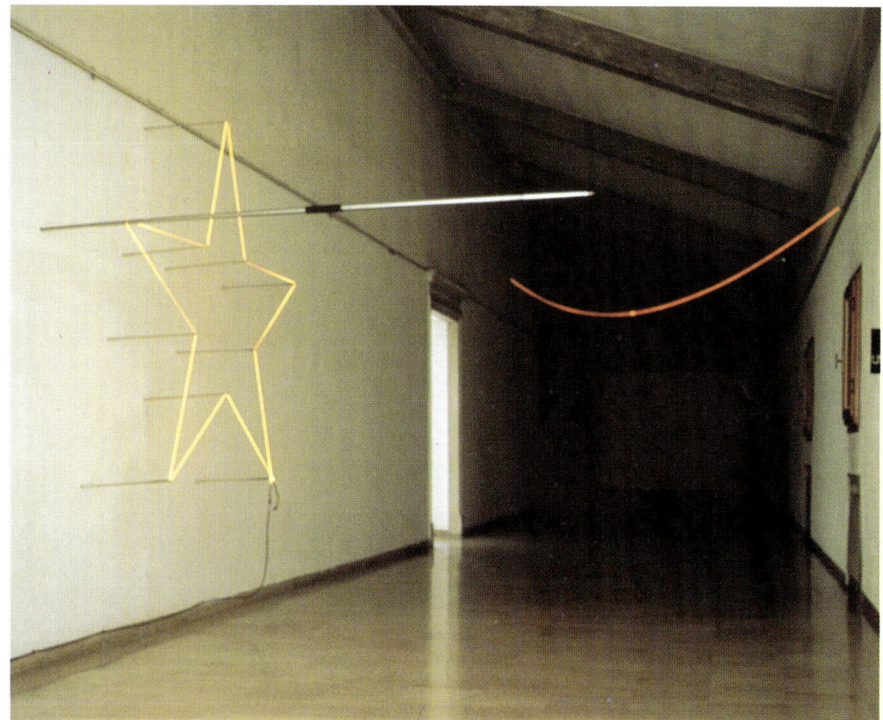

13

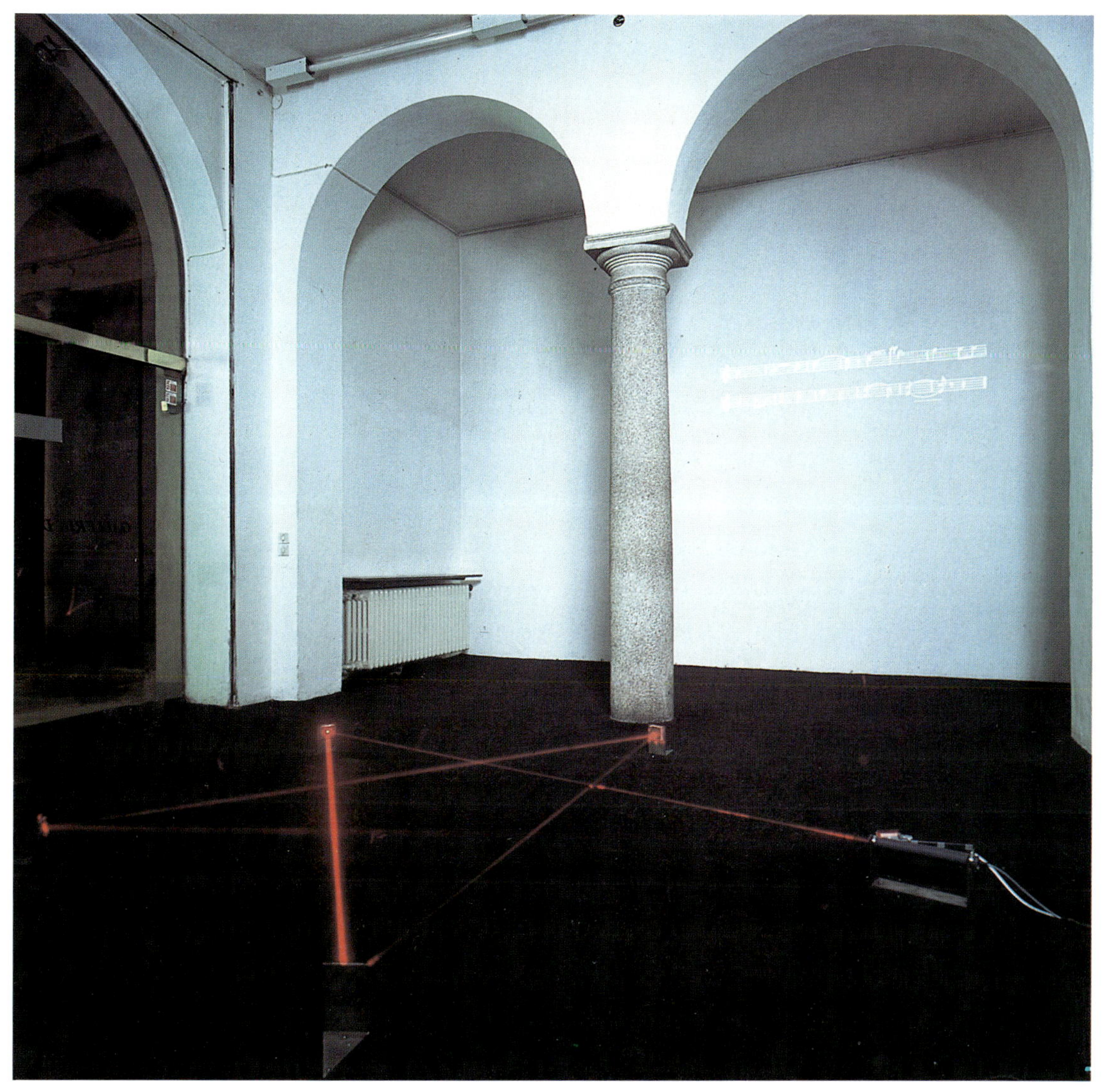

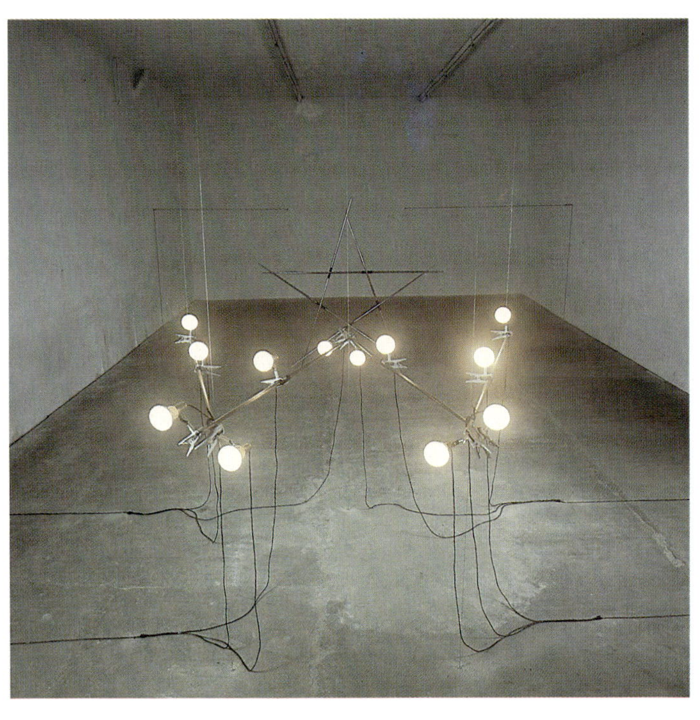
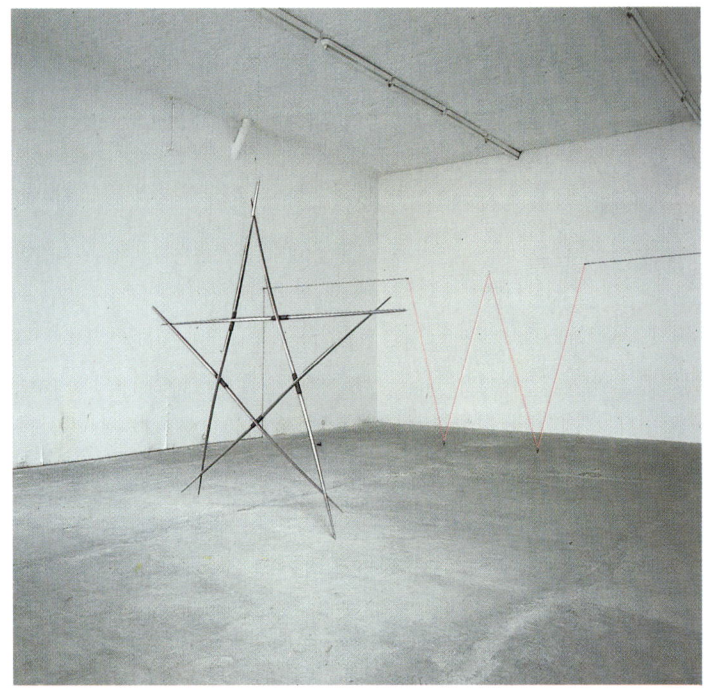
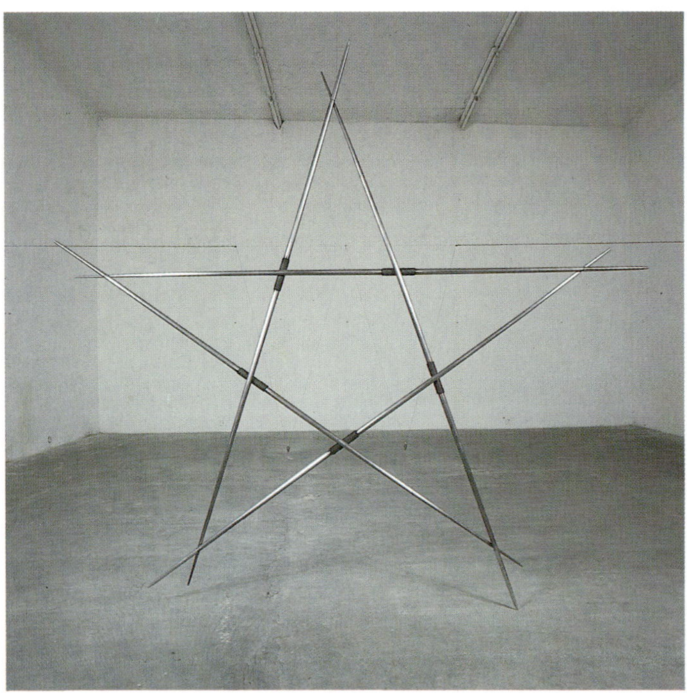
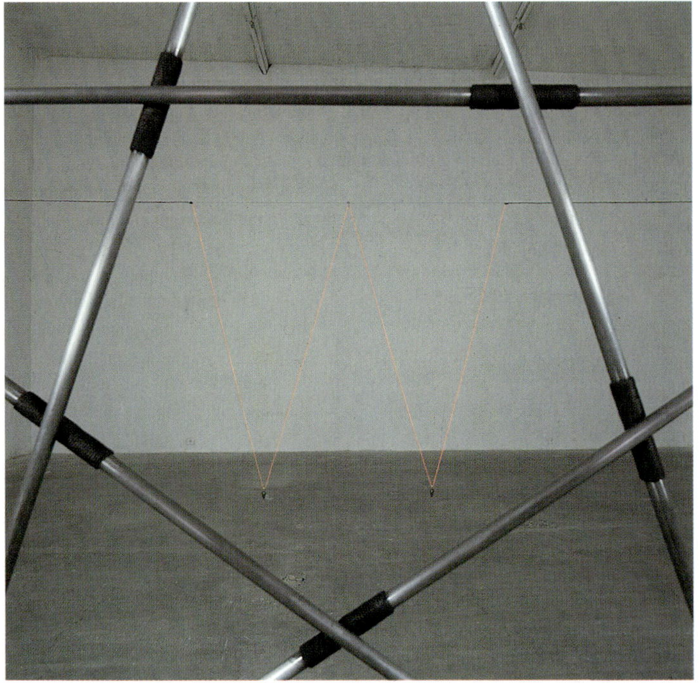

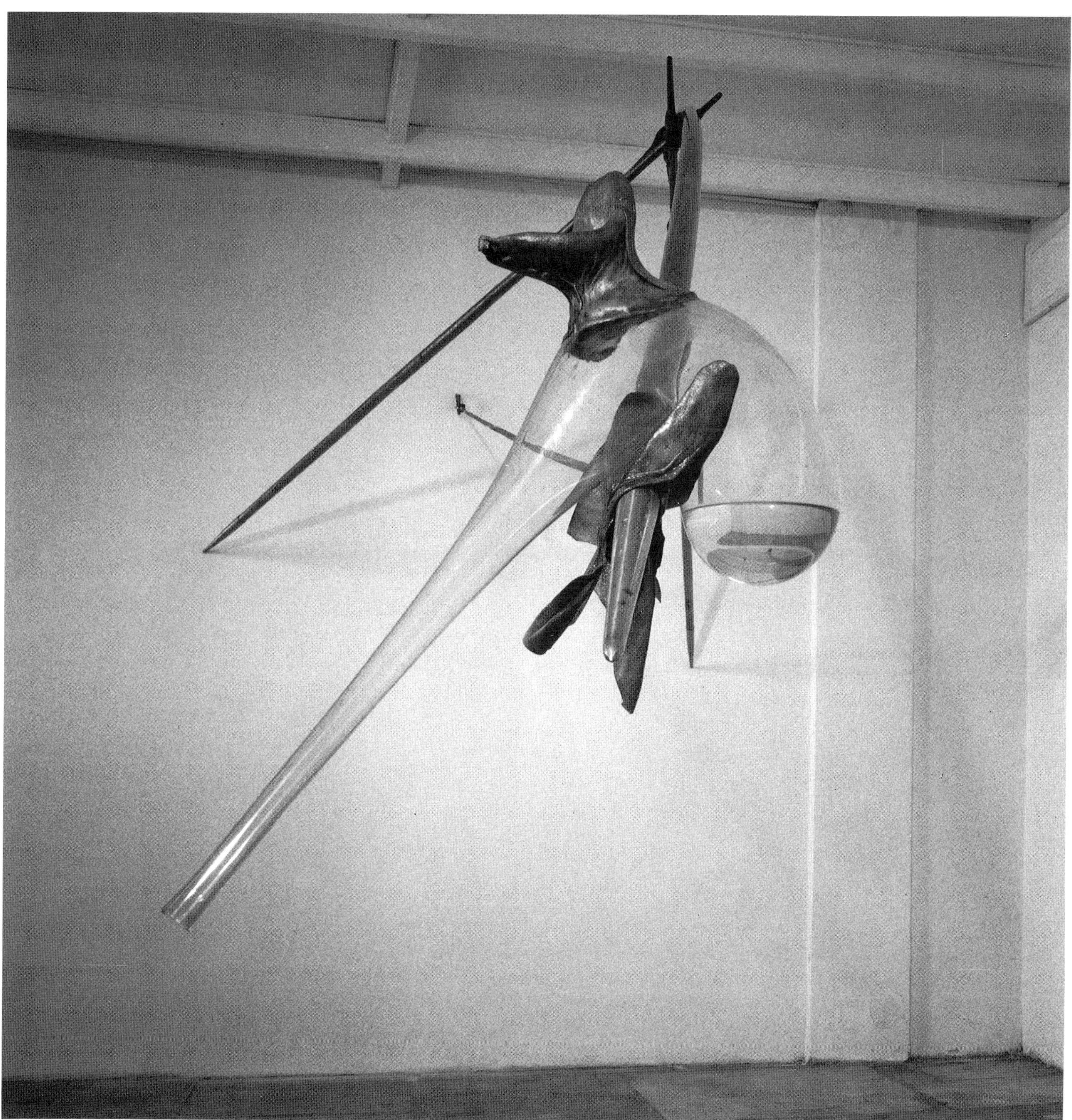

Me gusta hablar de cosas fluidas y elásticas, de cosas sin perímetros laterales y formales.
Un avión para alzarse en vuelo y para aterrizar necesita de un aeropuerto, o sea necesita de dos superficies que actúen de intermediarias entre cielo y tierra; si un avión toma tierra en una arboleda, se denomina aterrizaje de emergencia. Un pájaro, en cambio, sale de donde quiere y llega adonde quiere, el vuelo de un pájaro es, pues, una invención.

Una palabra absorbida por un micrófono y repetida por un altavoz pierde su significado literal y se convierte en un sonido incomprensible, aunque perceptible mental y físicamente.

Si deposito un folio, escrito con tinta simpática, sobre una chapa de metal caliente, obtengo durante pocos segundos la lectura de frases que podrían ser incluso condenas a muerte.
A veces sueño ser un ladrón que con el soplete abre una caja fuerte, no para robar las joyas, sino para robar un poco del interior. A veces sueño, o quizá no es verdad, que viajo hasta el centro de la tierra y veo los pájaros que sobrevuelan entre la lava, cubiertos de amianto. [4]

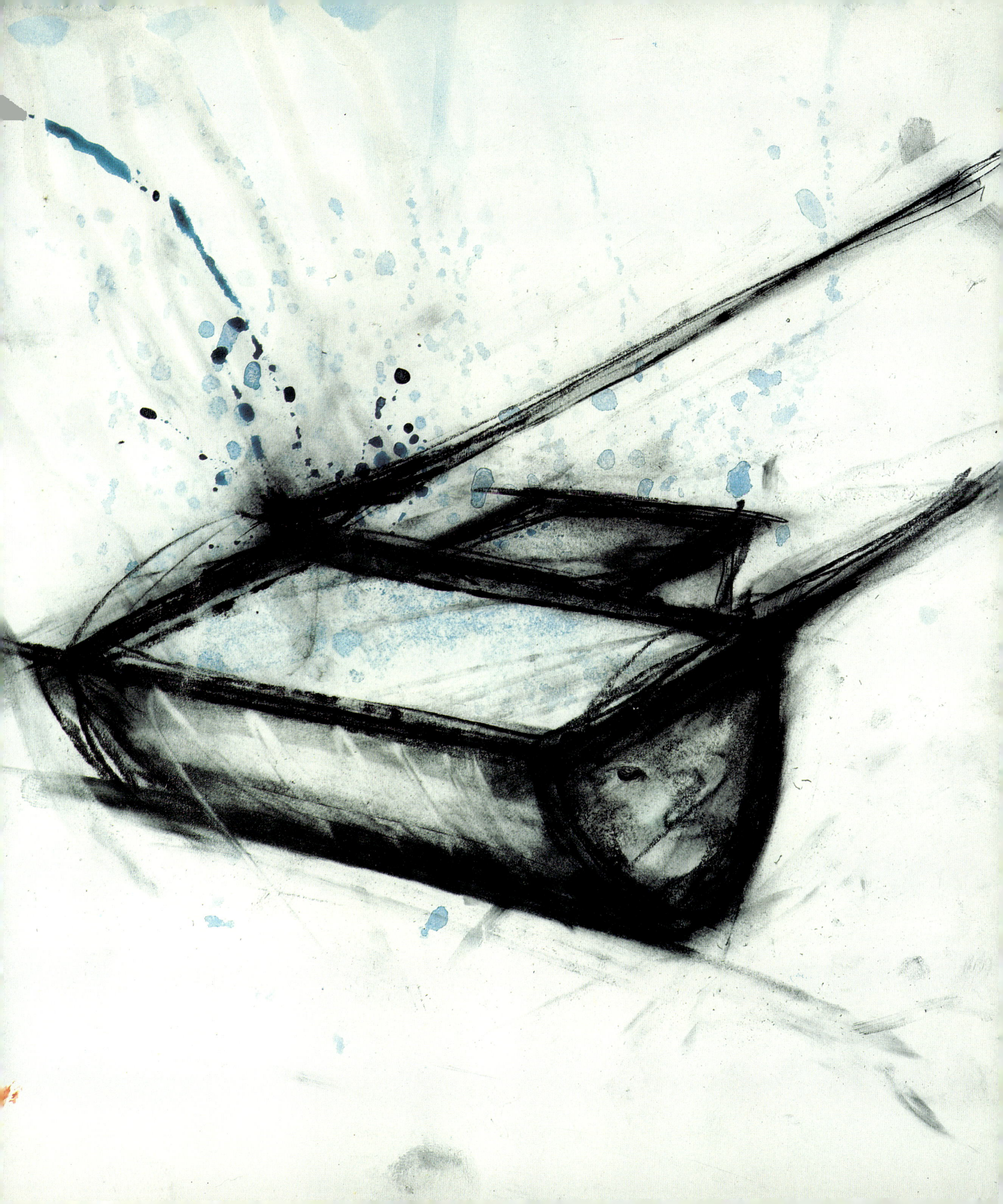

I like to talk about fluid and elastic things, things without lateral and formal perimeters.
An airplane needs an airport in order to take off and land; that is, it needs two surfaces that act as
intermediaries between the ground and the sky. If an airplane touches down in a forest it is said to
crash. A bird, though, takes off and lands wherever it wants. The flight of a bird is therefore an
invention.

A word absorbed by a microphone and repeated over and over by a loudspeaker loses its literal
significance and becomes a sound, incomprehensible but mentally and physically perceptible.

If I put a page inscribed with invisible ink on a hot metal plate, for a few moments I can read phrases
that might even be death sentences.
Sometimes I dream that I am a thief opening a safe with a blow-torch, not to steal the jewels, but
to steal a little bit of the interior. Sometimes I dream, or perhaps this isn't true, that I travel to the
center of the Earth where I see birds covered in asbestos flying amid the lava. [4]

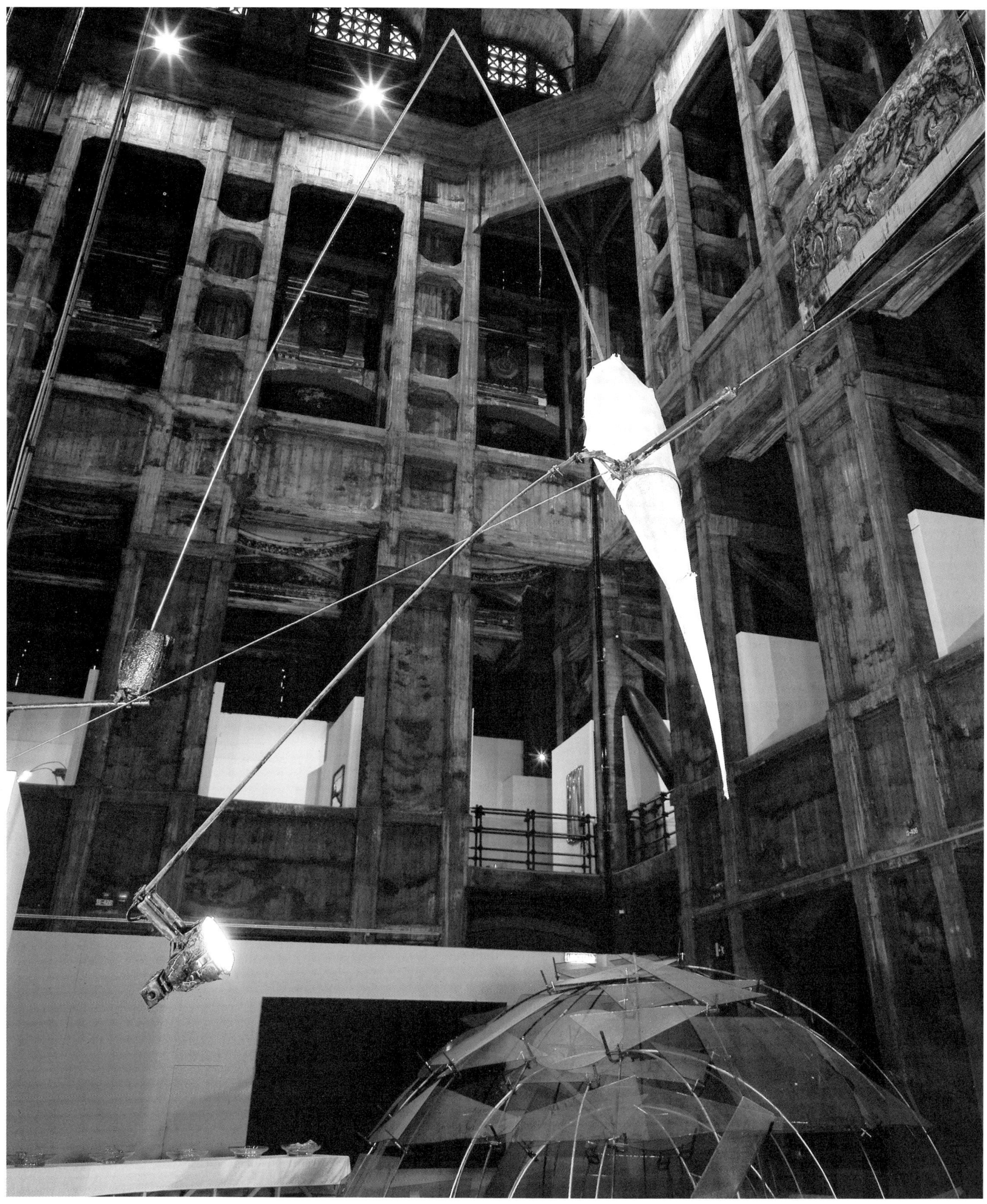

El sentido del después se aprovecha de las emociones, de los miedos, de las necesidades del antes.
Si se acepta el espacio dado, se aceptan las consiguientes responsabilidades naturales del hacer arte,
imaginando las distintas aspersiones de situaciones que crecen en mosaico.
El mosaico es siempre incompleto y provisional, las piezas son multiformes.
…Emplear los instrumentos necesarios significa renunciar a muchas imágenes que se quisieran
confrontar, significa renunciar a los trabajos todavía no realizados pero que ahora se desean.
…En Ravena el pórtico avanza antiguo, bellísimo y ligero, el cuadrado encierra a los pavos reales,
los pavos reales se airean y se inyectan sus propios colores… Tiene razón Guberti; Ravena es más
bizantina que Bizancio. El pórtico es bellísimo, las salas de exposiciones, en lo alto son difíciles, quizá
sería necesario derribar algunos muros.
La exposición está preparada, ya está concluida, ¿qué falta? ¿Qué sobra? ¿Acaso faltan las luces
forzadas de los vítores de los venablos? ¿Falta la negra pesadez hinchada y rugosa de la estrella de
terracota? ¿Falta la veloz longitud que nos lleva al pyrex del Guggenheim? ¿Falta la chapa de cobre
que engasta el saco de cuero? …La cama está, ¿falta la silla?…
¿Está demasiado recargada la exposición de Ravena?…
¿Sería suficiente añadir o quitar alquimia?
¿Acaso está más equilibrada la página en el Kunstmuseum de Lucerna?
Allí están los vítores, allí está la Internacional, allí está el odio… ¿es demasiado dura la situación?
¿Qué falta en Lucerna?… En el Stedelijk Museum el tejido está hecho de estrellas, de cristales
cortantes, de venablos que se detienen, de purificadores que vuelan …las energías se buscan.
¿Qué falta en el Stedelijk Museum? [5]

Hindsight takes advantage of the emotions, the fright, and the necessities of before.

If one accepts the given space, one accepts the consequent natural responsibilities of creating art, imagining the various sprays of situations growing in a mosaic.

The mosaic is always incomplete and temporary, the tesseras are multiform.

… Using the necessary tools means relinquishing many images one would like to confront, it means relinquishing works as yet unexecuted, but desired now.

… At Ravenna, the portico is old, light and beautiful, its square encloses peacocks, the peacocks fan their tails and reciprocally inject themselves with their colors… Guberti is right; Ravenna is more Byzantine than Byzantium. The portico is magnificent, the halls, high up are difficult, perhaps there should be temporary walls.

The show is ready, all is done, what is missing? What is superfluous? Are the forced lights of the "W" of javelins missing? Is the black swollen and wrinkled heaviness of the terracotta star missing? Is the swift rod that leads to the Guggenheim pyrex missing? Is the copper blade that wedges the leather sack missing?… The "bed" is here, is the "chair" missing?…

Is the show in Ravenna too saturated?

Would it be enough to add or remove alchemy?

Is the format at the Kunstmuseum in Lucerne more balanced, perhaps?

There they have the "W", the international, hatred… is the situation too tough? What is missing in Lucerne?… At the Stedelijk Museum the fabric is made of stars, of cutting crystals, of javelins holding back, of flying purifiers… the energies seek each other.

What is missing at the Stedelijk Museum? [5]

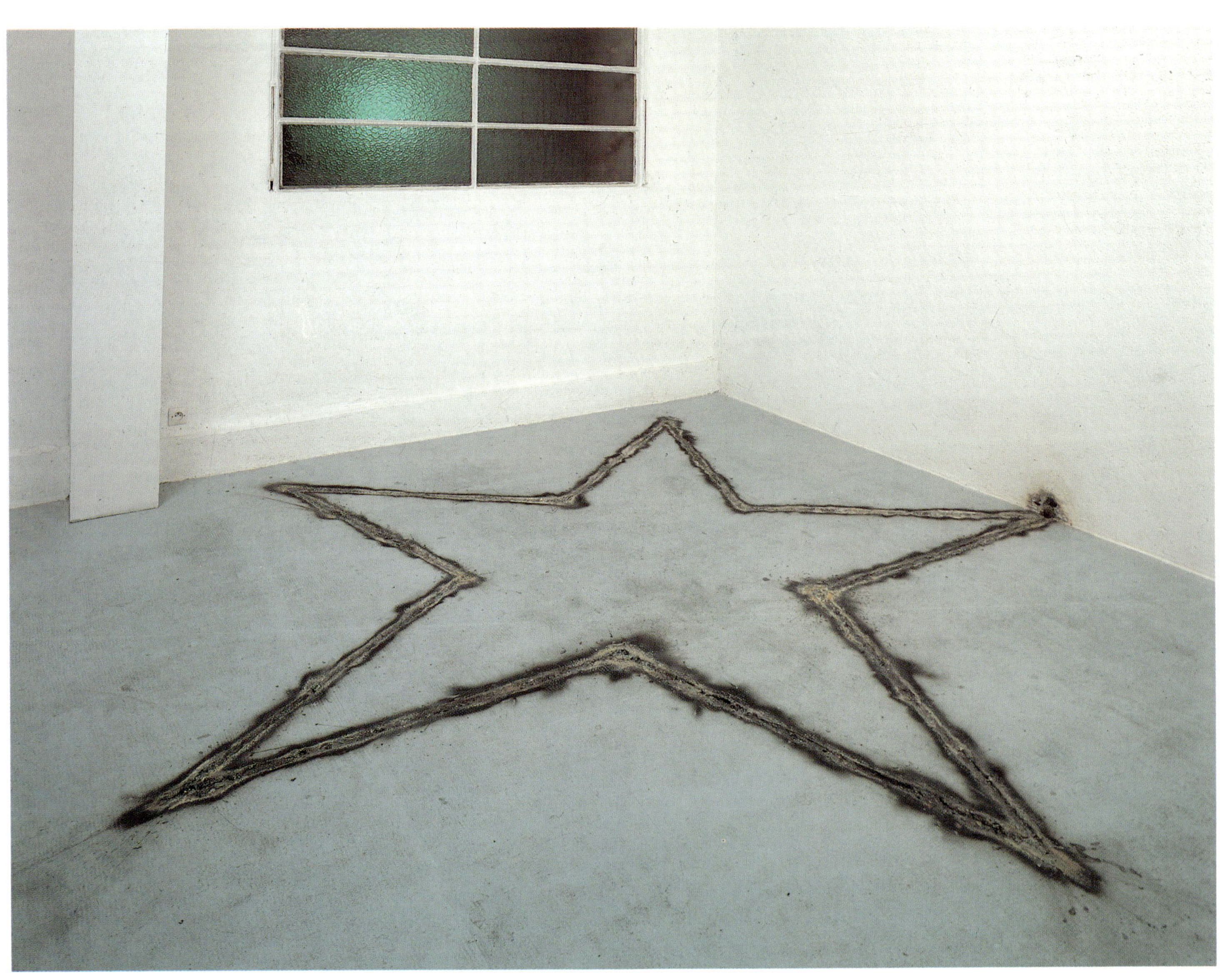

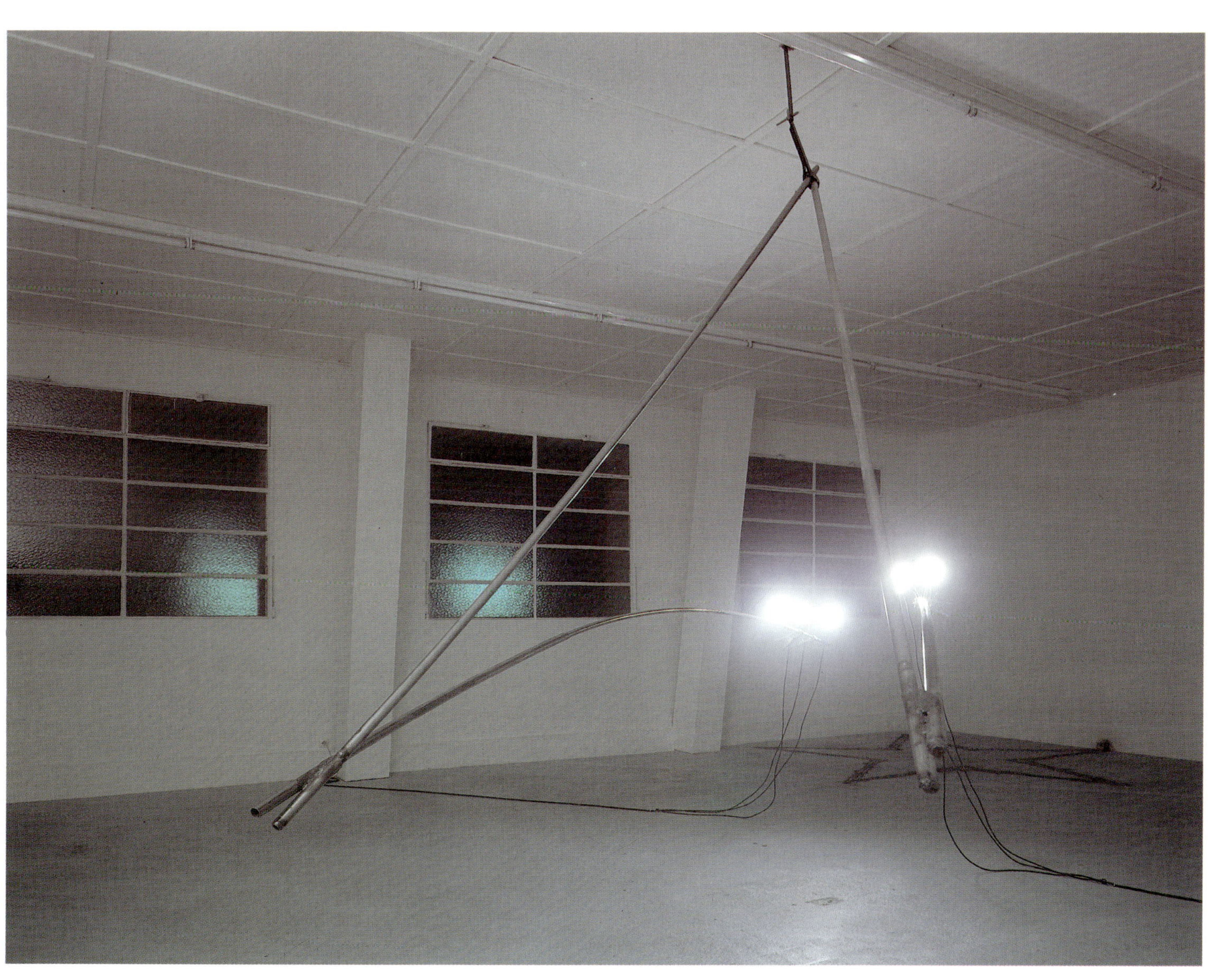

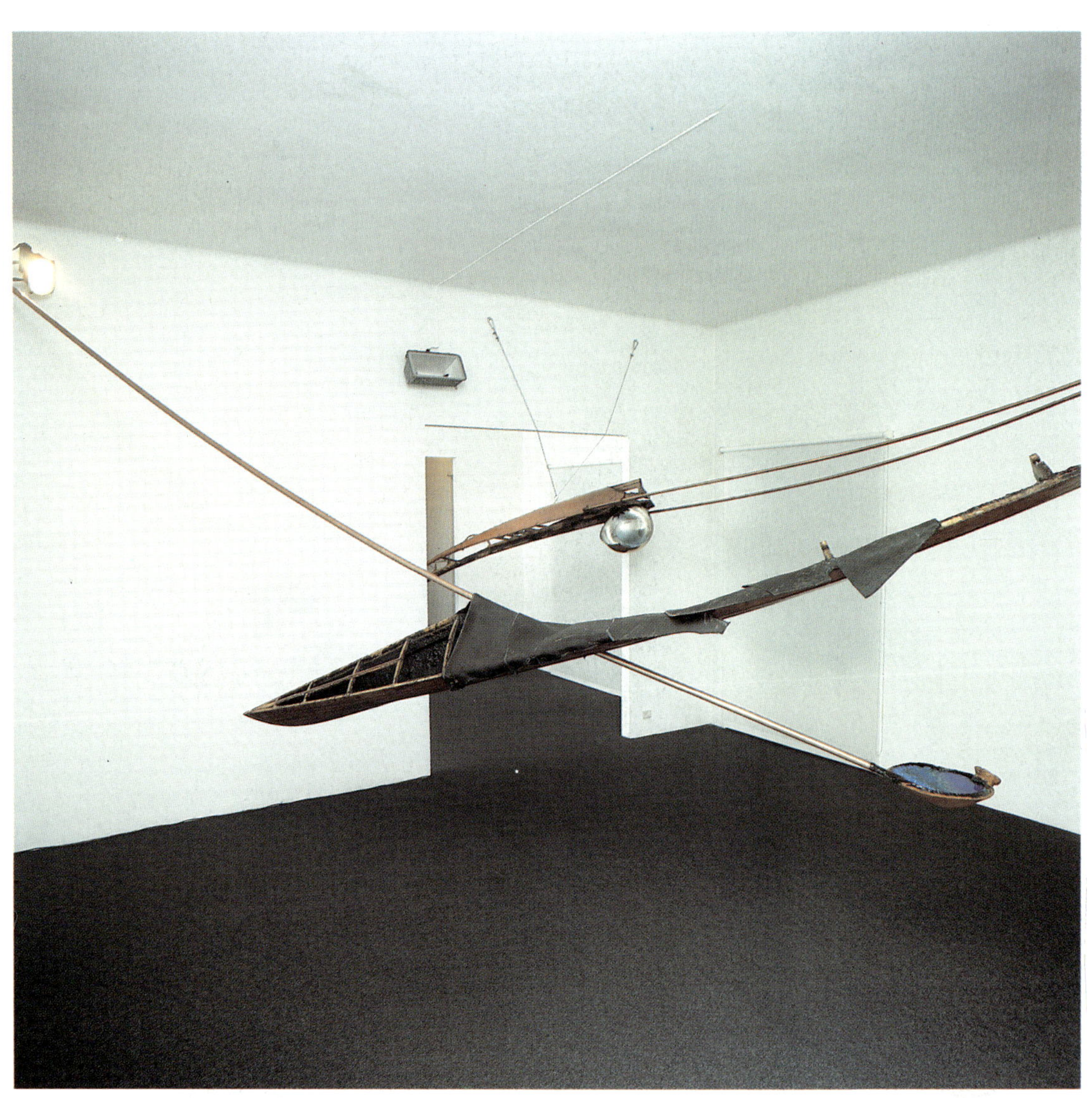

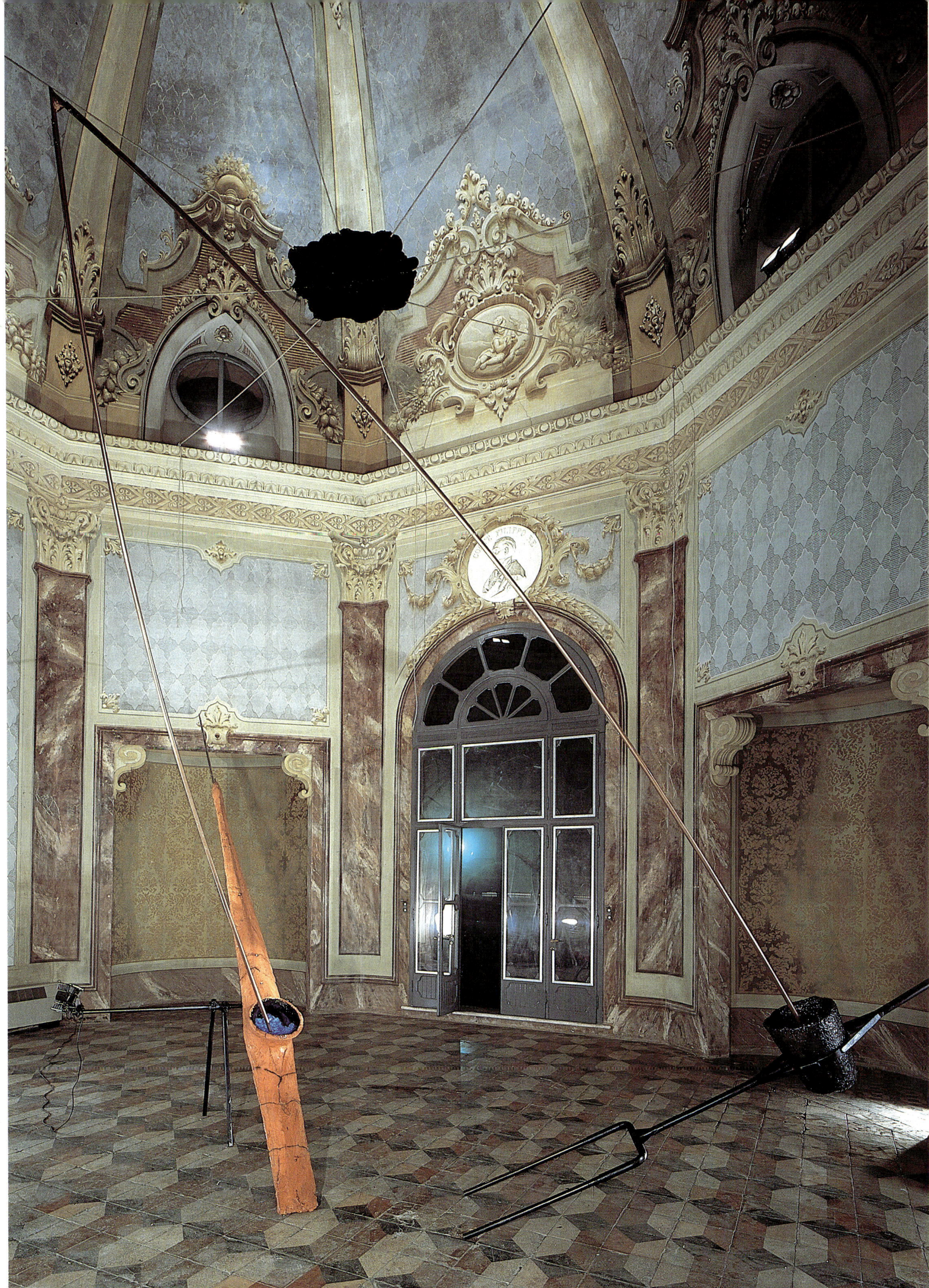

El volver a poner en exposición el trabajo, el revisarlo troquelado por la trama de los acontecimientos, impulsa a la reflexión concentrada la memoria.

Desde el cielo raso de Génova a los canales de Amsterdam, los vientos de Nueva York, los líquenes de Kyoto, las rotondas de Gent, o las resinas de Atenas, el artista es un cíngaro.
Antes que el "Arte Povera" están los trabajos, antes que los trabajos están los artistas, artistas que entran en sintonía con la imprevisible respiración del tiempo creador; no existen maestros.
El "Arte Povera" aproxima las responsabilidades individuales, las extiende y las confronta solícitamente (hacer exposiciones en 1967, 1968, 1969, 1970, 1971 y 1972 es sostener la sociedad artística), por lo tanto las responsabilidades se radicalizan, en sí o fuera de sí; las intensas energías ya existentes son impulsadas a confirmar su existir.
Signos incidentes, autónomos, reales, recortados.
El mundo de las ideas es imagen, la imagen produce la emoción de la experiencia activa y suprime la autocitación.
Las relaciones químicas prosiguen sus viajes, los sonidos luminosos se multiplican y se diferencian, los cuerpos conductores germinan cristales, los crisoles transforman fracasos, los fracasos pueden inducir a posiciones profundas, pueden indicar la exploración; las posiciones se elevan a oposiciones, las estrategias aspiran a la calidad, la calidad es estrategia si es previsión de calidad.
Del fiordo a la estrella, de 1983 a 1966 y después, hacer arte injerta la derrota de la contemporaneidad estática y no necesita de puntos fijos, sino de fuerzas que permitan a la obra ser la realidad fantástica… el pedernal que enciende el arte. [6]

Putting the work back where it belongs and seeing it in its proper relation to the course of events leads to reflection agglutinated in memory.

From the attics of Genoa to the canals of Amsterdam, the winds of New York, the mosses of Kyoto, the rotundas of Gent, and the resinas of Athens, the artist is a gypsy.
Before "Arte Povera" there are the works, before the works there are the artists, artists who synchronize with the unpredictable breathing of creative time; there are no teachers.
"Arte Povera" brings individual responsibilities closer together, it expands them and places them in stimulating comparisons (doing shows in 1967, 1968, 1969, 1970, 1971, 1972 means supporting artistic society). Hence the responsibilities become radical, in themselves and beyond themselves, the intense energies already existent are driven to confirm their own presence.
Incisive, autonomous, real, zig-zagging signs.
The world of ideas is image. The image makes the emotion of experience active and brings self-quotation out of the corner.
Chemical reactions proceed in their journeys, luminous sounds multiply and differentiate, conductors germinate crystals, crucibles pour out references, references can lead to profound positions or indicate exploration, positions rise to oppositions, strategies aspire to quality, quality is strategy if it is a prediction of quality.
From the fjord to the star, from 1983 to 1966 and after, the making of Art has triggered the defeat of static contemporaneity, requiring not fixed points, but powers that permit the work to be fantastic reality: flint and art in one. [6]

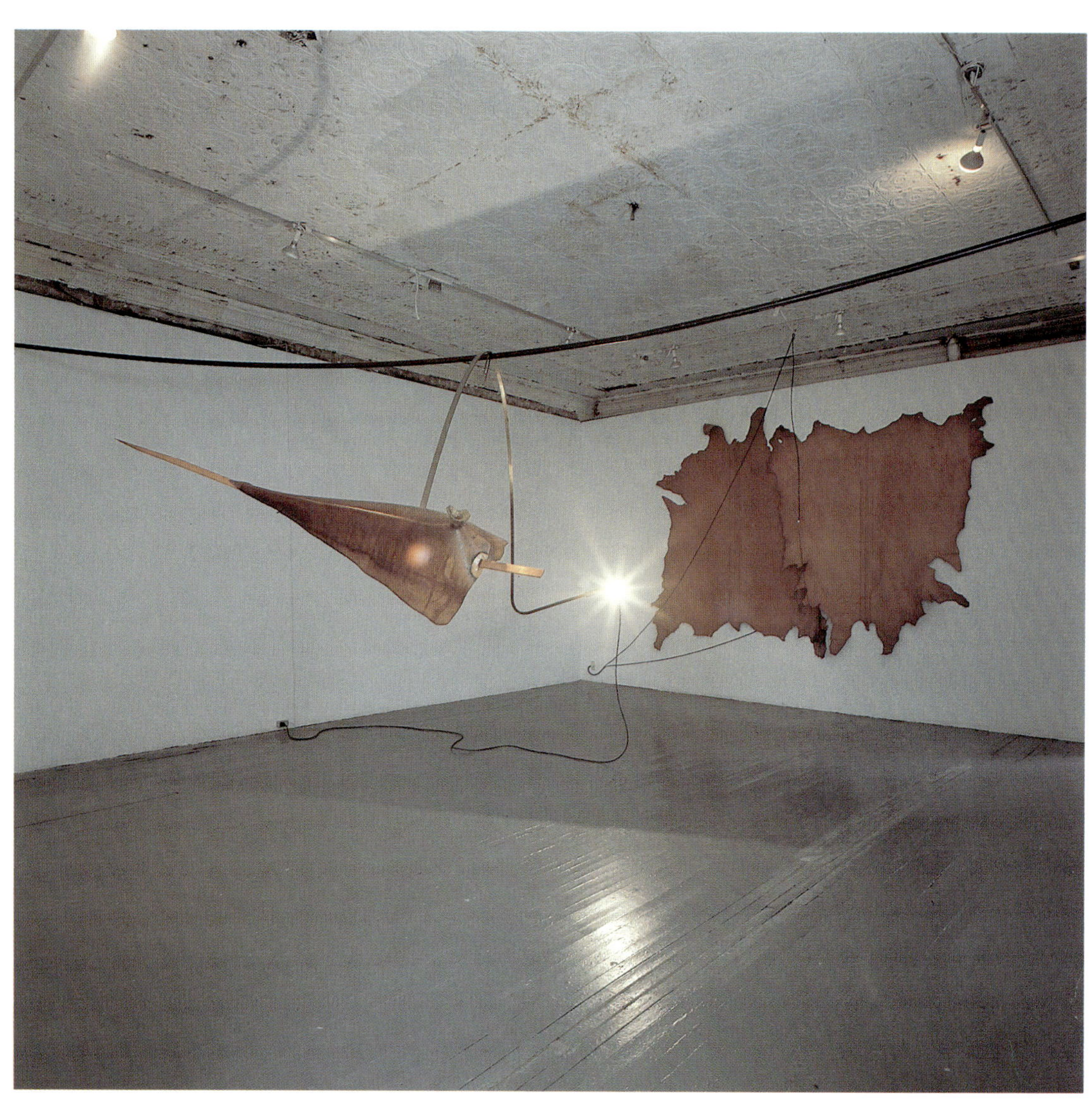

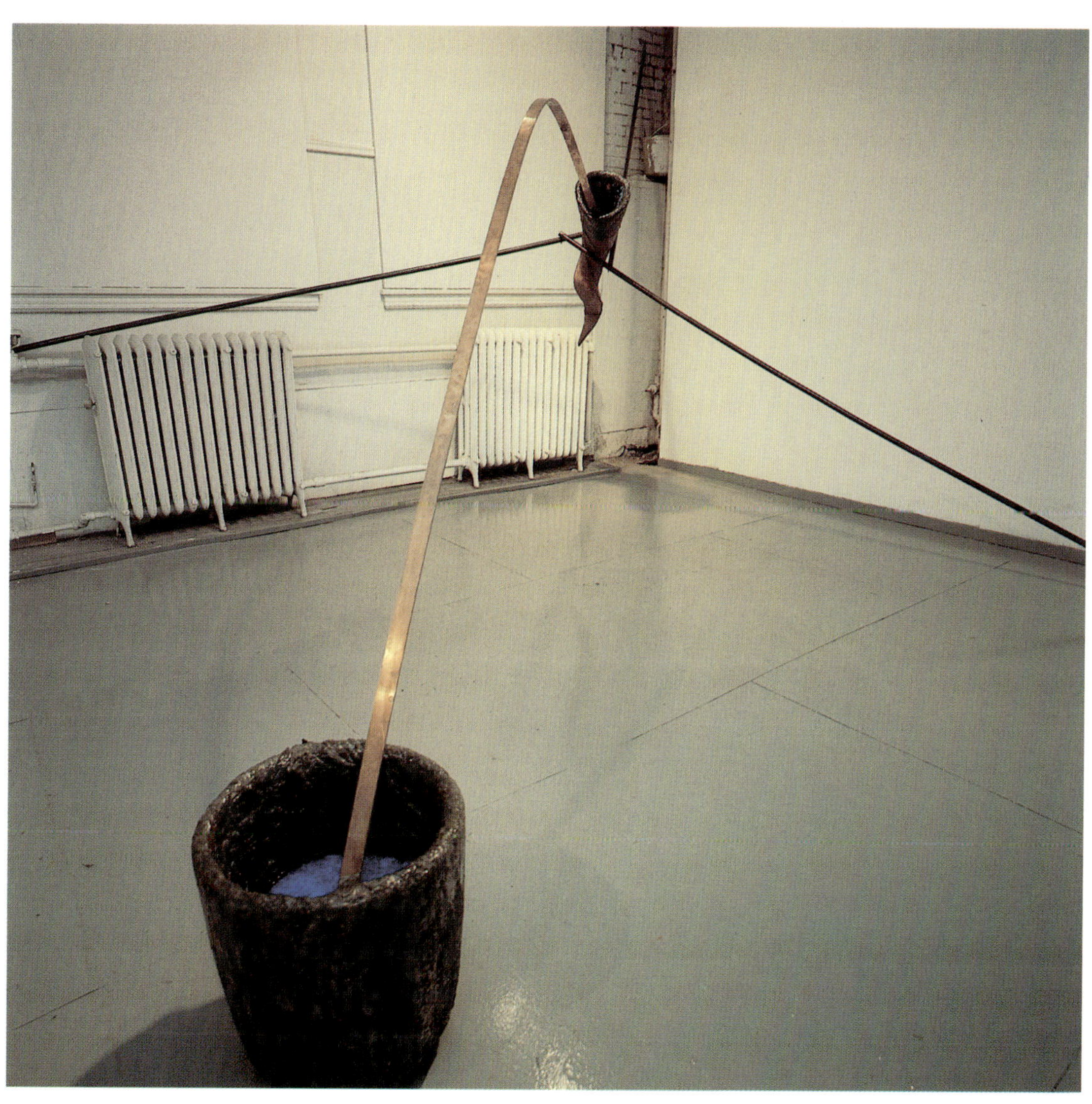

23

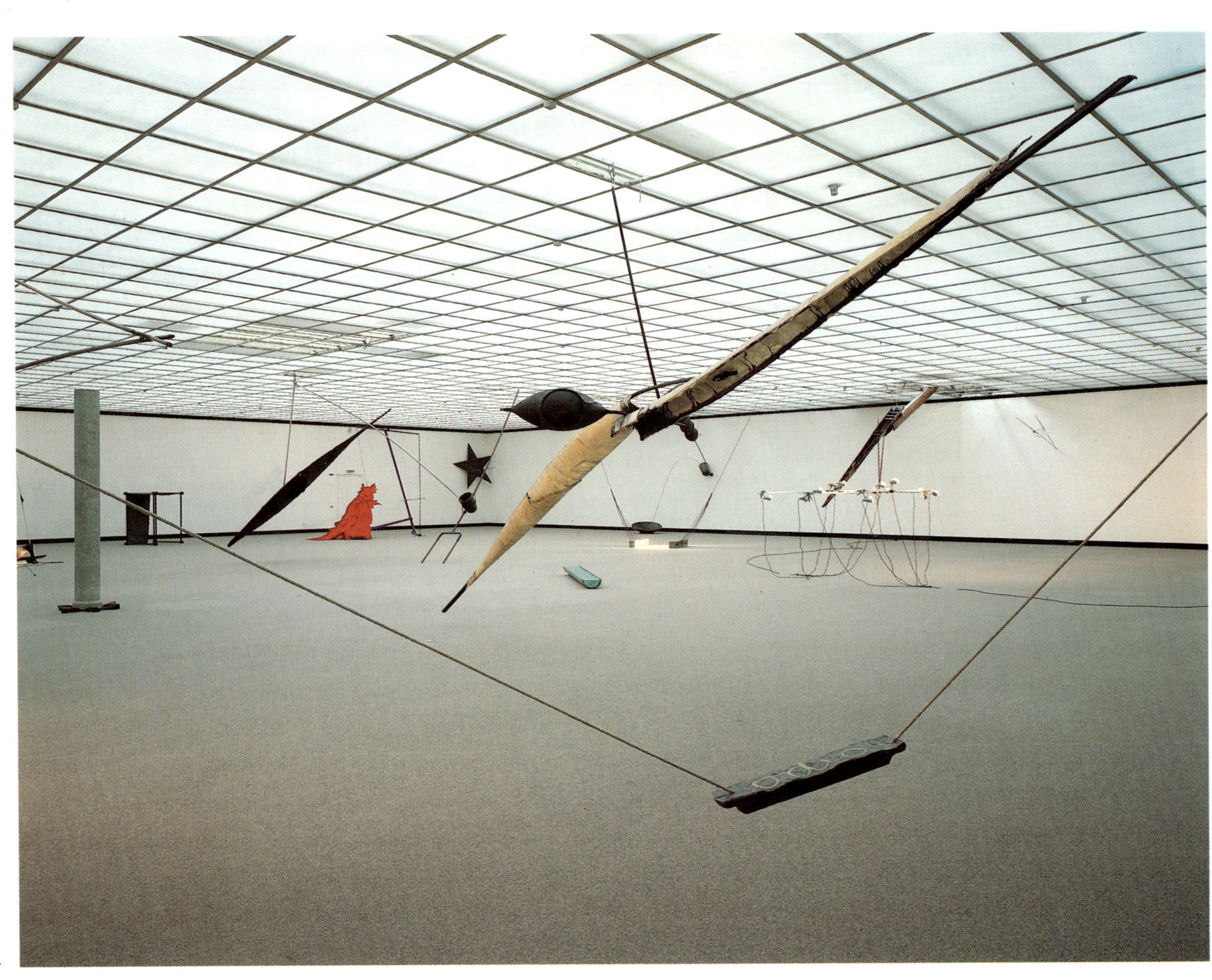

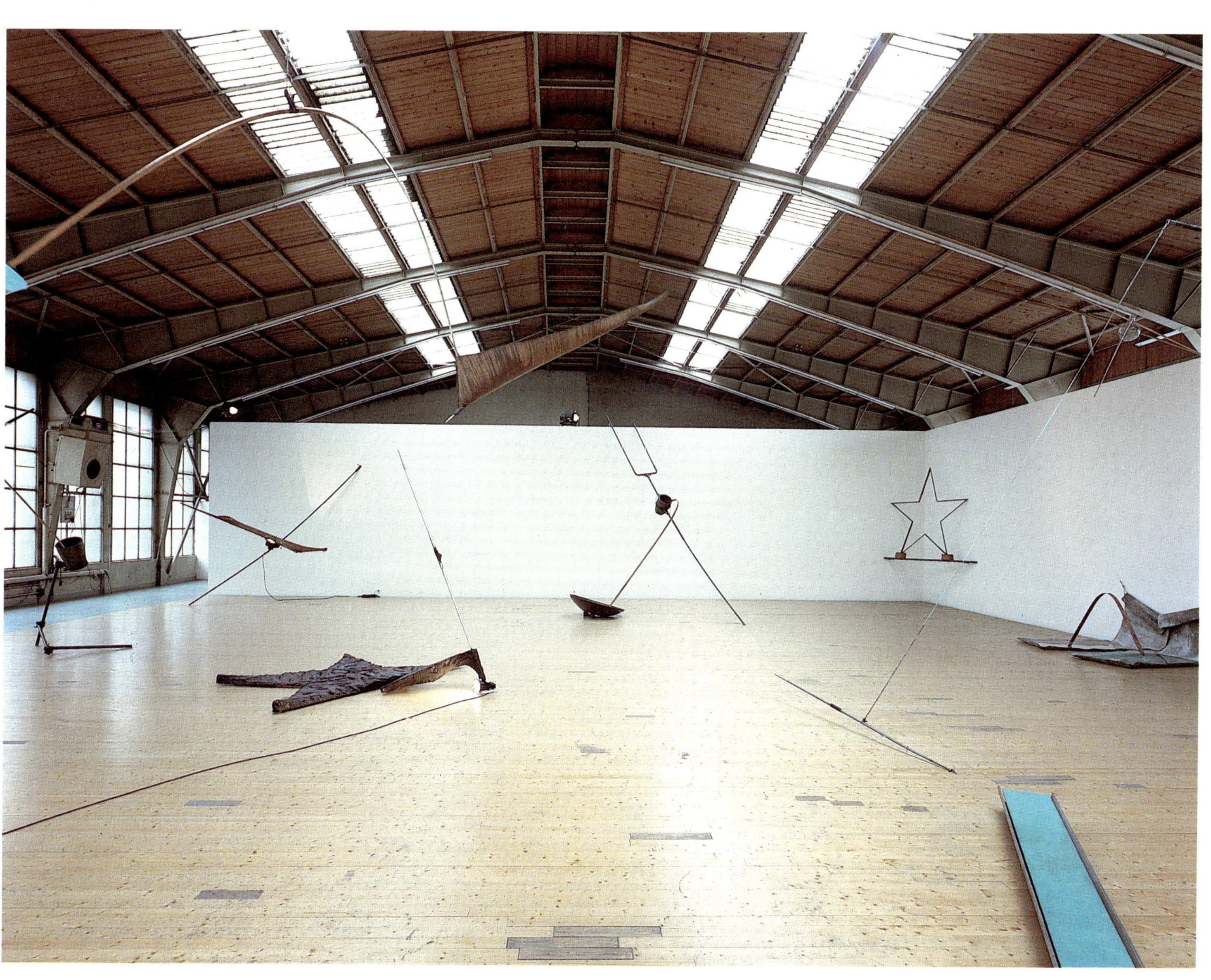

El hilo enrojece y resplandece en su incandescencia, la inscripción *confine* (límite) es el límite de sí; se extiende en toda su longitud, la plenitud del aire que le circunda es irreversible.

La canoa de Rivoli no se concede enmiendas. Si durante años ha cortado el agua de los ríos, sosteniendo los cuerpos que la movían, si ha recorrido miles de kilómetros, si ha sentido el último desgarrón de cansancio, ahora, suspendida, no deja de sostener al tiempo que la sostiene, no deja de emitir lentísimas pulsiones cristalinas; su diálogo mudo con la hoja de pergamino, y con su índice de cobre, no tiene modificaciones.

No hay impactos suaves en el contacto con la cama. El impacto sella con plomo el choque entre la propia presencia y los acontecimientos que la envuelven.

Las luces y el trineo indican trayectos deslumbrantes, luz que ilumina la luz, esfuerzo que calienta y se evapora en los momentos.

Los impactos son imprevisibles, ahora como entonces, entonces como ahora. El trabajo no entra necesariamente en la casa de la escultura, la observa dejándose observar; el trabajo es dinámico, híbrido, no cita, no transita, es transitable, proyecta en todas las direcciones sus pasiones y recoge los principios acónicos que todavía no tienen historia.

Lo que me interesa que se aprecie en esta exposición es la constante intención de viajar entre las sombras de los reflujos, disolviéndolos con las intenciones energéticas, pesadas, ligeras, transparentes, que conducen a dudas, pero que confirman el arte como persistencia revolucionaria, sin modificaciones. [7]

The wire reddens and blazes in its incandescence, the written "boundary" is its own boundary; it is extended in its entirety, the fullness of the air surrounding it is irreversible.

The Rivoli canoe allows itself no regrets: though for years it ploughed the waters of rivers, supporting the bodies that moved it, though it covered thousands of miles, though it has reached the final limit of exhaustion, it does not stop supporting, suspended, time, which supports it, it does not stop emitting slow, crystal-like impulses, its soundless dialogue with the parchment page, as also with its copper finger. It is without regrets.

There is no soft bounce in the contact with the "bed," the bounce brands in lead the collision between its own presence and the events with which it is involved.

The "lights" and the "sled" indicate blazing paths, light illuminating light, warming effort, which evaporates in the moments.

The impacts are unpredictable, now as they were then, then as they are now, the work does not necessarily enter the house of sculpture, it observes it letting itself be observed; the work is dynamic, hybrid, it does not quote, it does not transit, it is transitable, it projects its passions in all directions and gathers aconical germs that do not yet possess a history.

What it is important that this show should visualize is the constant intention of traveling in the fogs of the ebb tides, melting them with energetic, heavy, light, transparent intentions that lead to doubts, but that confirm art as a revolutionary persistence, without regrets. [7]

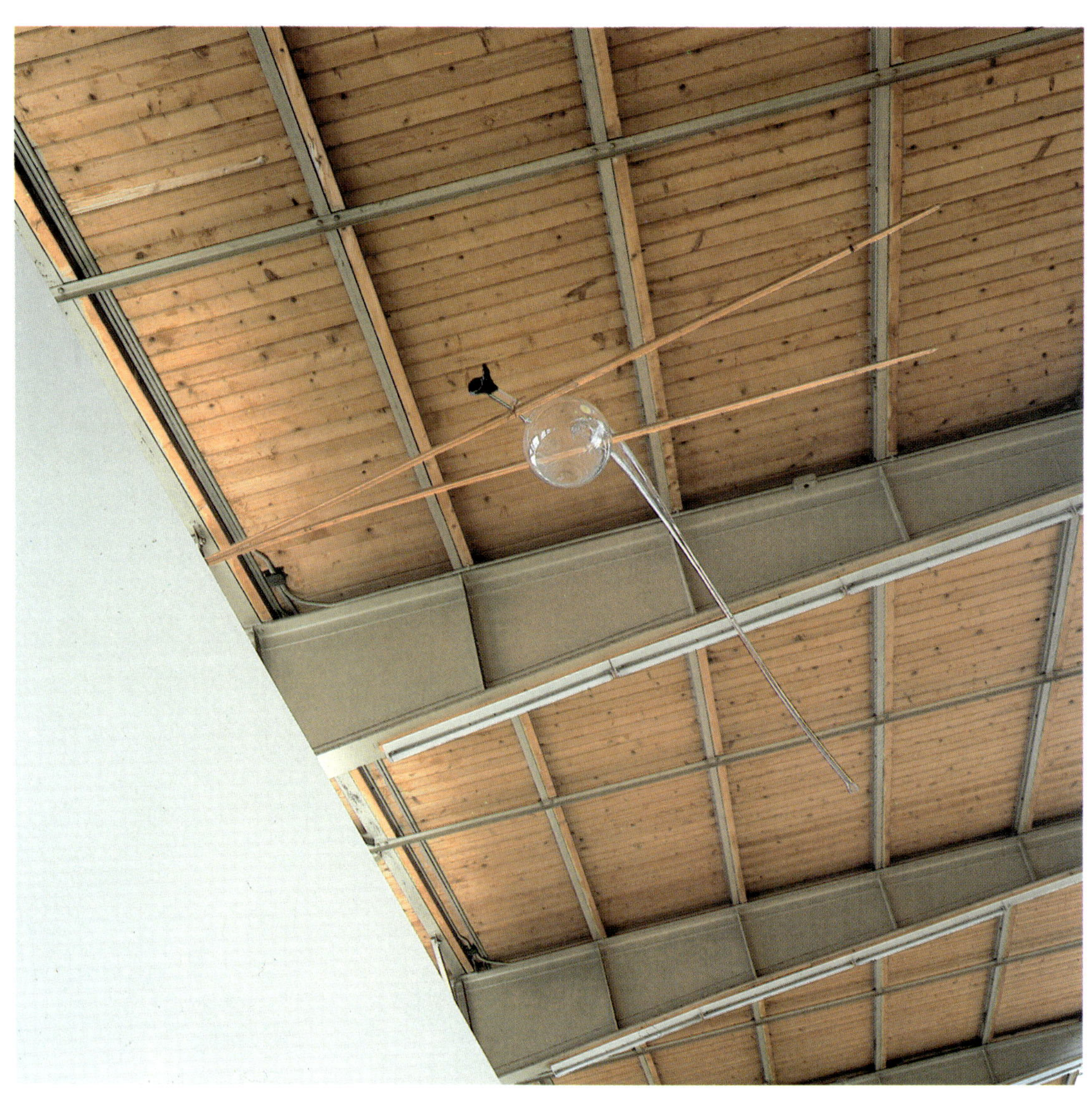

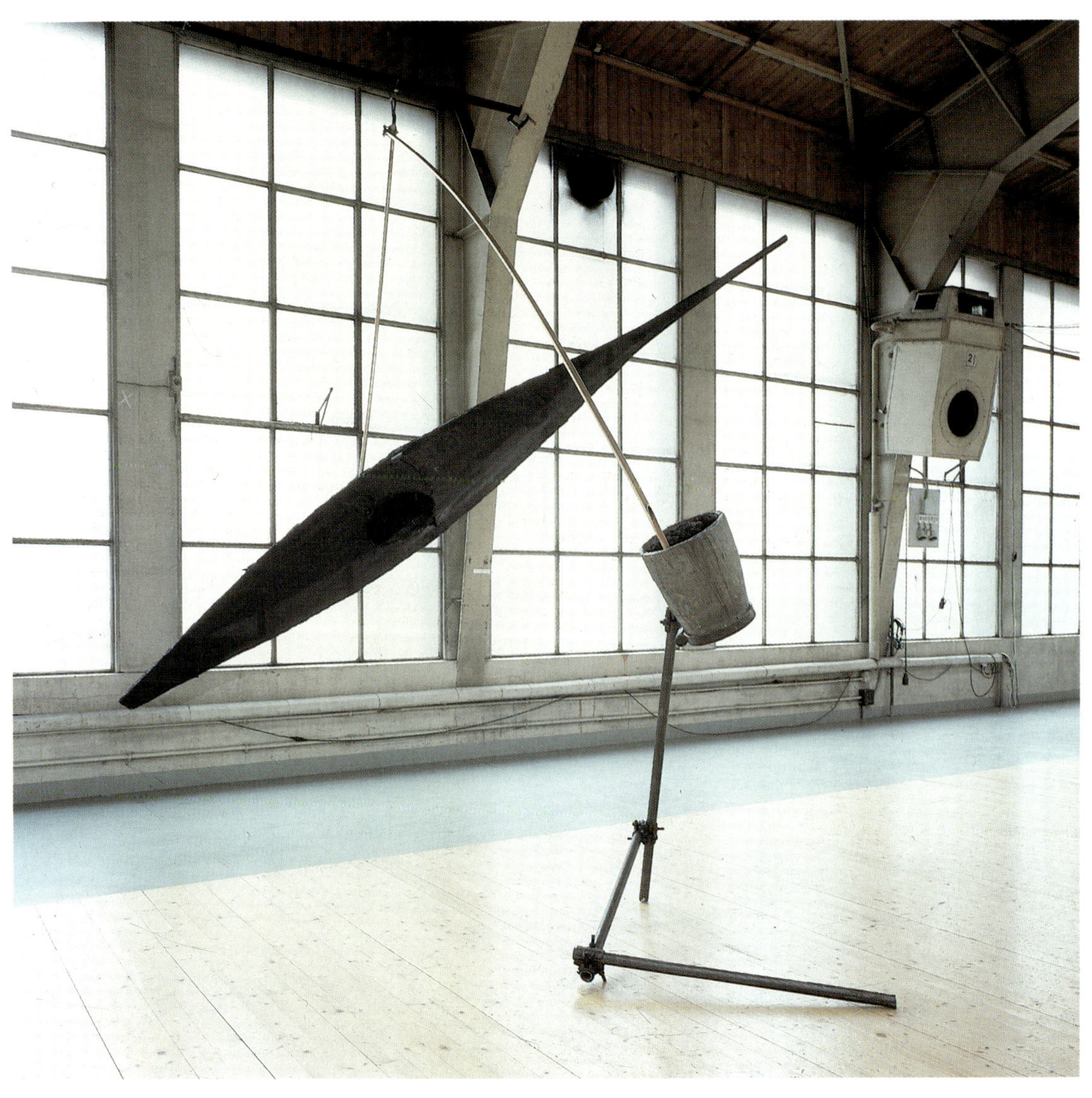

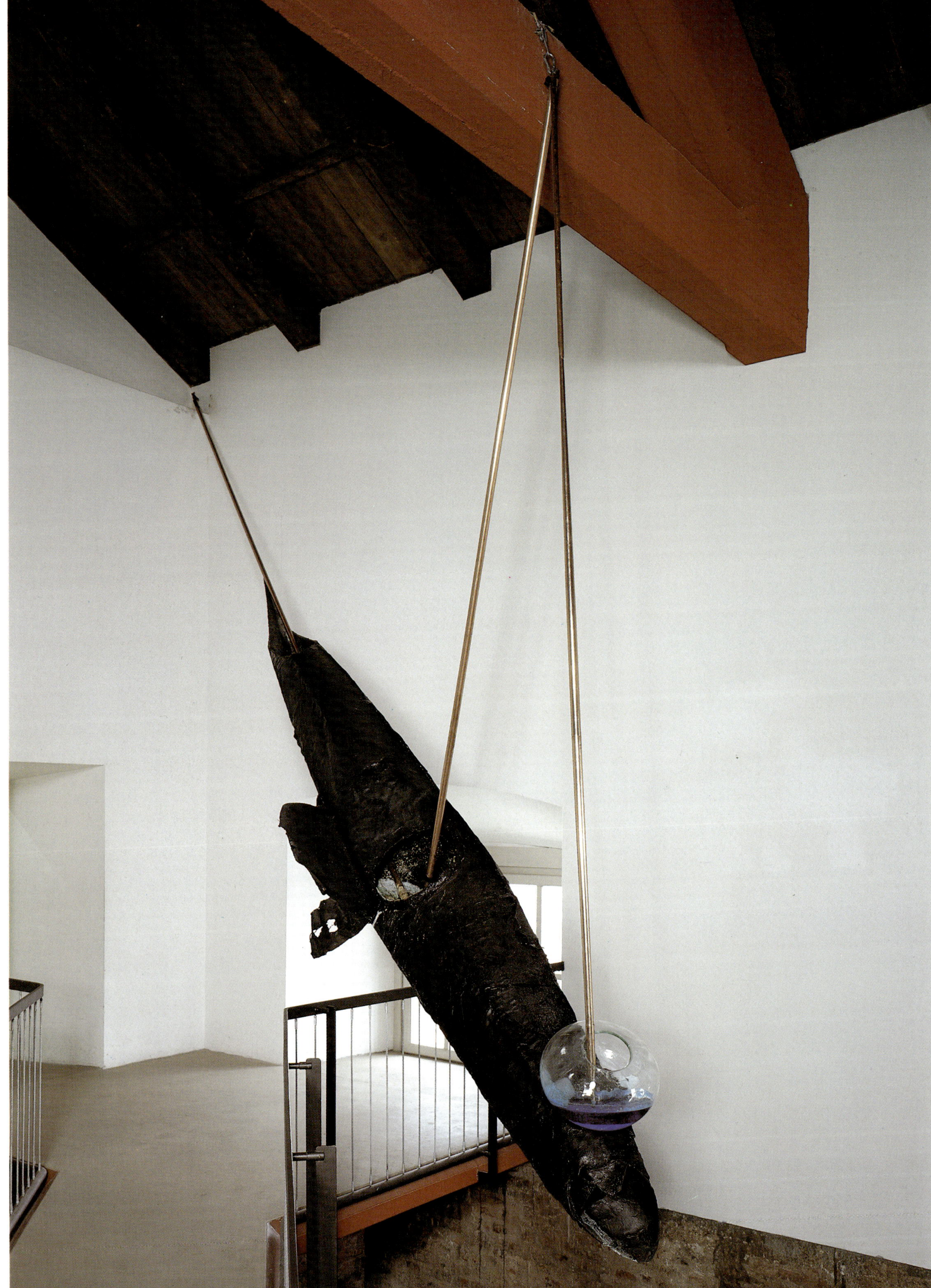

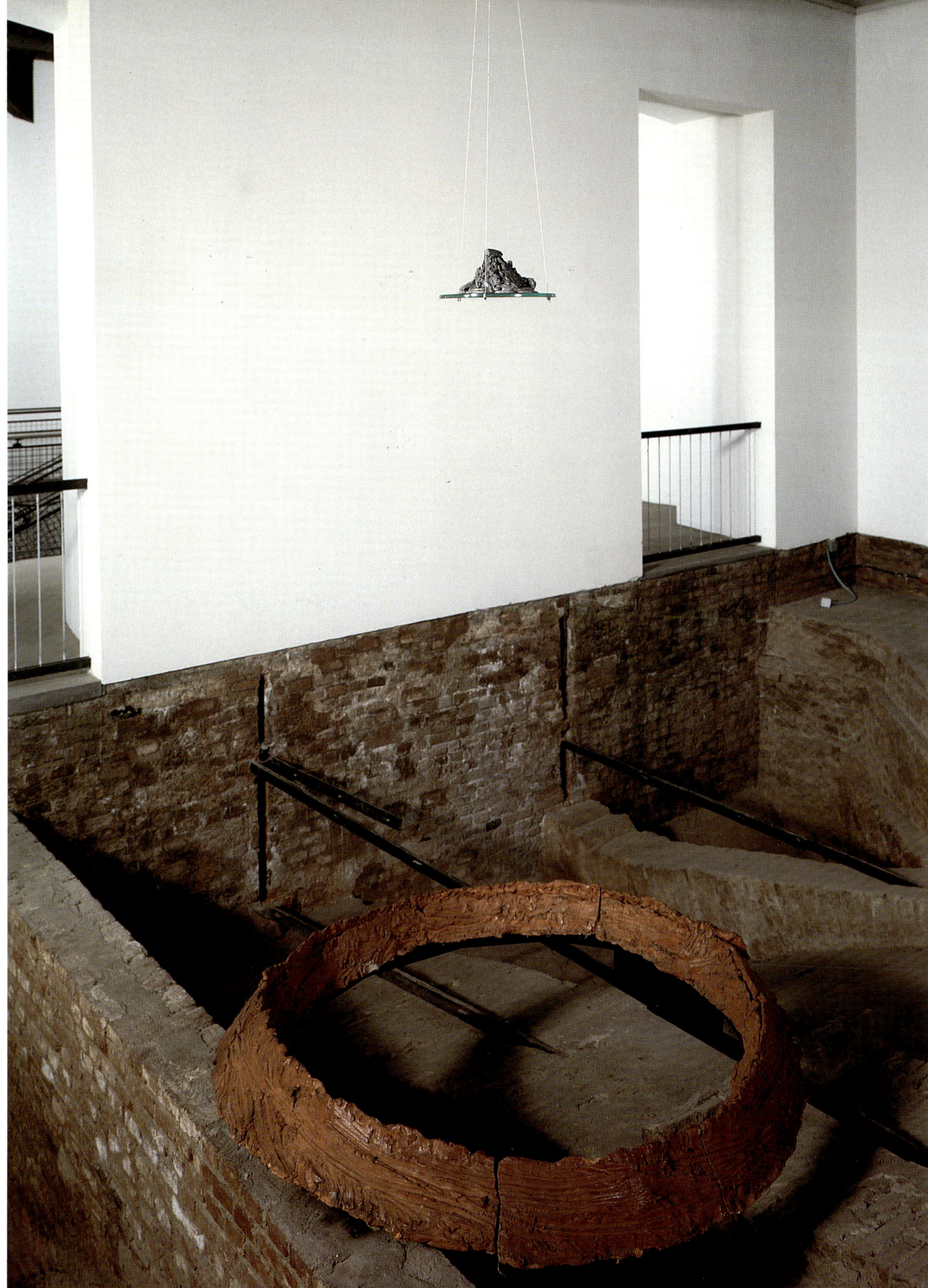

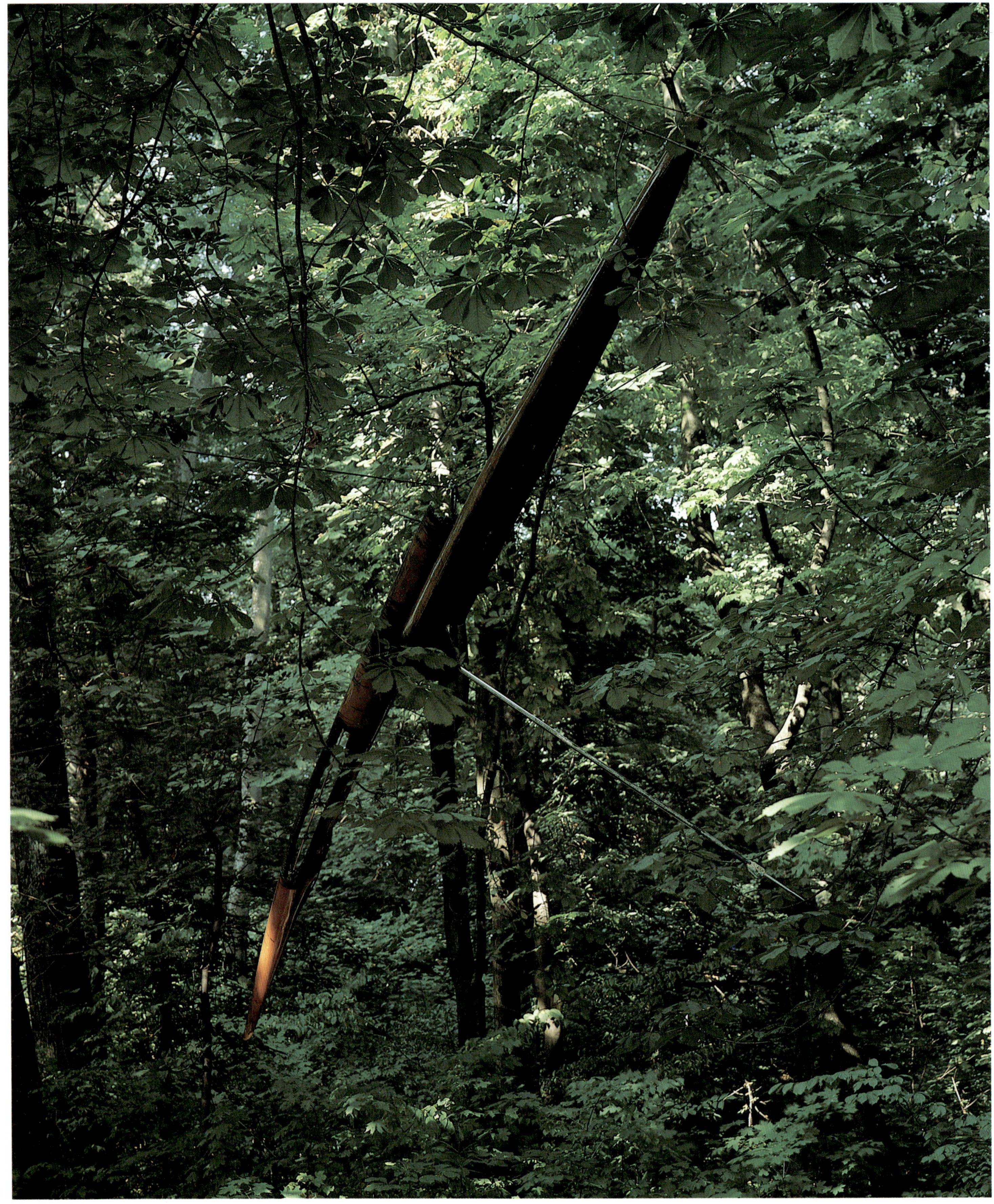

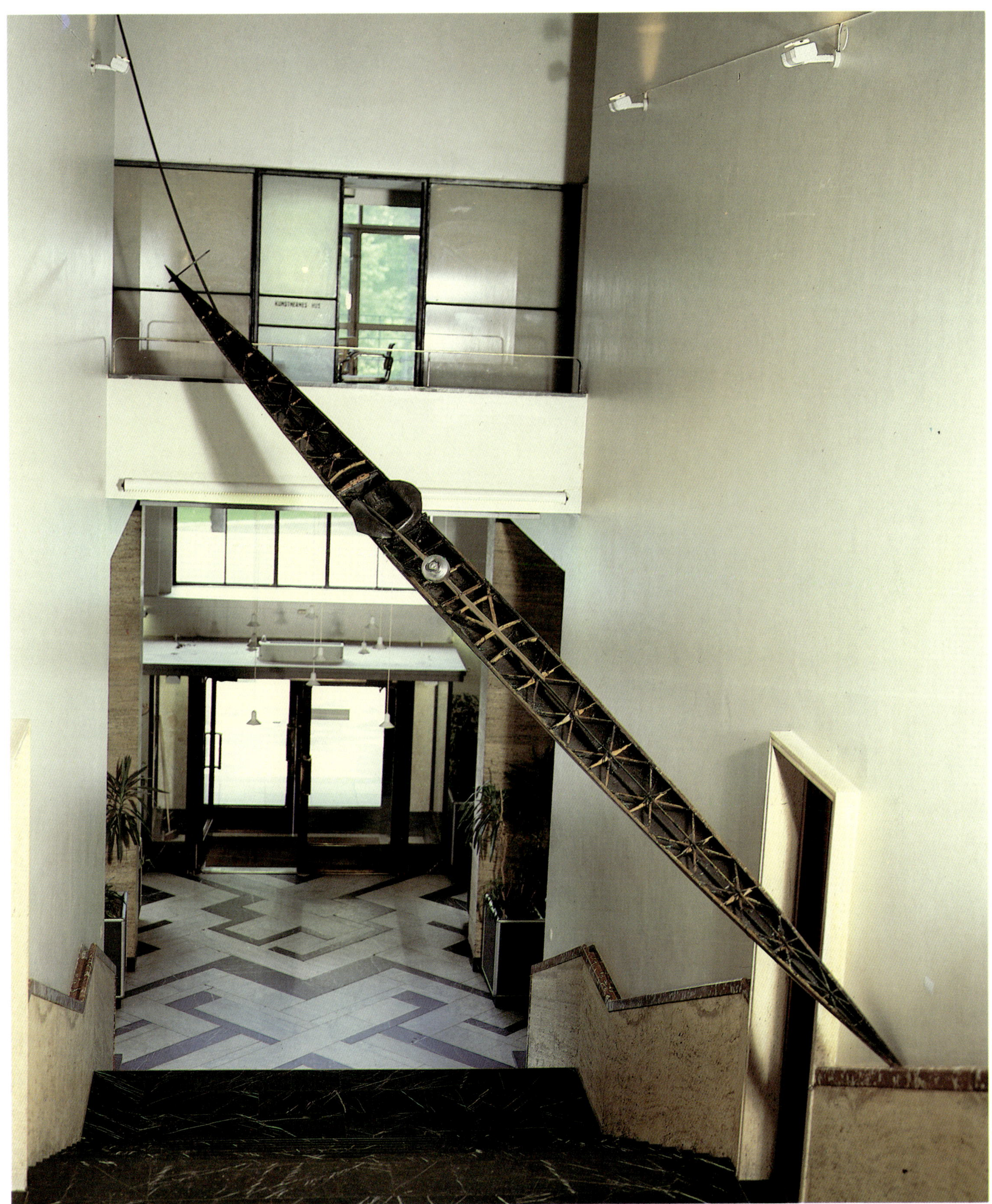

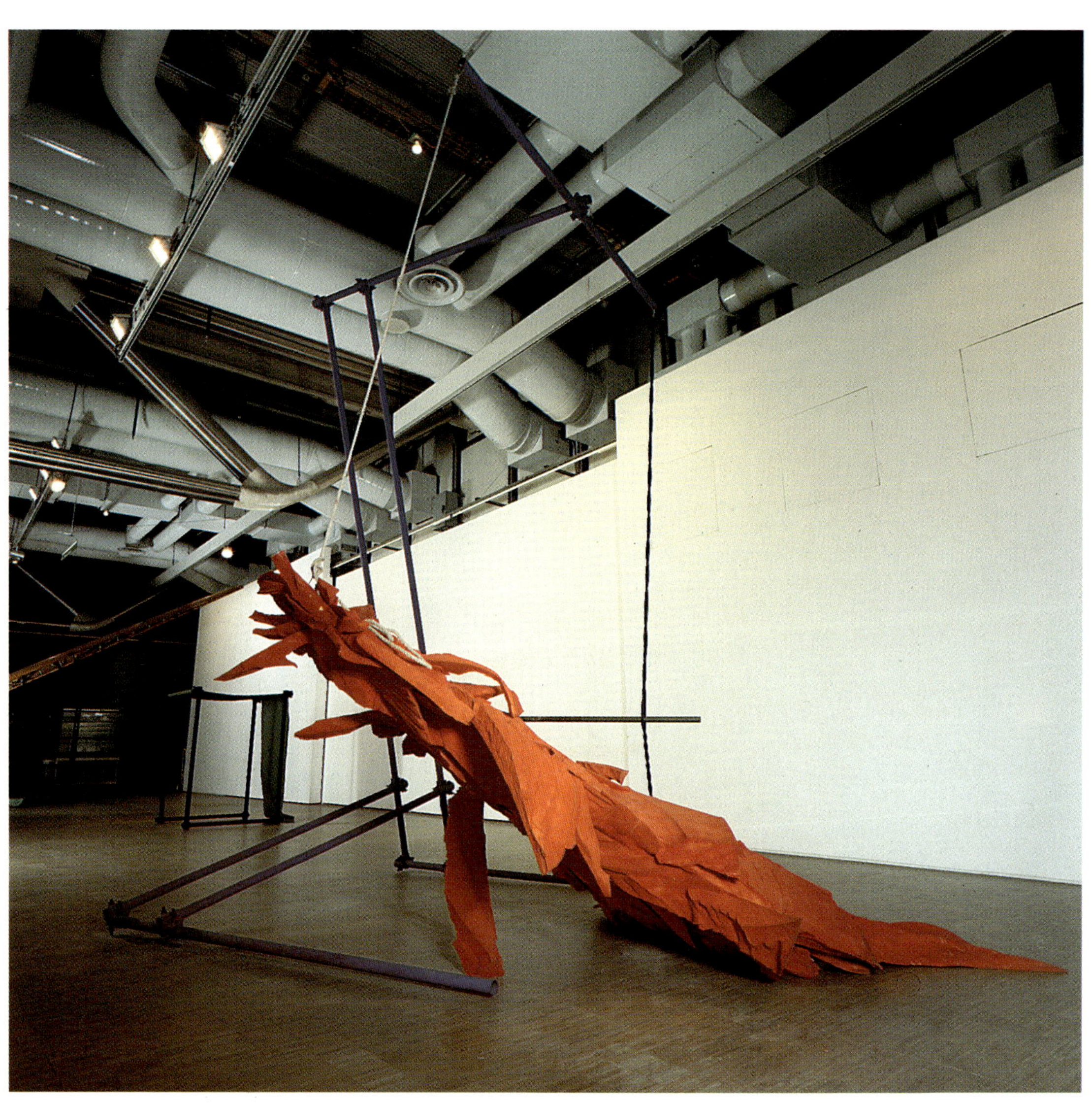

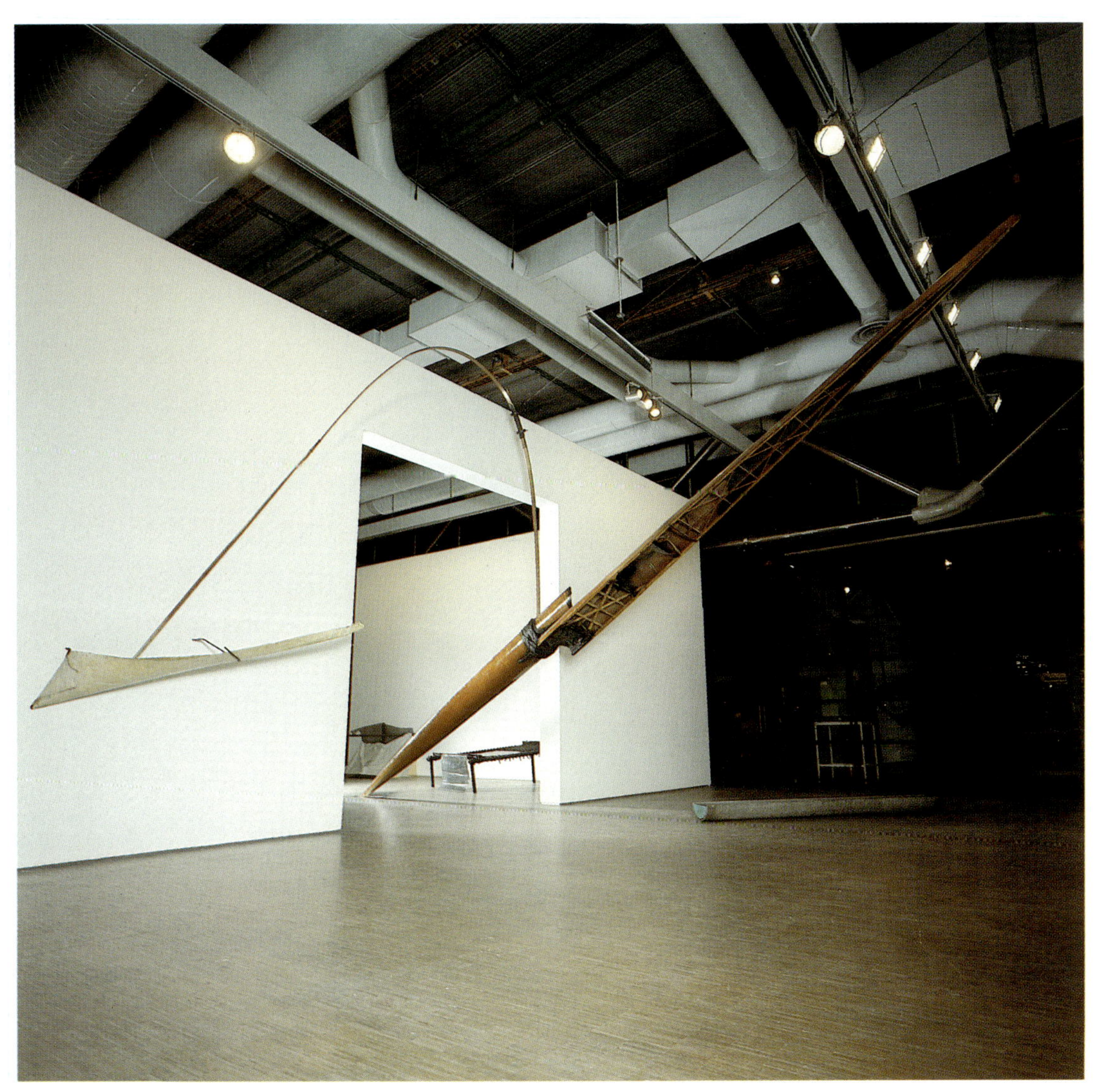

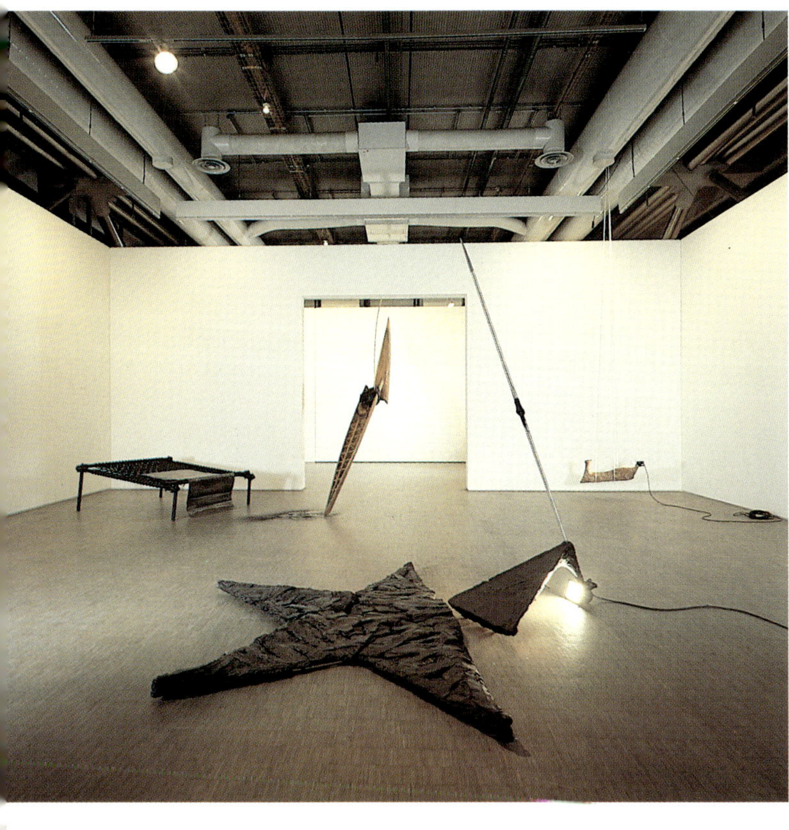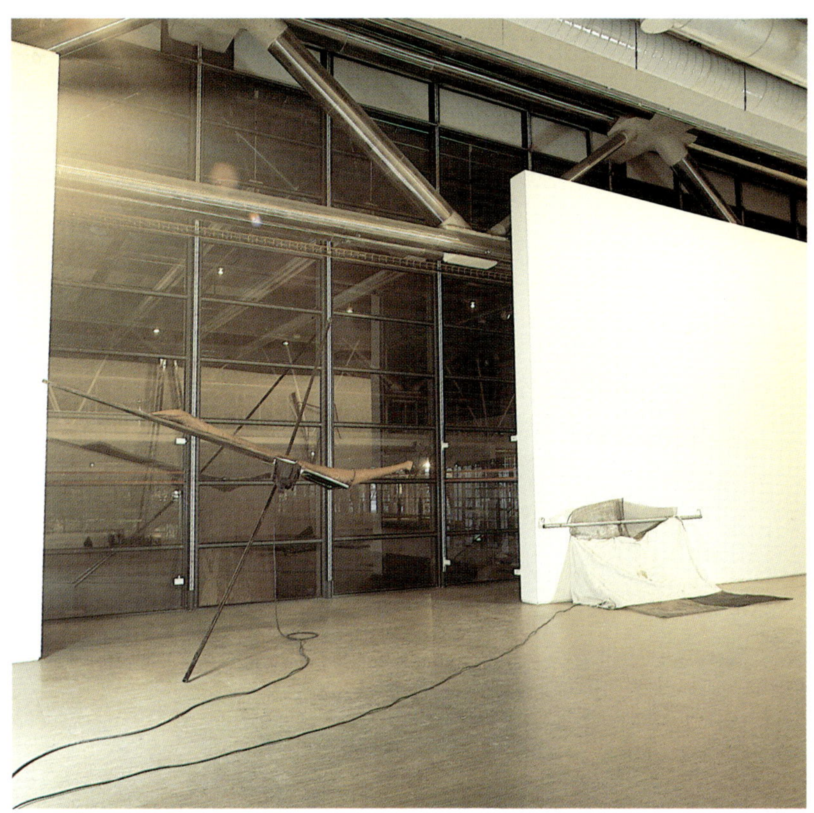

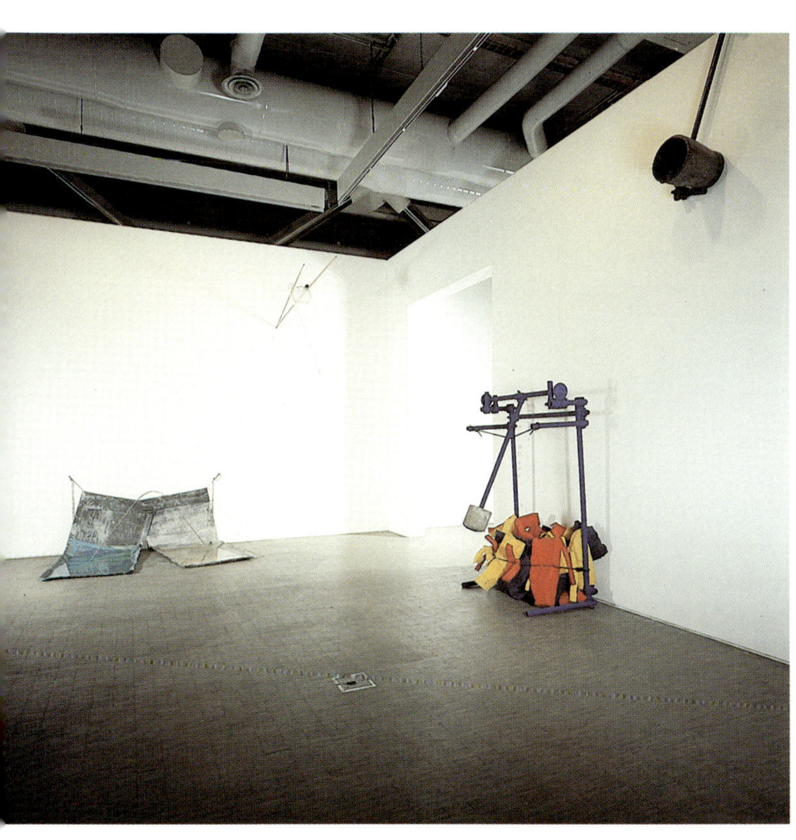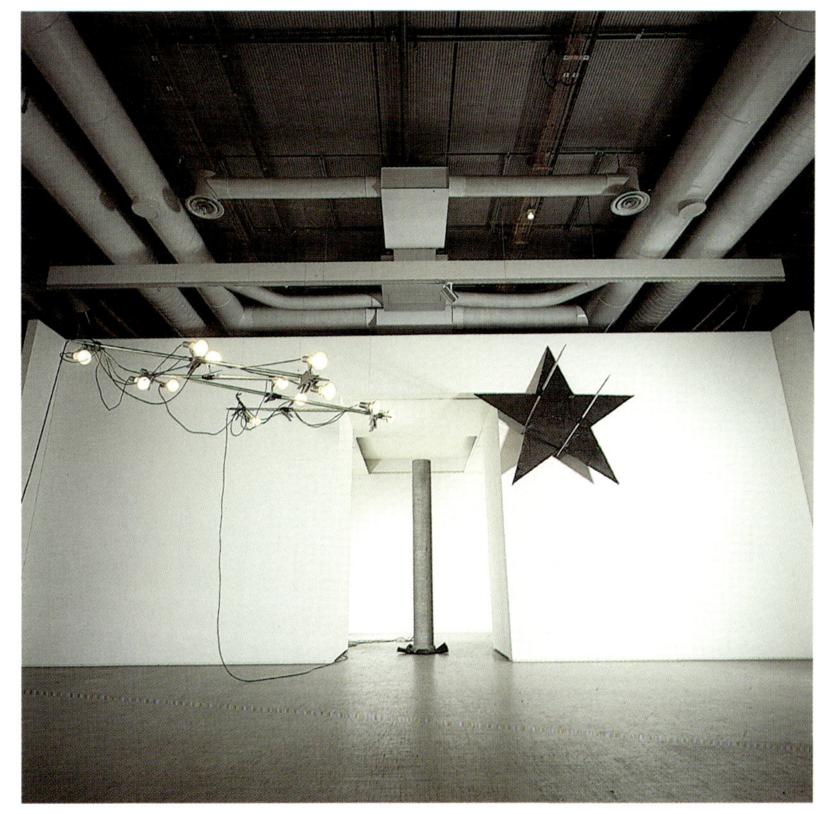

Las paredes no son paredes, ¿son páginas en blanco?
No, son frágiles tabiques sin fuerza de la historia, límites fastidiosos que huelen a demagogia; todo
el Centre Pompidou pertenece a aquella arquitectura que quire fatigar el arte.
El Castello di Rivoli se inserta en la memoria como cuerpo de nostalgia.
En el Centre Pompidou el desafío se hace enorme, no concede astucias, la exposición es valorada
como un cuerpo extraño que defiende la identidad de cada trabajo como imagen inducida a medirse
en el conocimiento del arte para elevar sus objetivos.

La tensión lentísima de los plomos entra en colisión con el saliente negro de la canoa de Stuttgart;
la estrella incandescente emerge de la oscuridad y evoca la pesadilla óptica de los vítores; el amianto
oculta la respiración de la luz mientras la palabra Odio, impresa en el plomo, corta suspendida el
espacio; el pergamino acepta el peso-luz y espera ebrio las palabras de la fascinación; la cama, a lo
lejos, aplastada por los cuerpos, es opuesta a la columna que marca todo su precario optimismo
vertical.
Los trayectos se hacen difíciles, la petición de atención puede suponer un obstáculo. La petición de
atención hace fluidos los contornos de la Canoa de Rivoli; el "rojo" espera la no quietud…

En el espacio los trabajos son imágenes que se extienden y rebotan de zona a zona defendiendo la
autonomía del arte…

En Tel Aviv la diferencia de mentalidad es sustancial, así como la diferencia de los lugares.
Organizar una exposición en Tel Aviv significa ser absorbidos por las grietas de todo el territorio.
El territorio desde Masada a Jerusalén, de los kibbutz a Yafo, en Tel Aviv, no permite una respiración
neutra, no permite hacer un alto para la contemplación; es imposible mirar las casas Bauhaus de Tel
Aviv sin ser vueltos del revés contra los milenios del muro de las lamentaciones; es imposible pensar
en el lugar del arte sin ver las tiendas beduinas y la sofocante visión de los campos de refugiados.
El pabellón Helena Rubinstein acoge los esfuerzos de los trabajos sobre las dunas de la utopía; los
trabajos, ahora, se percatan a ultranza de la utopía que todavía pasa rozando la exudación de la
posible tragedia. [8]

The walls are not walls: are they empty pages?
No; they are partitions, fragile without the strength of history, annoying limits smelling of demagogy; the entire Centre Pompidou belongs to that kind of architecture which wants to exhaust art.
The Rivoli Castle fits into memory as a nostalgic body.
At the Centre Pompidou the challenge becomes enormous, it allows no shrewdness, the show is viewed as a foreign body that defends the identity of each work as an image induced to measure itself in the awareness of art in order to raise art's goals.

The slow tension of the lead sheets enters into collision with the black projection of the Stuttgart canoe, the incandescent star emerges from obscurity and refers to the optical nightmare of the "W," the asbestos conceals the breath of light while the word Hatred fixed in the lead, suspended, slices the space, the parchment accepts the light-weight and, alcoholic, awaits the words of the dazzling, the far-away bed crushed with bodies contrasts with the column, which marks out all of its precarious vertical optimism.
The paths become difficult, the demand for attention can become an obstacle, the demand for attention fluidifies the contours of the Rivoli Canoe, the "red" awaits non-rest …

In space the works are images that extend themselves and bounce from zone to zone defending the autonomy of art …

In Tel Aviv the difference in mentality is substantial, as is the difference in places.
Structuring a show in Tel Aviv means being absorbed by the splintering of the entire territory.
The territory from Masada to Jerusalem, from the kibbutz, to Jaffa, to Tel Aviv does not allow for neutral breaths or contemplative pauses; it is impossible to look at the Bauhaus houses of Tel Aviv without being hurled against the millennia of the Wailing Wall, it is impossible to imagine the space of art without seeing the Bedouin tents and the asphyxiating vision of the refugee camps.
The Helena Rubinstein pavilion is the wonderful space of art, the Helena Rubinstein pavilion receives the efforts of the works with the anxiety of great European architecture, transmigrated to the dunes of utopia, the works become acutely aware of the utopia, which still borders on the exudation of the potential tragedy. [8]

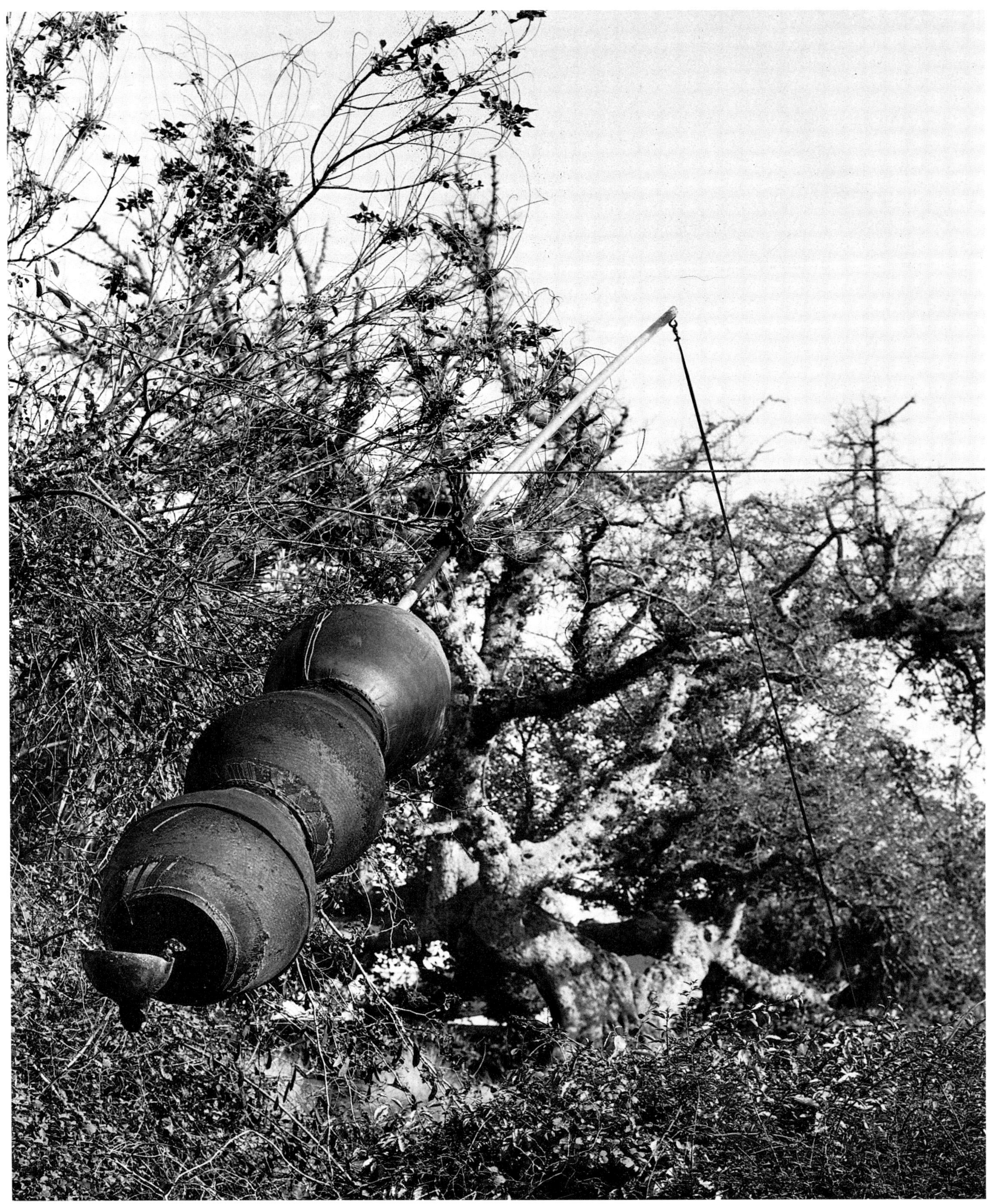

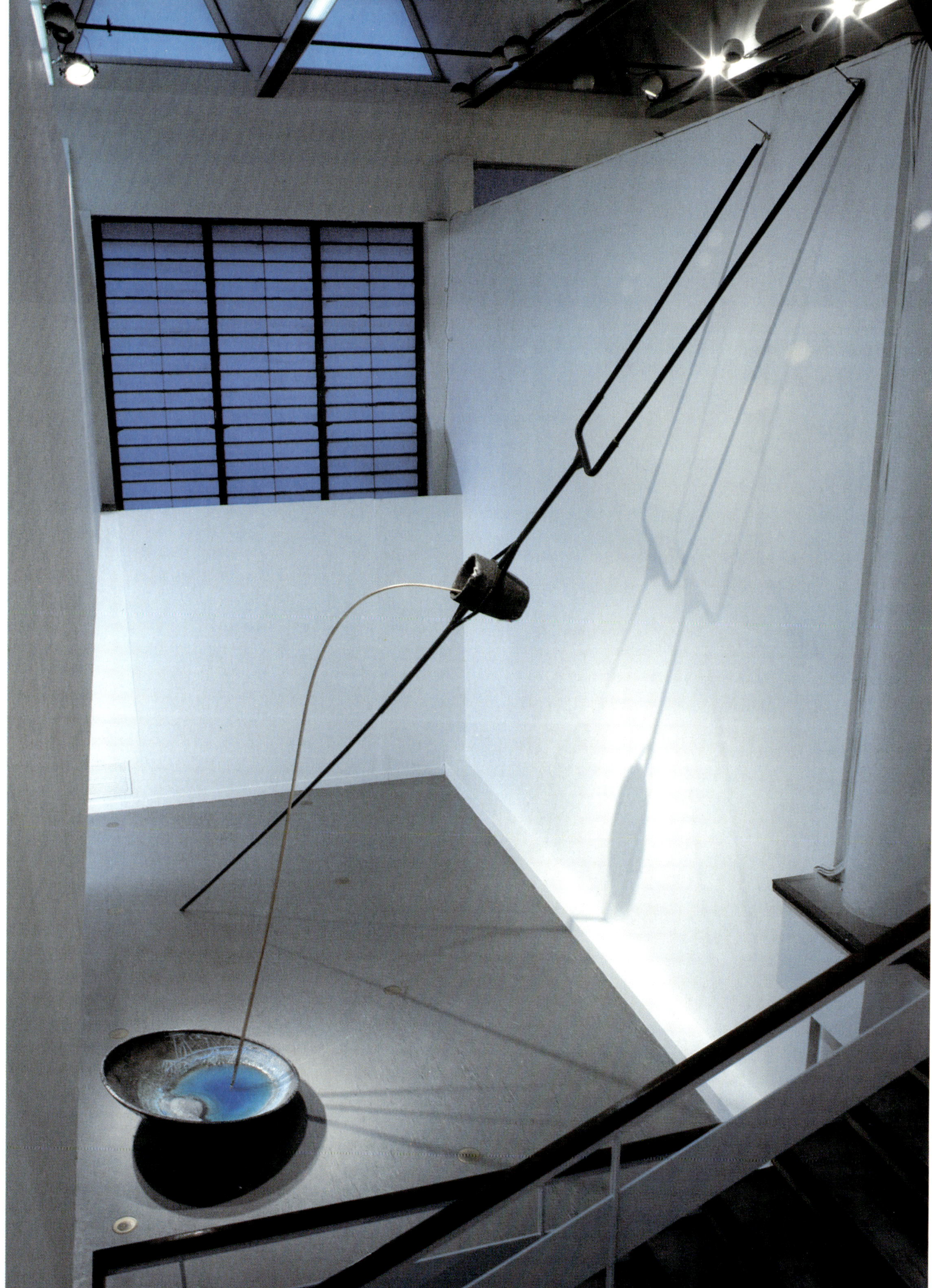

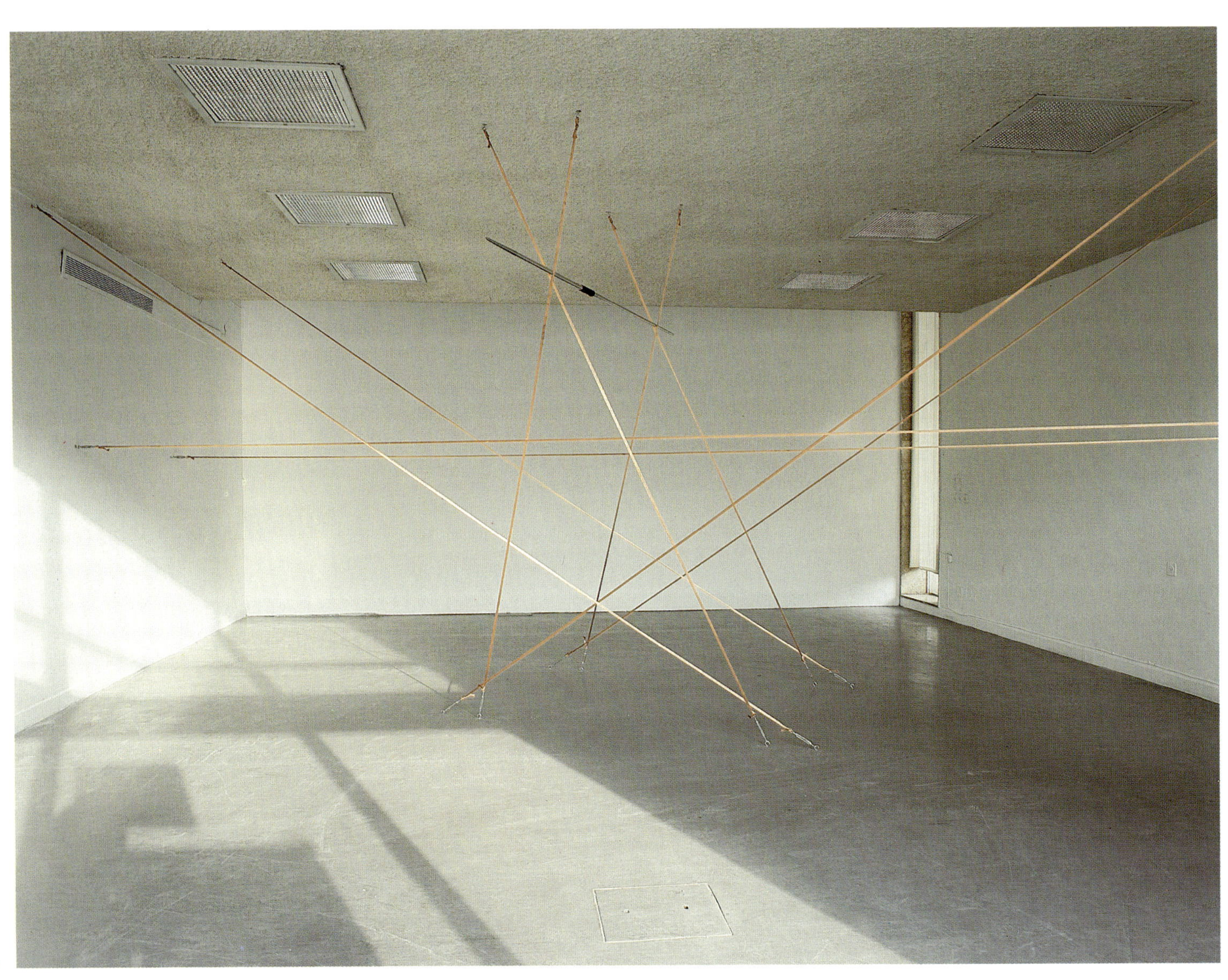

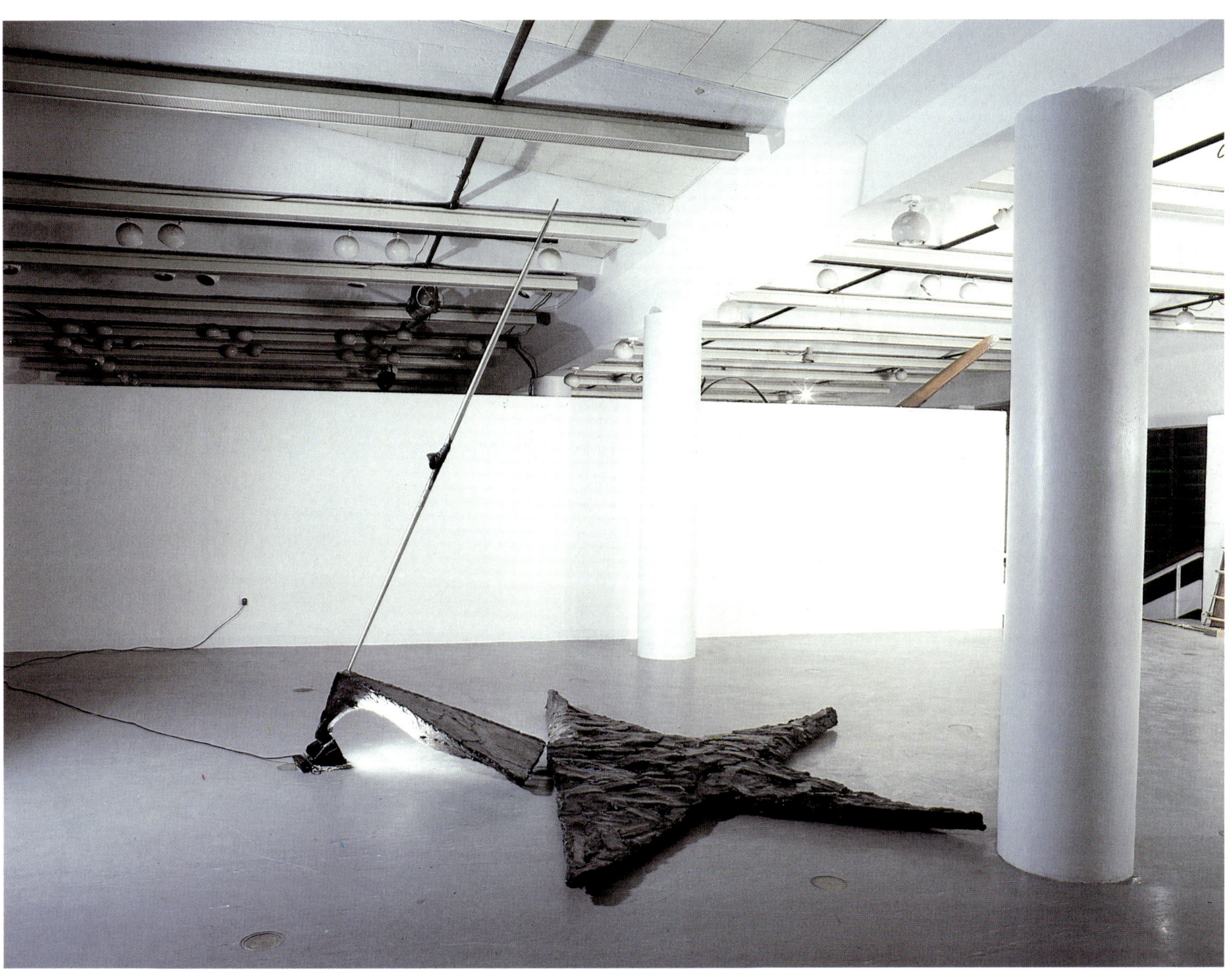

El silencio pertenece al silbido como el silbido pertenece a la "escultura"; el silbido extiende el arte hasta irradiarse contra los obstáculos; el silencio espera la mordedura de la laceración sonora; el silbido tiene ojos atentos para evitar la retórica del anti-héroe; el silbido es la retórica del orgullo, es la mentalidad de pensar en la Estrella de Marzio que rechaza el regreso al orden.

El silbido rompe la balanza de las formas para entrar en la imagen desenfocada de la invención cambiante.

Un momento antes, o quizás un momento después… quiero ratificar que no es sólo voluntad de hacer poesía, sino que el sólido conocimiento de lo imprevisto continúa en derrumbamientos de consistencia, los cuales se disuelven con el silbido del arte. [9]

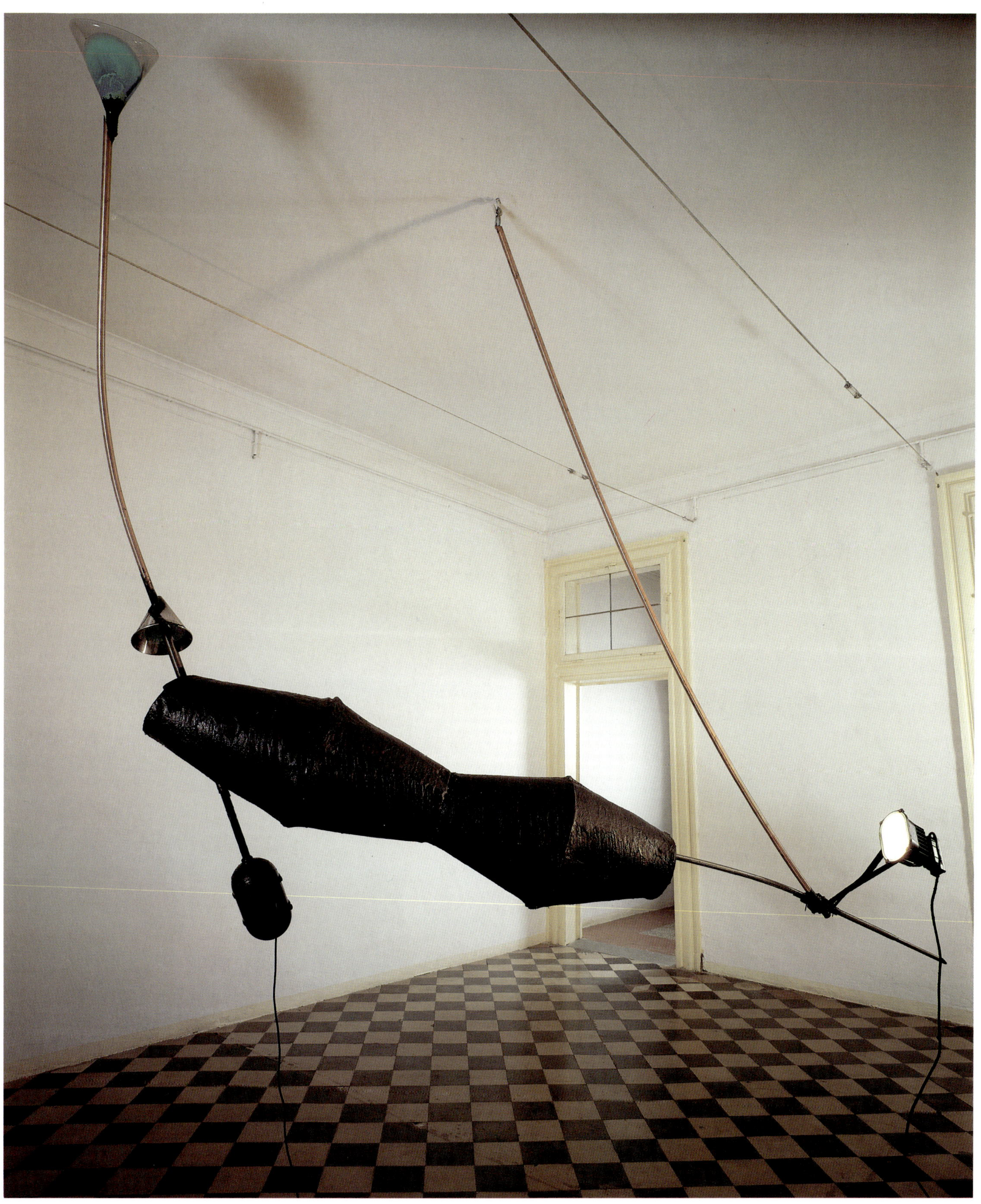

Silence belongs to the whistle as the whistle belongs to "sculpture," the whistle extends art to the point of radiating itself against obstacles; the silence awaits the biting of the sonorous laceration, the whistle has attentive eyes to avoid the rhetoric of the anti-hero, the whistle is the rhetoric of pride, it is the mentality of thinking of the *Marzio Star*, the dream that rejects the return to order.

The whistle breaks the equilibrium of forms to enter the blurred image of changing invention.

A moment sooner or a moment later … I want to stress that it is not a more poetic intention, but that the heavy consciousness of the unexpected lives on in the rupturing of densities. Which dissolve with the hiss of art. [9]

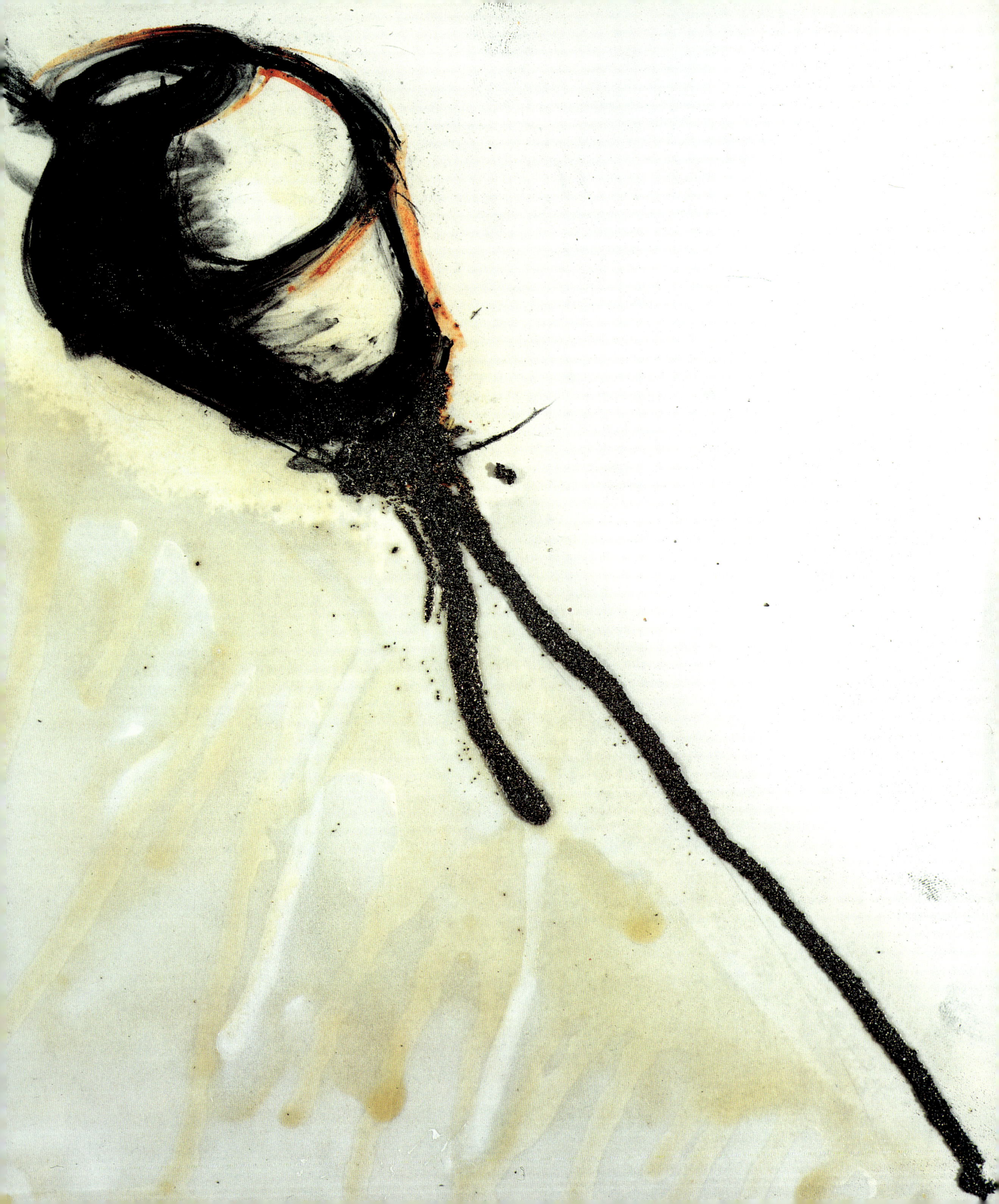

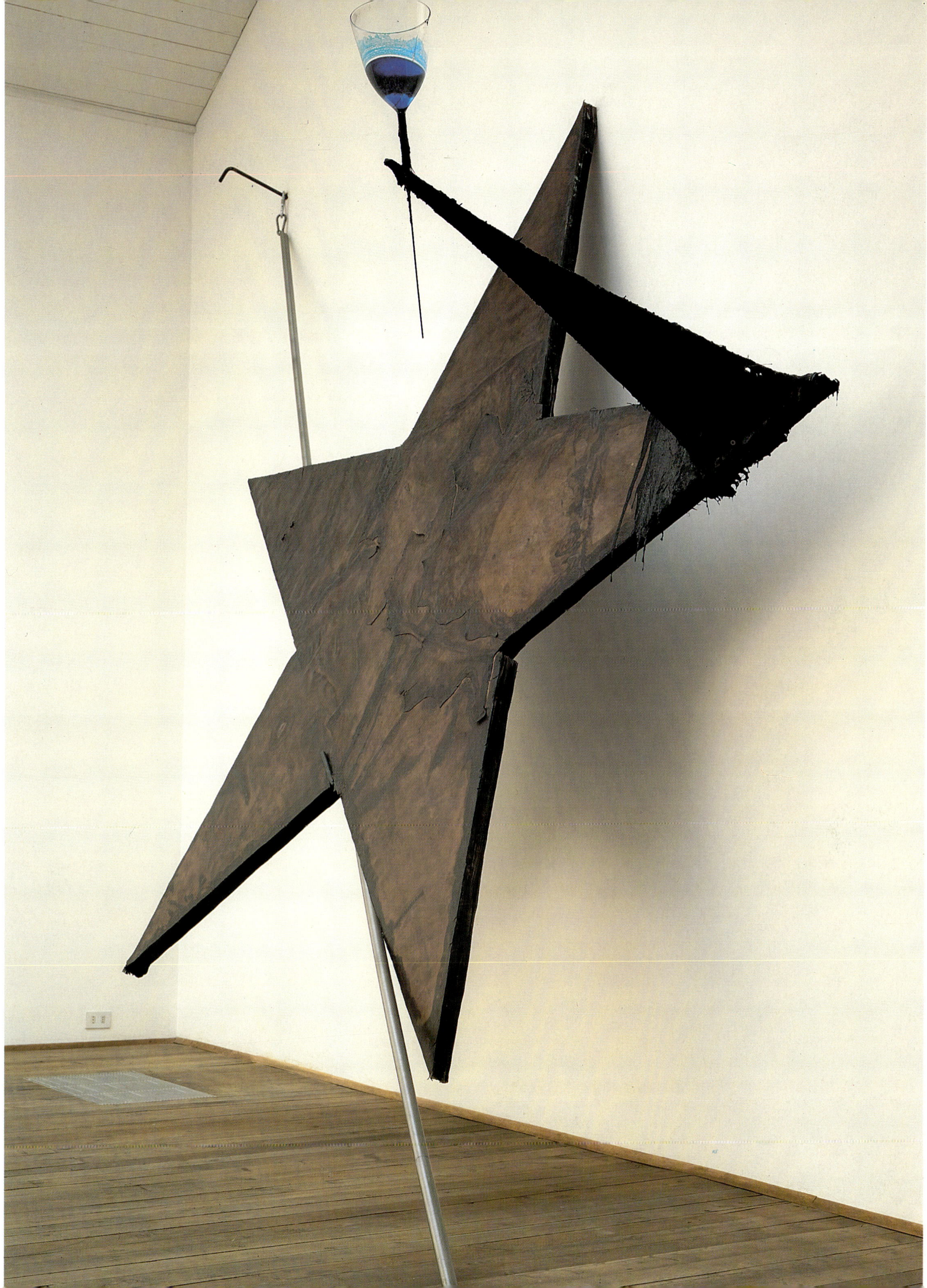

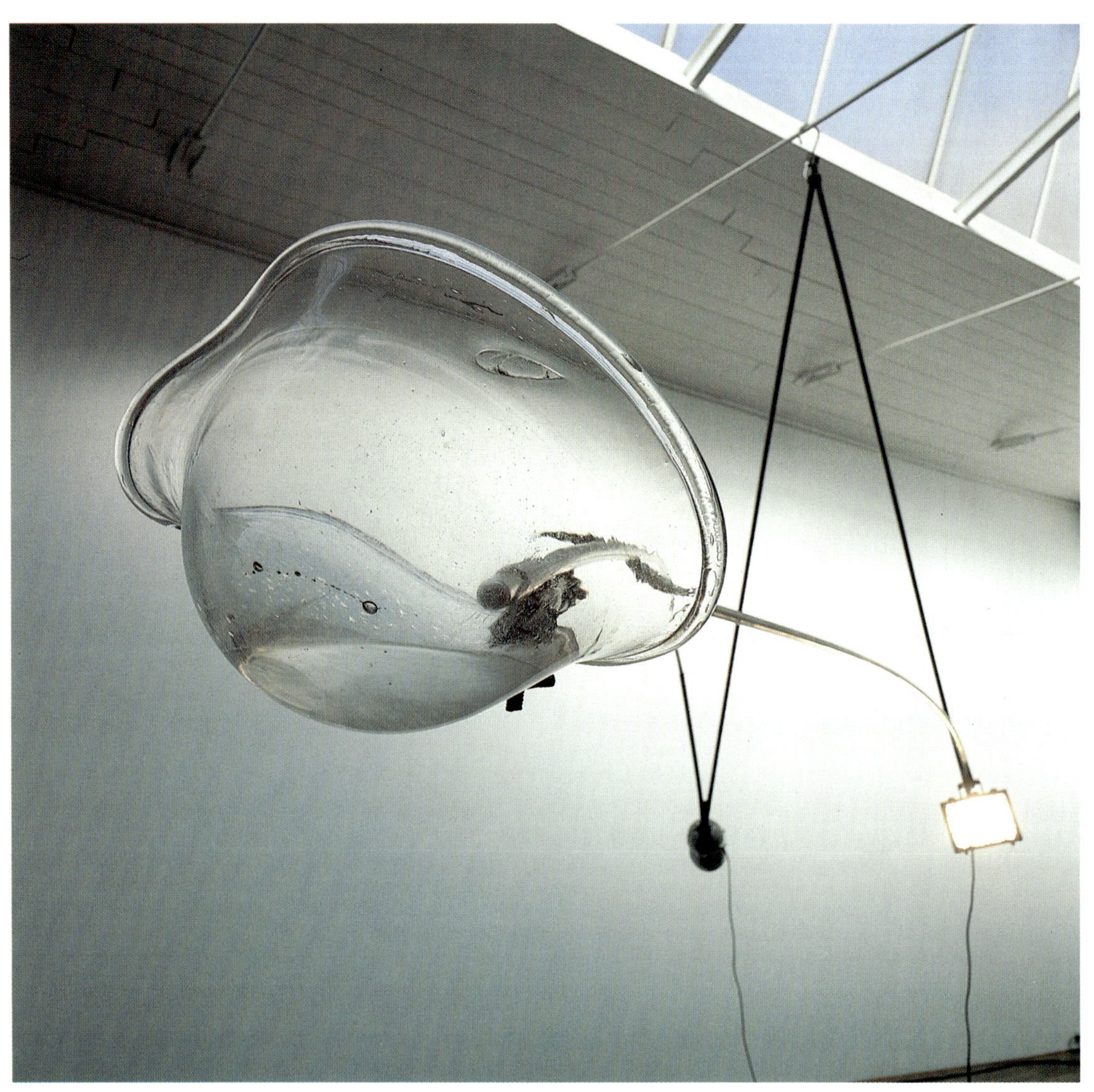

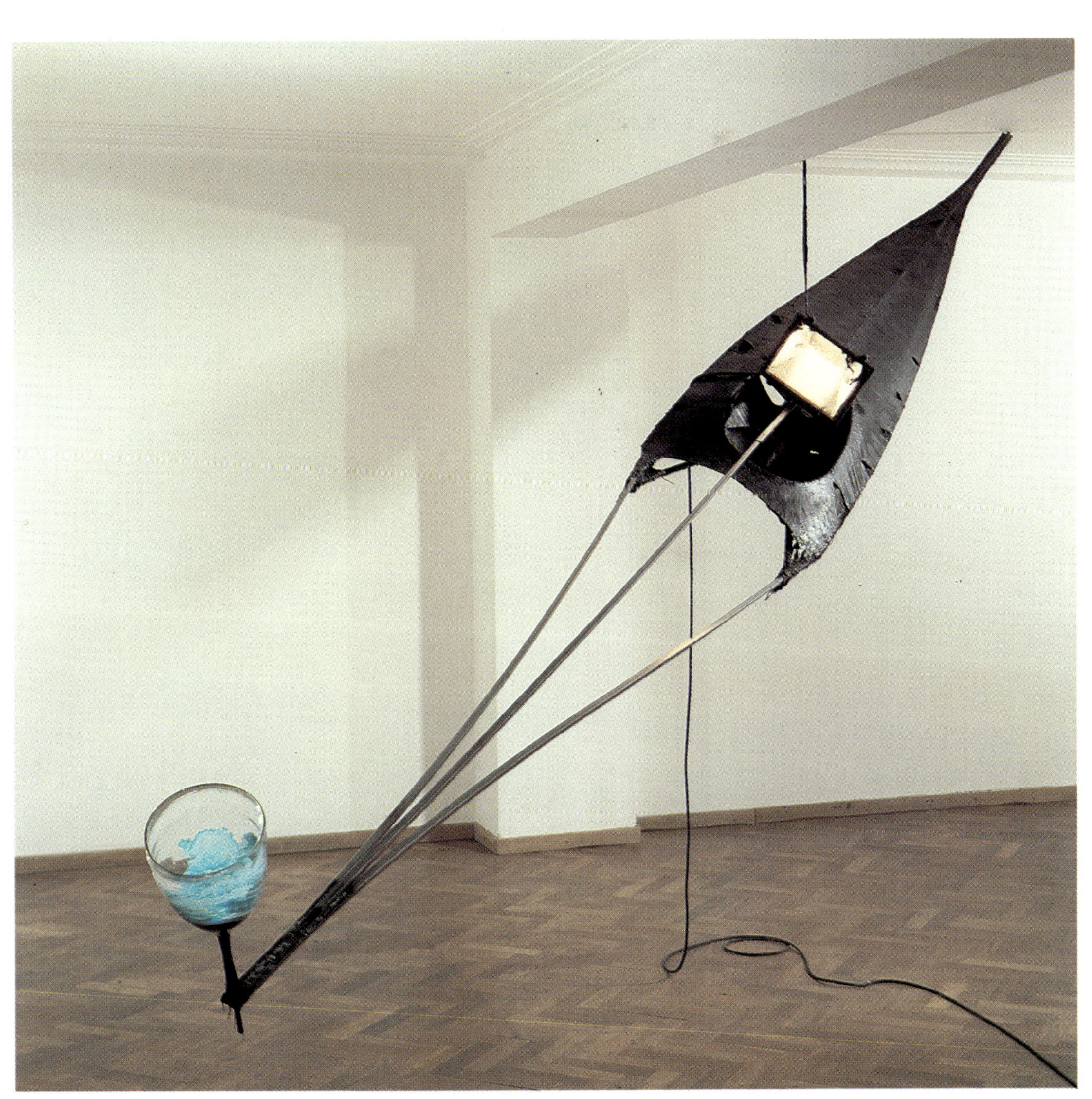

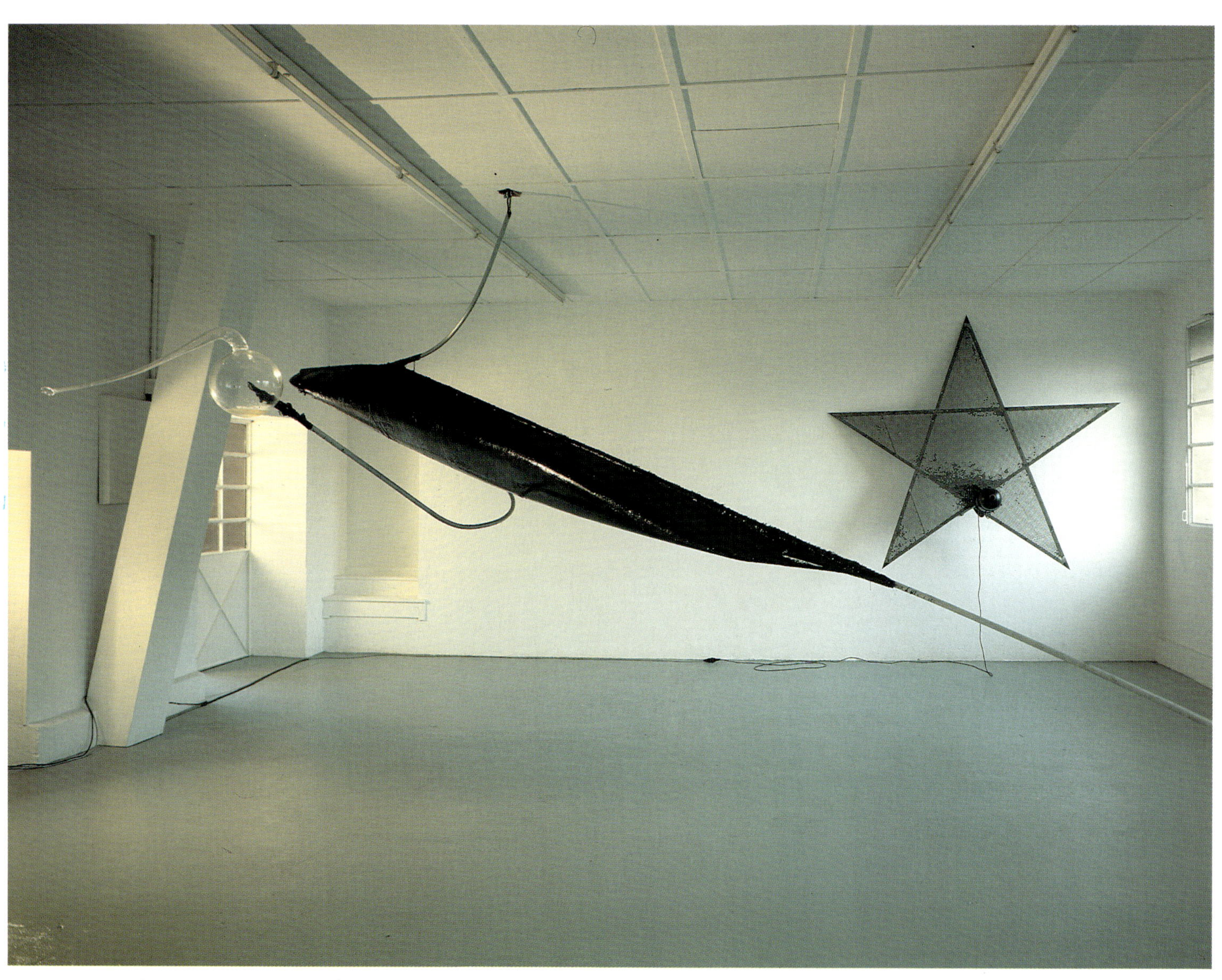

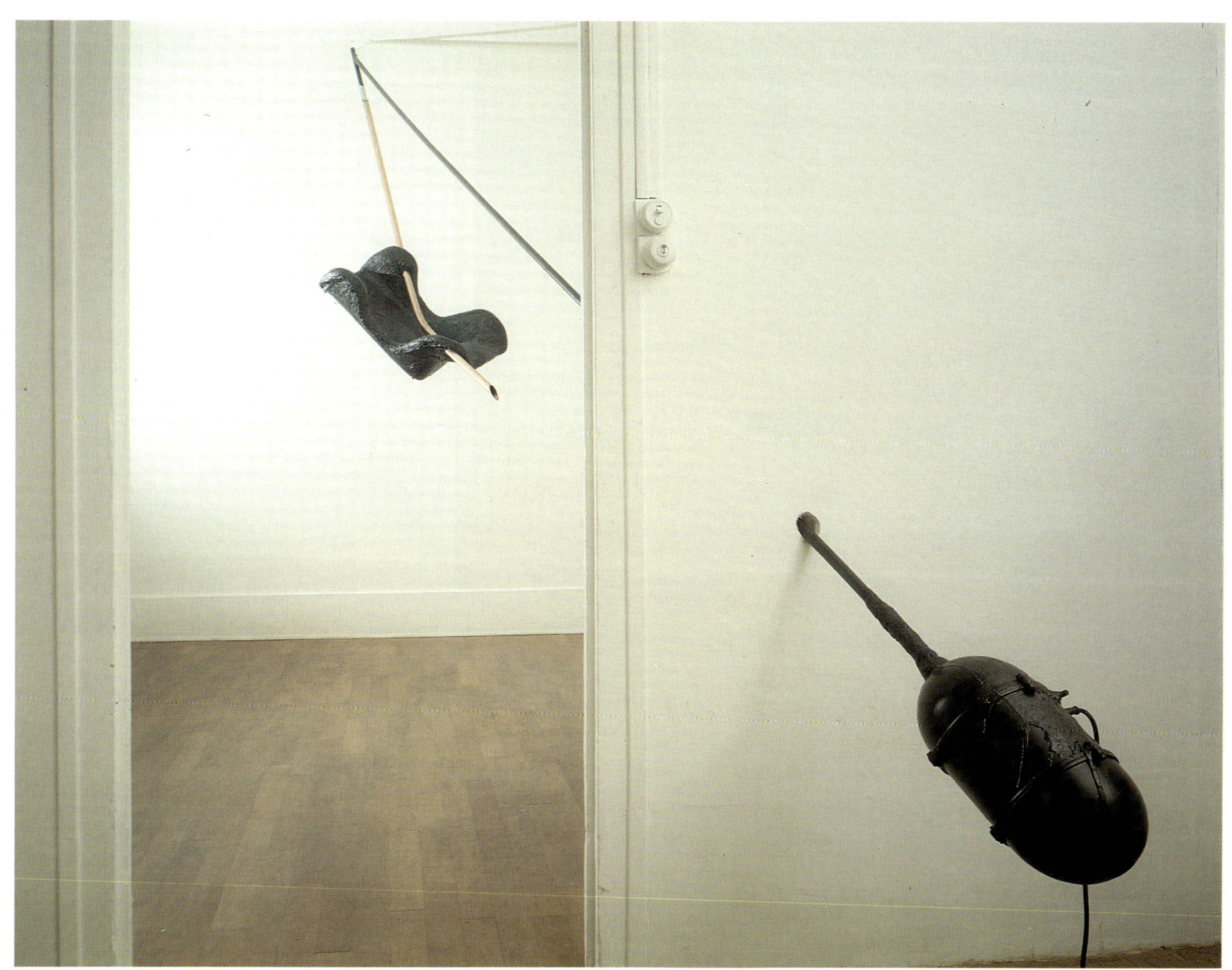

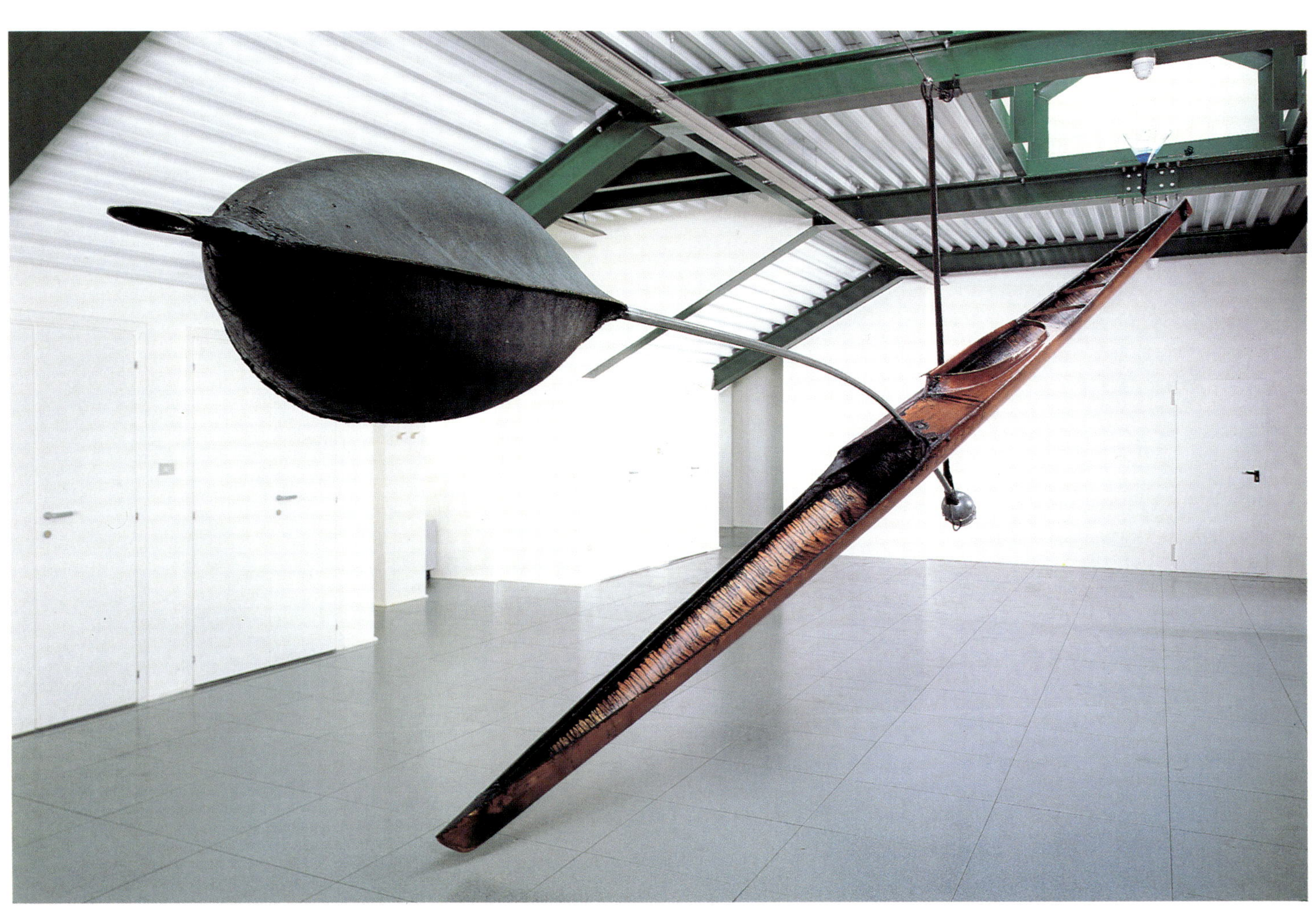

48

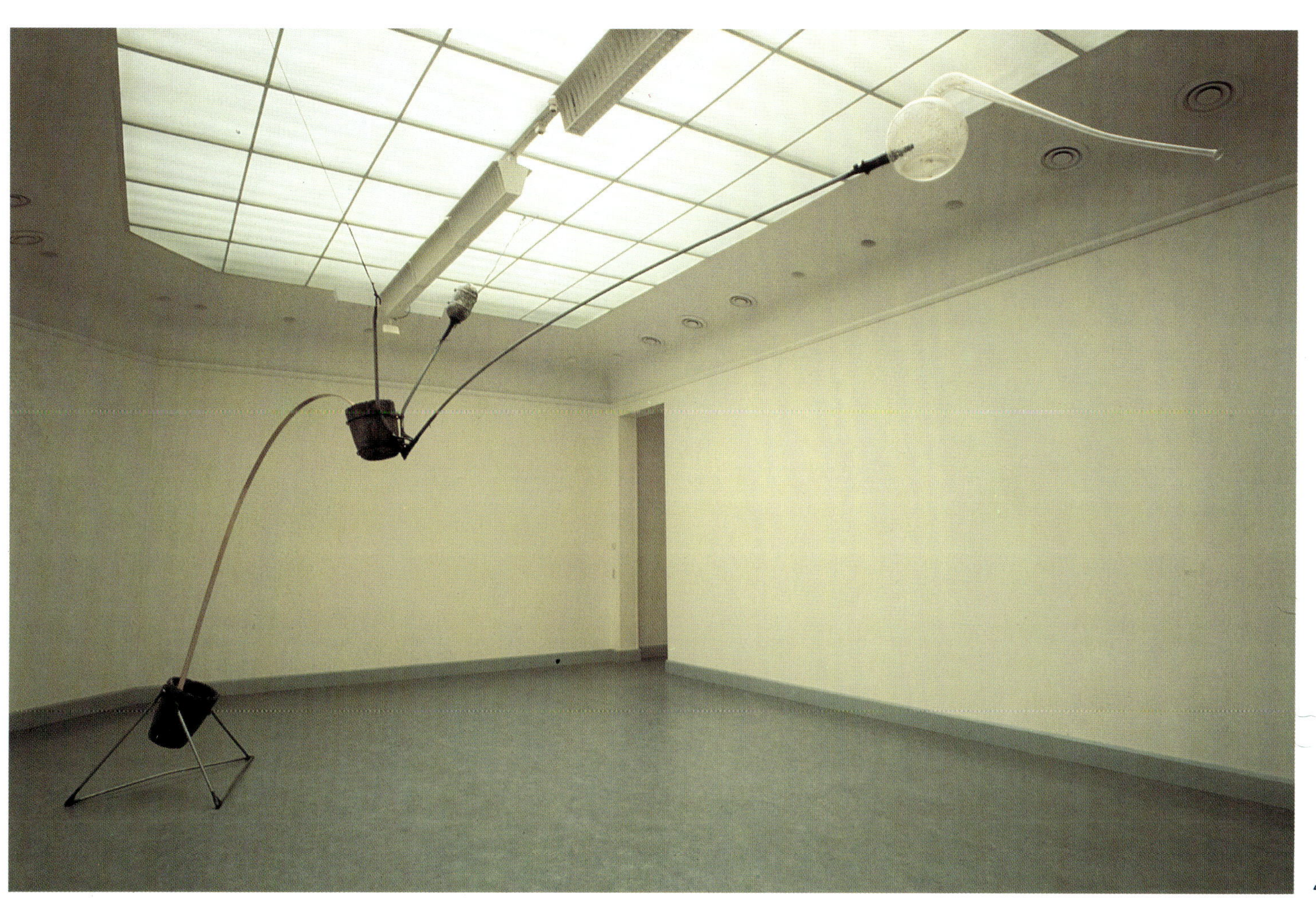

49

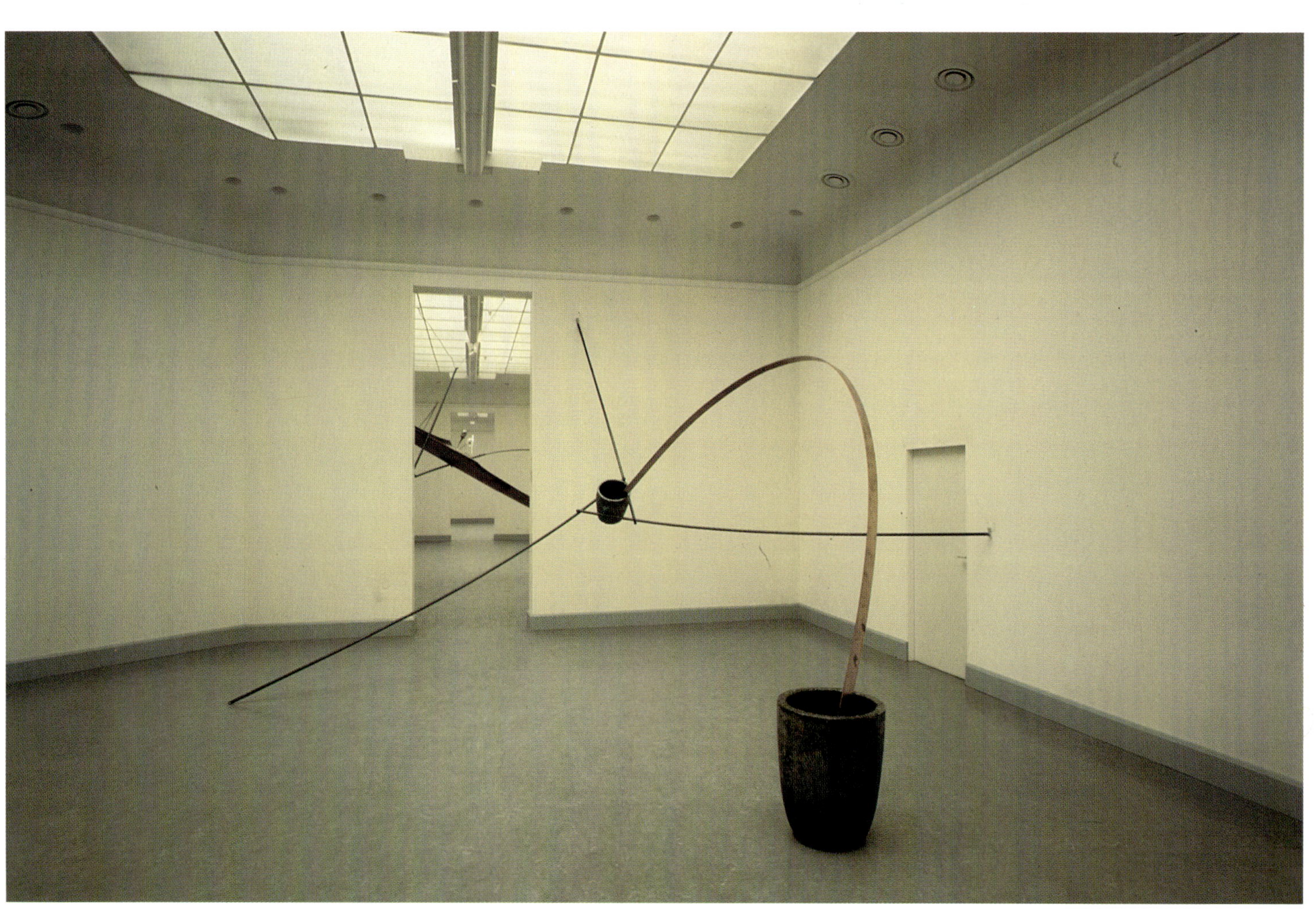

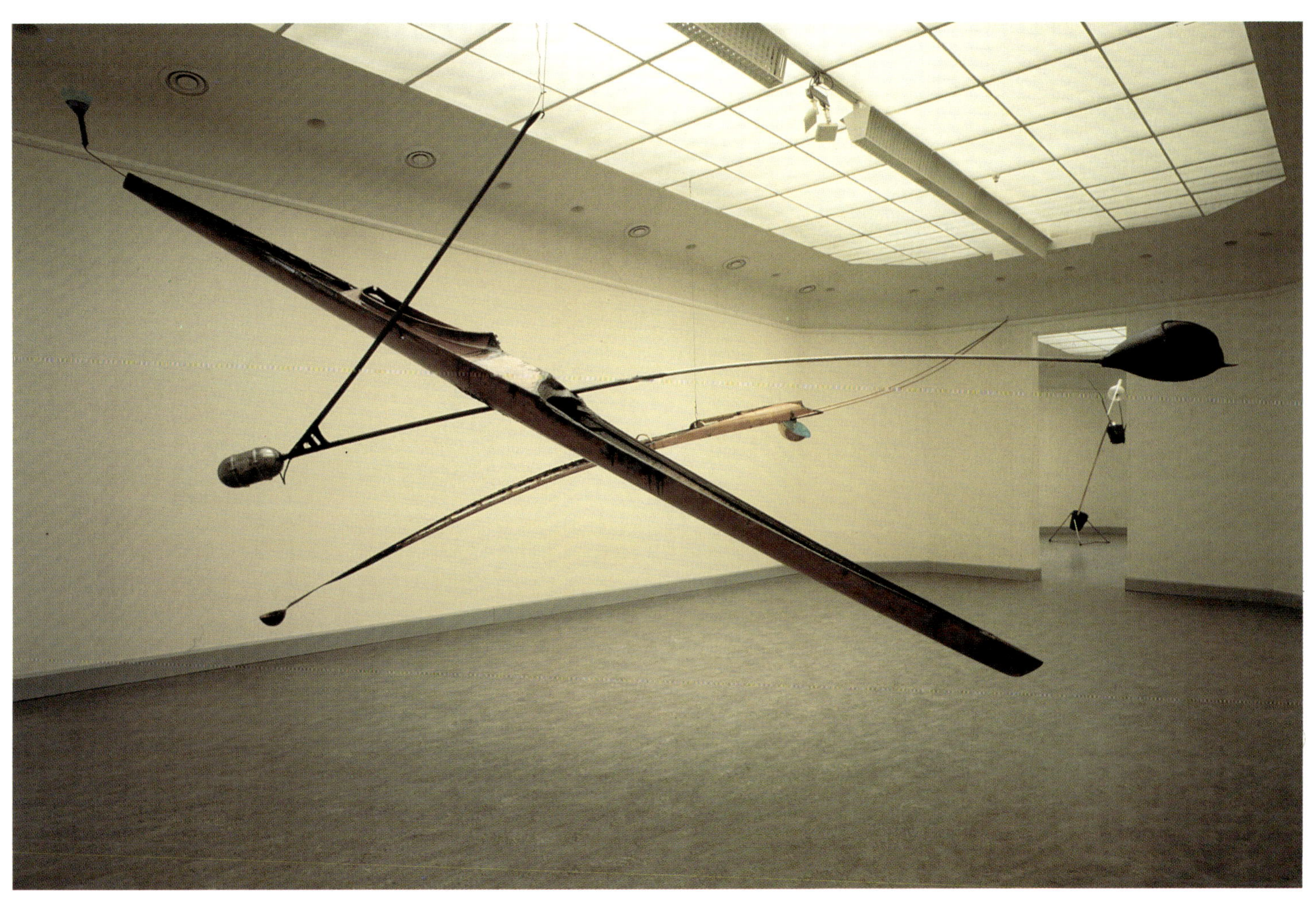

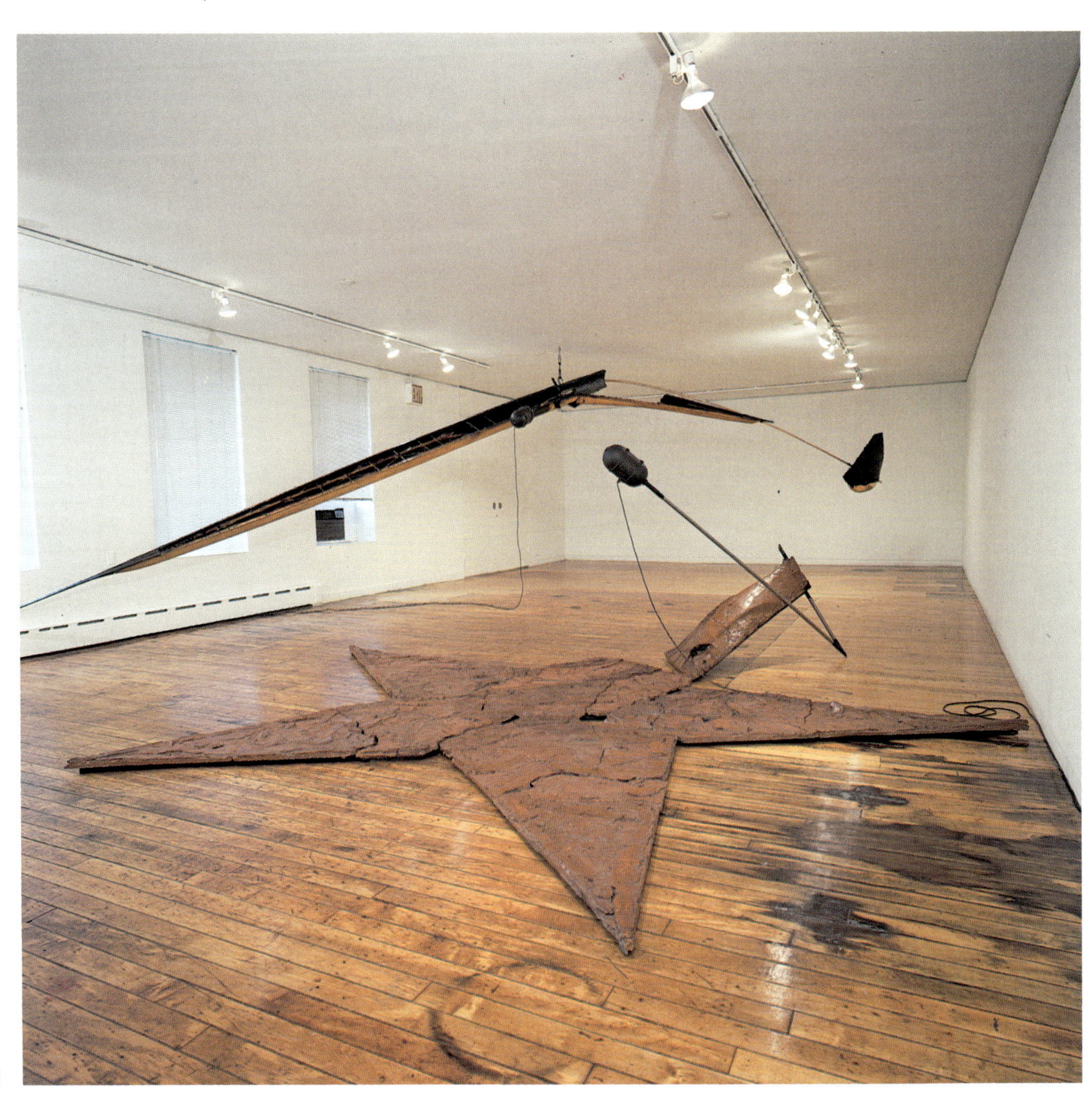

52

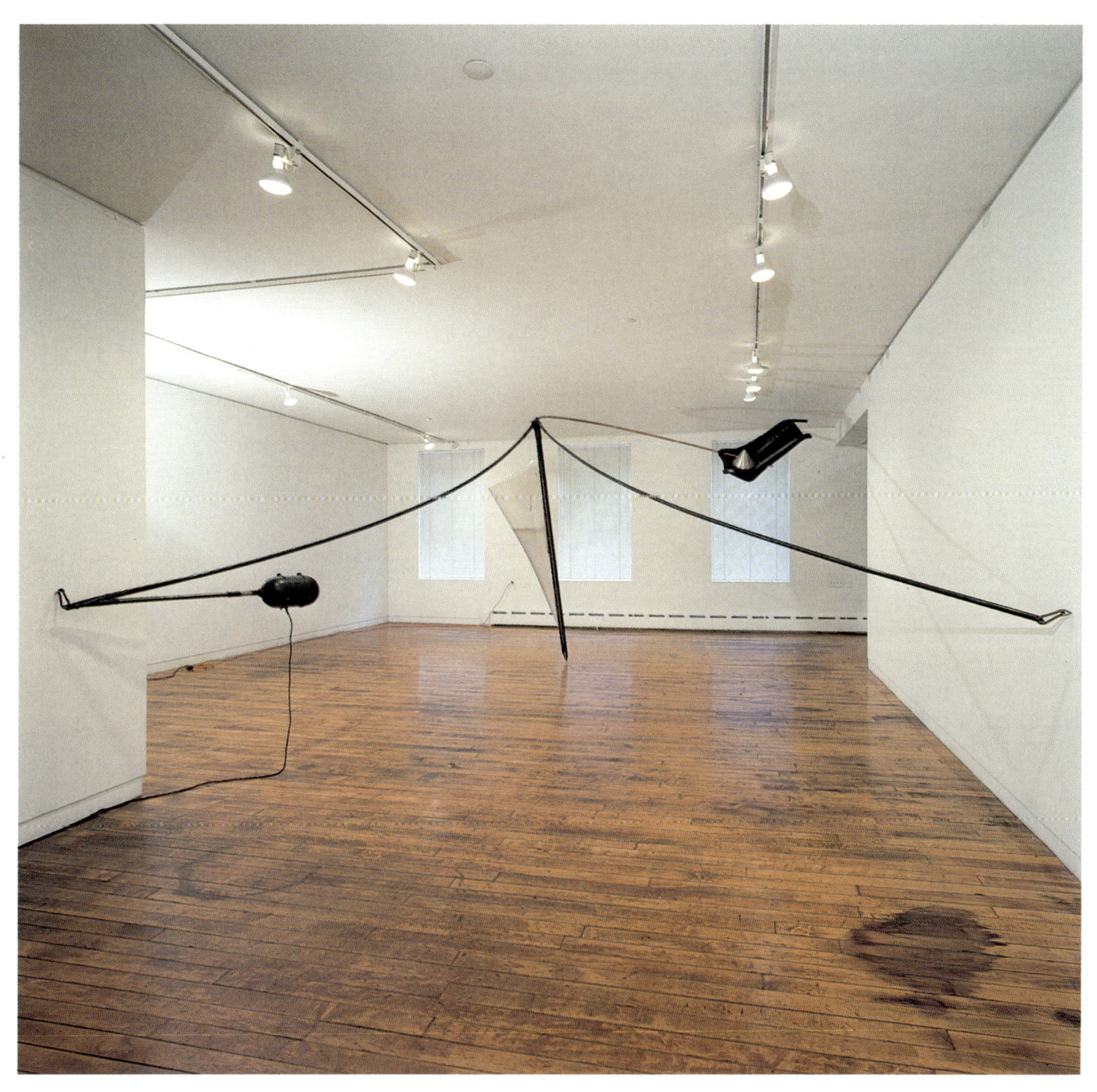

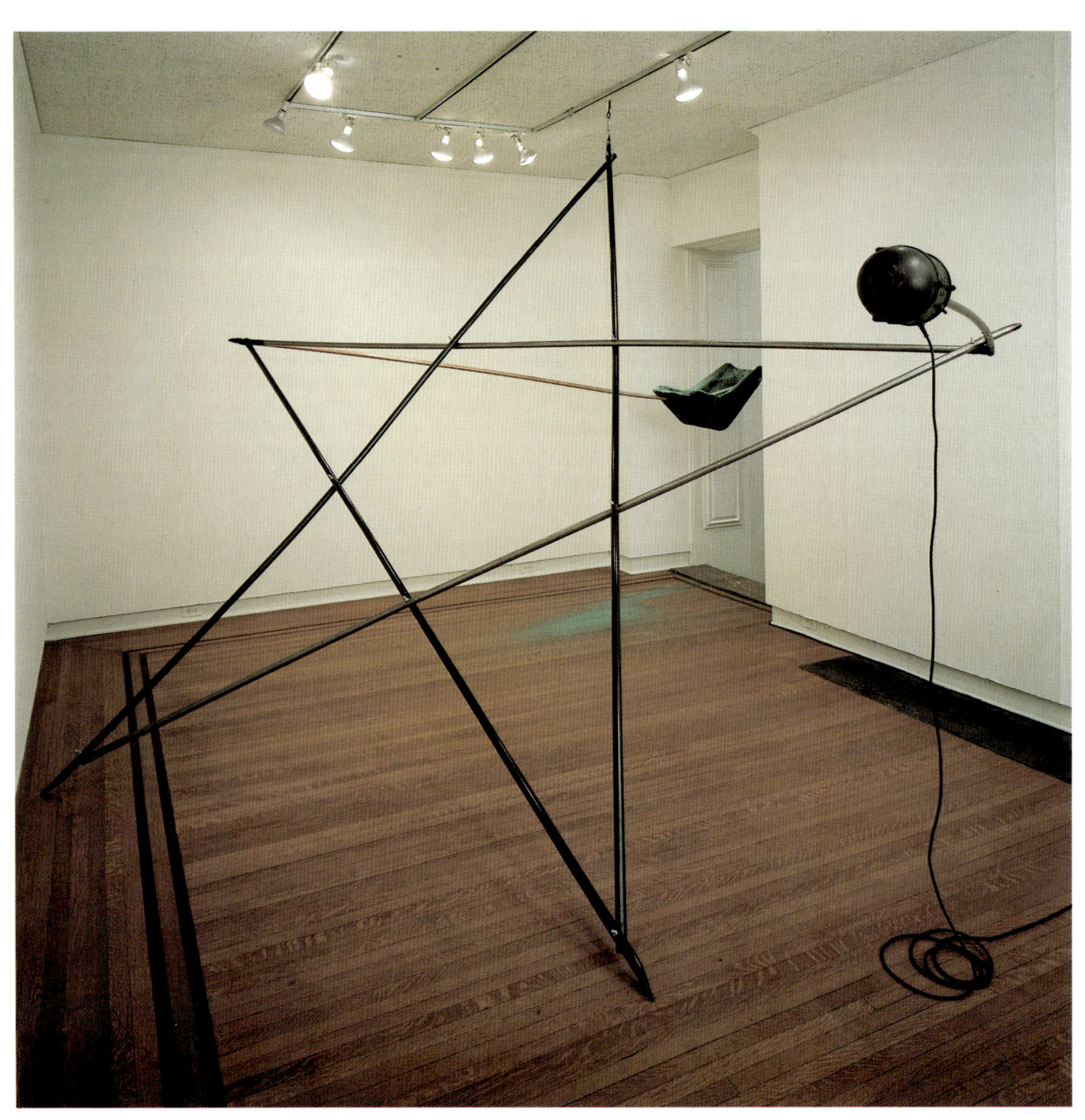

54

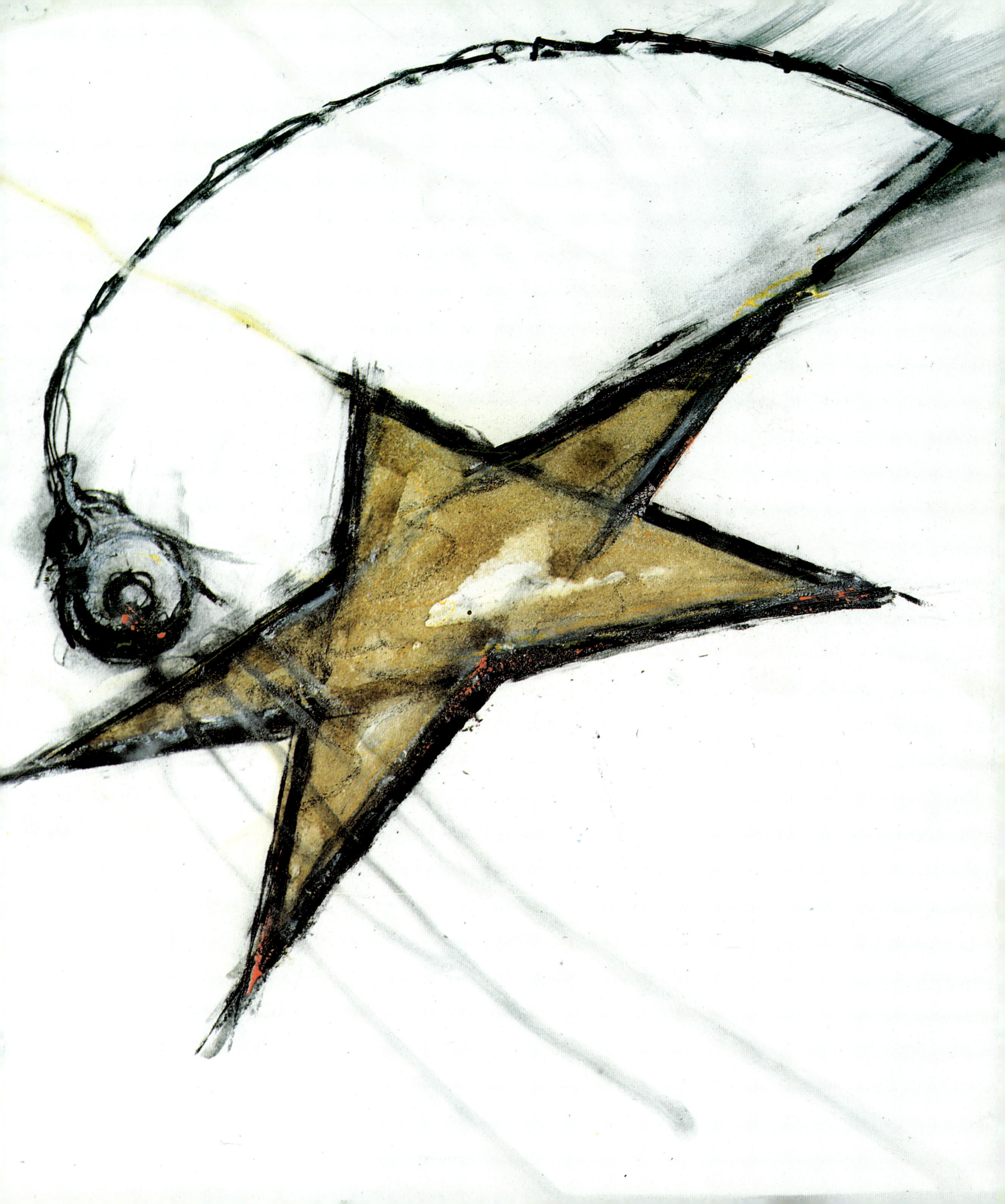

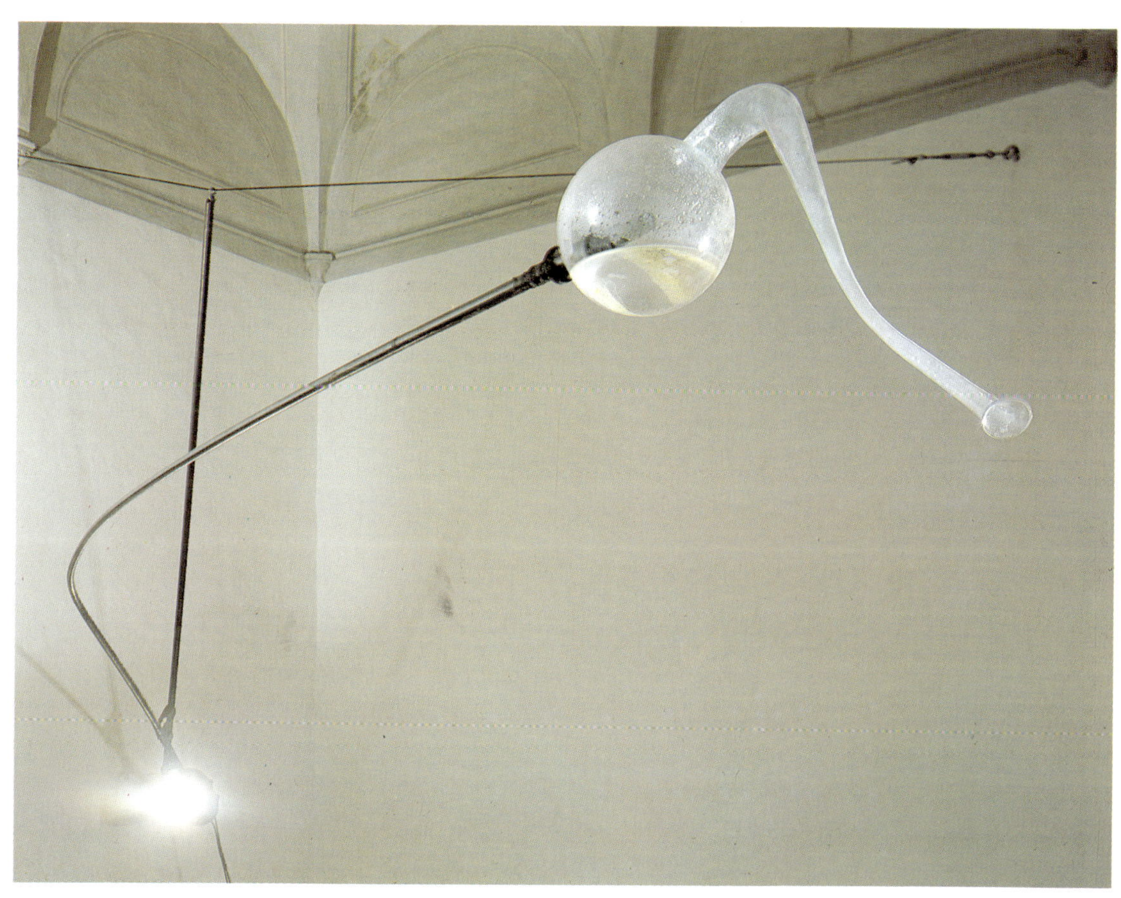

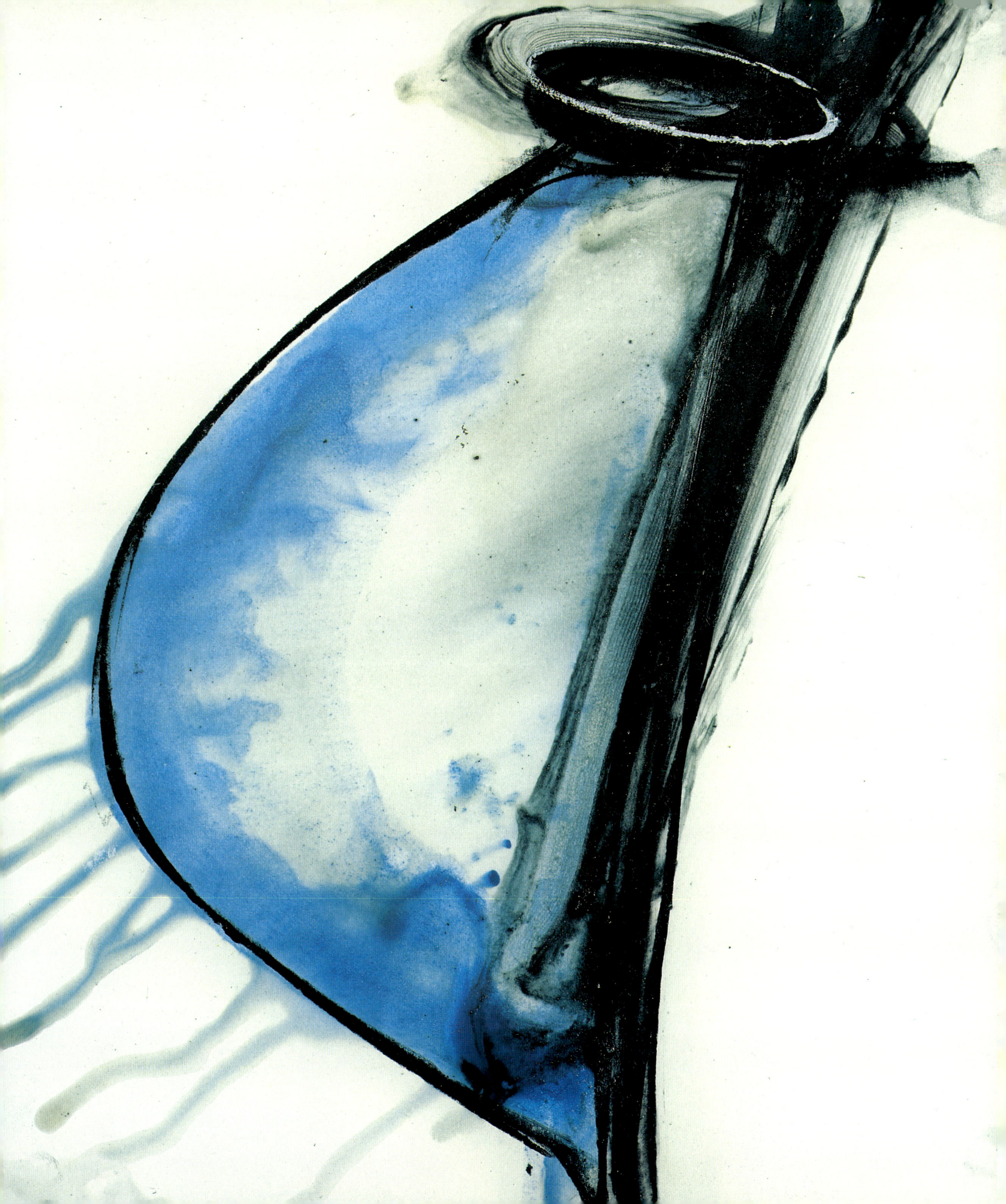

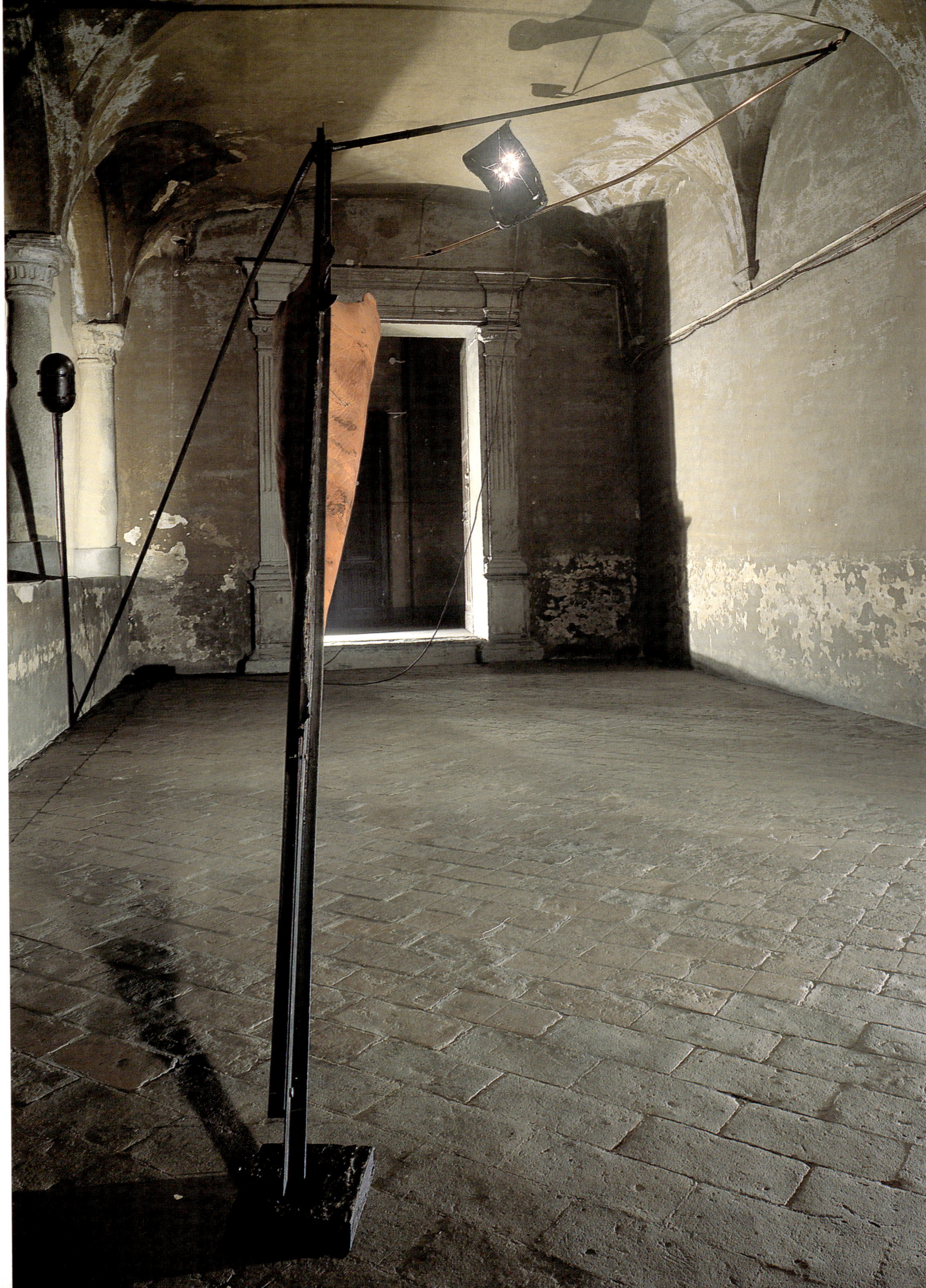

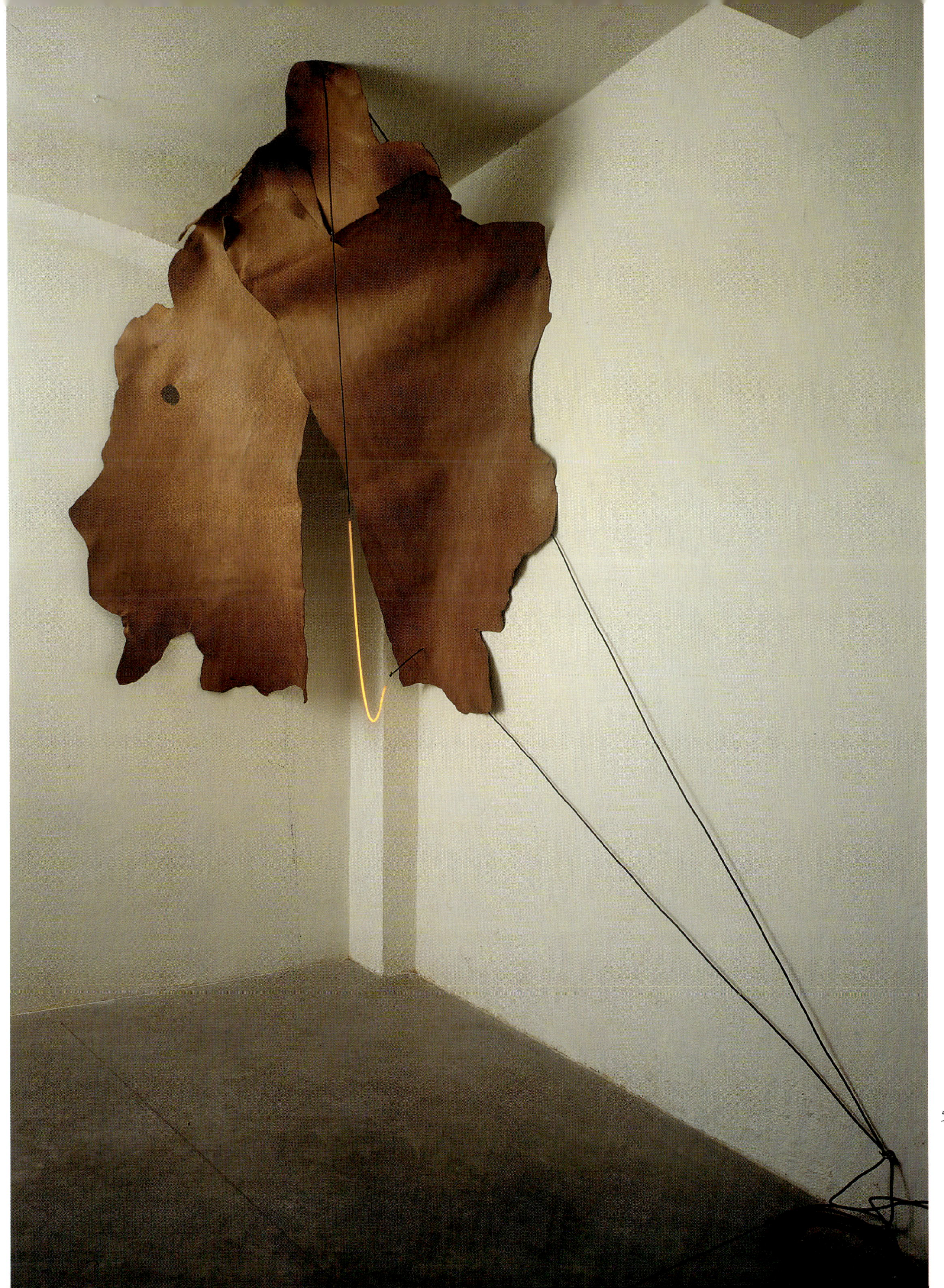

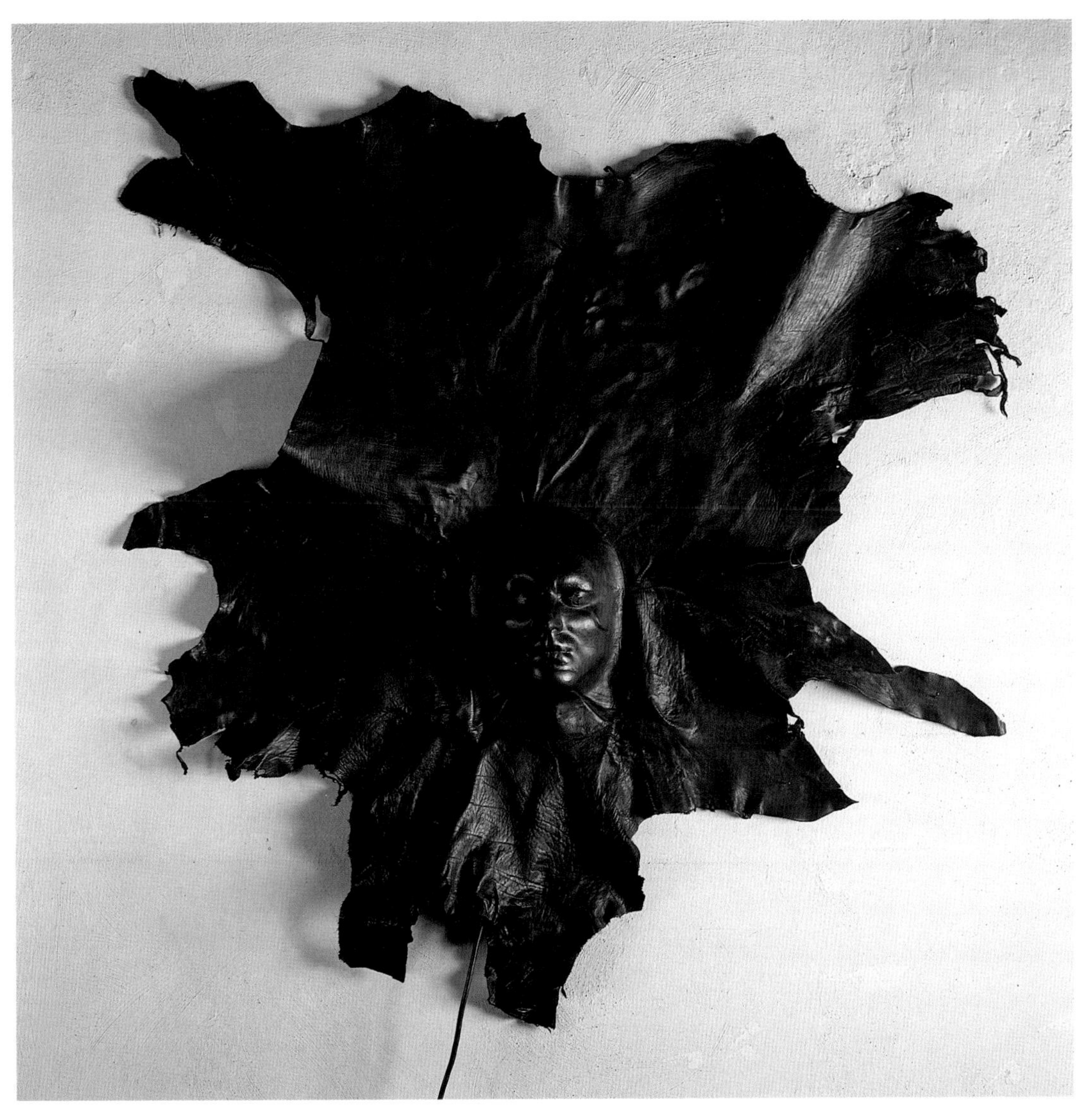

Le pregunto a Luis Serpa cuál es el origen del nombre de su galería, "Cómicos". ¿Cómicos? Era un teatro, un pequeño teatro de vanguardia, uno de los tantos que surgieron después de la revolución; se llamaba Cómicos y… Cómicos se ha quedado.

De un arte a otro, como vasos comunicantes, los lenguajes han cambiado de objetivo y se han extendido por el espacio ahora expositivo con diversos signos, con distintos nombres, con diferentes responsabilidades.

Trabajar en Cómicos es apasionante porque las medidas no son espectáculo, sin embargo requieren movimientos arriesgados, sugieren el riesgo plástico.

La canoa sobresale y mira más allá de la entrada, la silla de Marzio con su gorgoteo acompaña el trayecto, la estrella lo corta y lo hunde…

Todo está preparado, los silbidos se suceden uno tras otro, prepotentes chocan, se suman, se absorben… callan…
Comienzan de nuevo…

Bienvenidos amigos, bienvenido Juliâo, bienvenido Pedro.

Todo está preparado, la torre de Belém ahora está cerquísima y después está el eco de la incógnita, el océano del arte. [10]

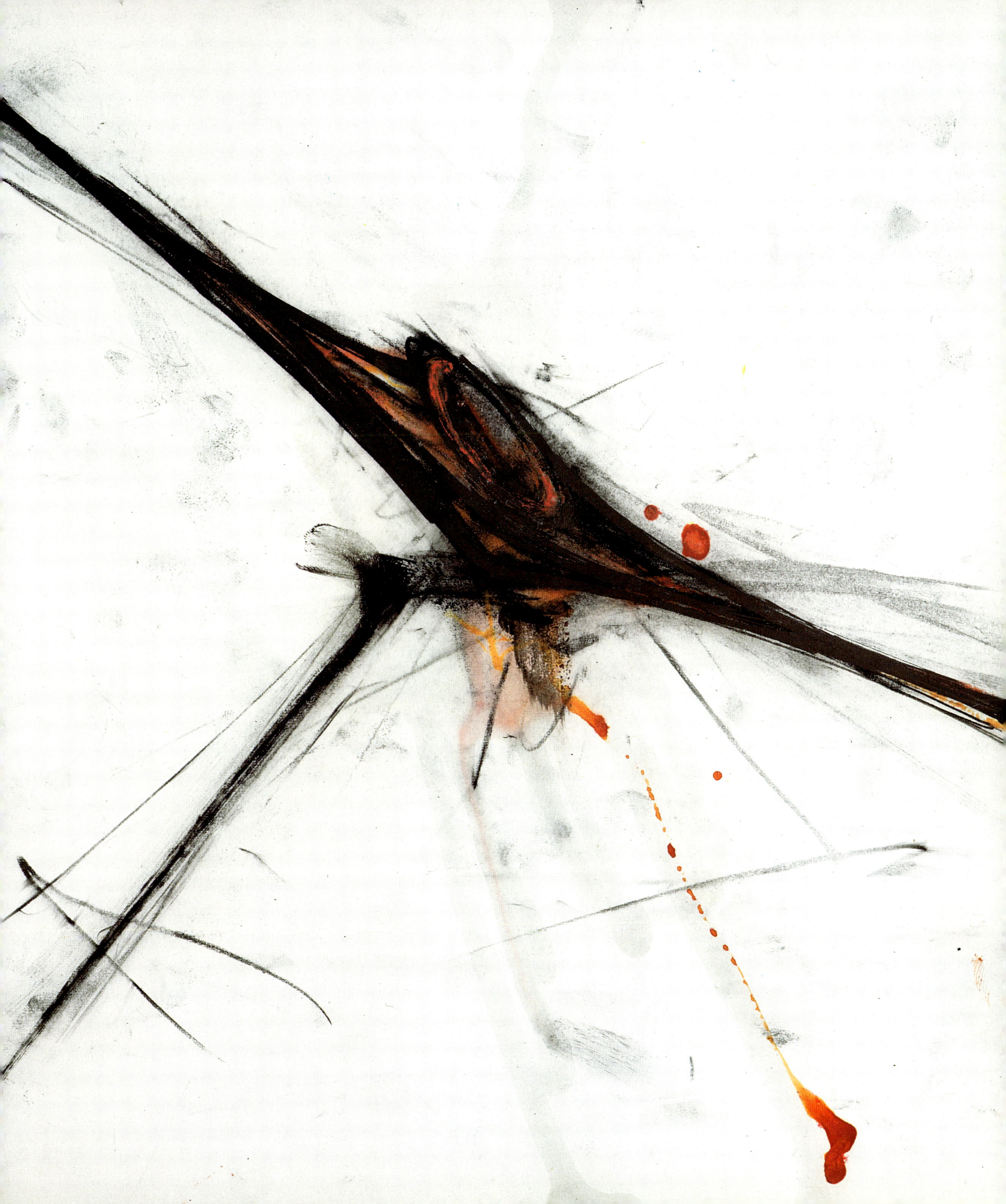

I asked Luis Serpa about the origin of the name of his gallery, "Cómicos."
Cómicos? It was a theater, a small avant-garde theater, one of many that grew up after the revolution, it was called Cómicos then, and it is called Cómicos now.

From one art to another like communicating vessels the languages have changed their target and have expanded in what is now the exhibition space with different signs, different names, different responsibilities.

To work in Cómicos is exciting because the dimensions are not a drama, but demand risky movements, suggest a plastic risk.

The canoe juts and gazes out above the door, Marzio's chair gurgling follows its course, the star cuts and breaks through it.

Everything is ready, the whistles chase each other, arrogantly they collide, add together, absorb each other ... and lay quiet ...
They begin again ...

Welcome friends, welcome Juliao, welcome Pedro.

All is ready, the tower of Belem is quite close now, and then there is the echo of the unknown, the ocean of art. [10]

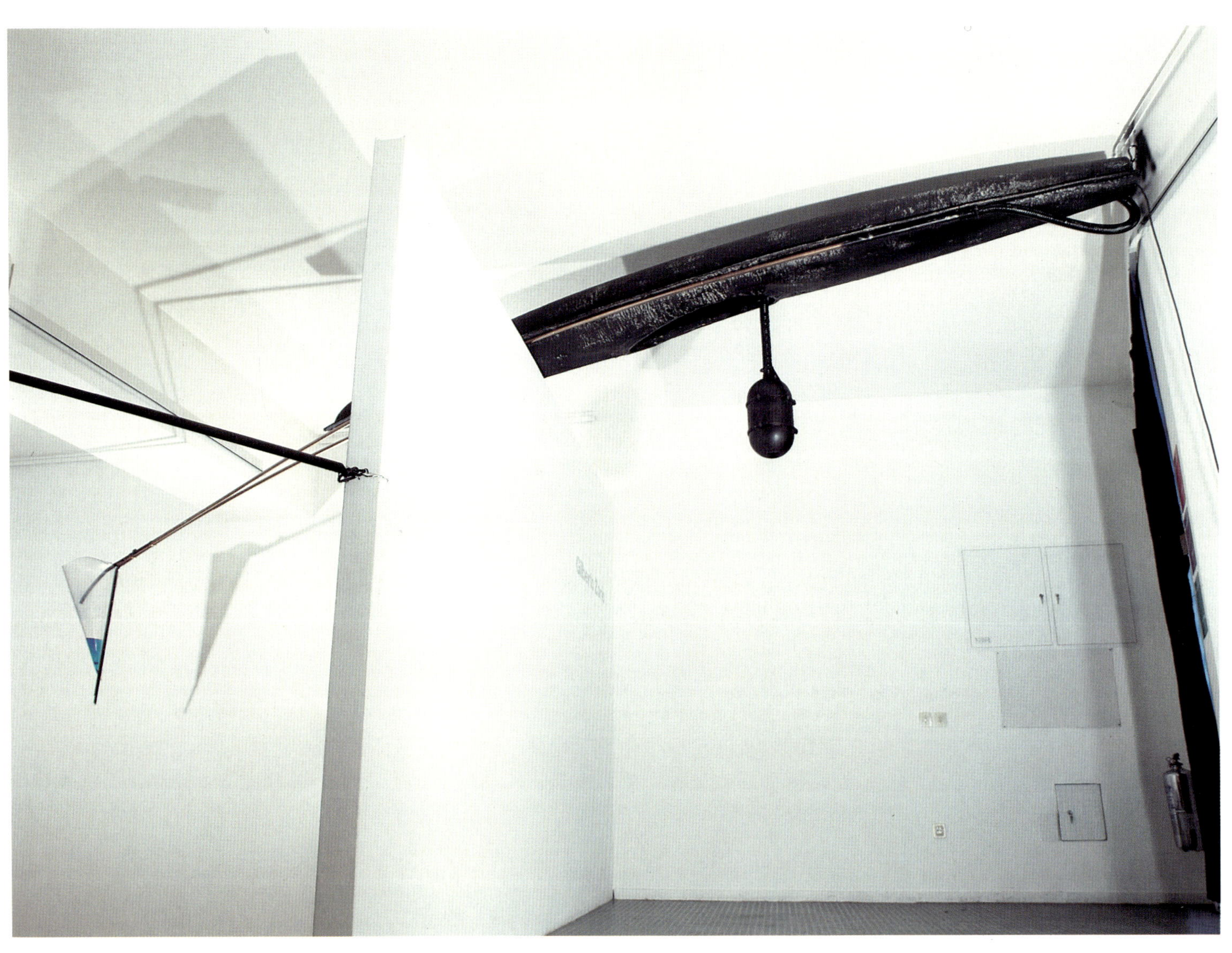

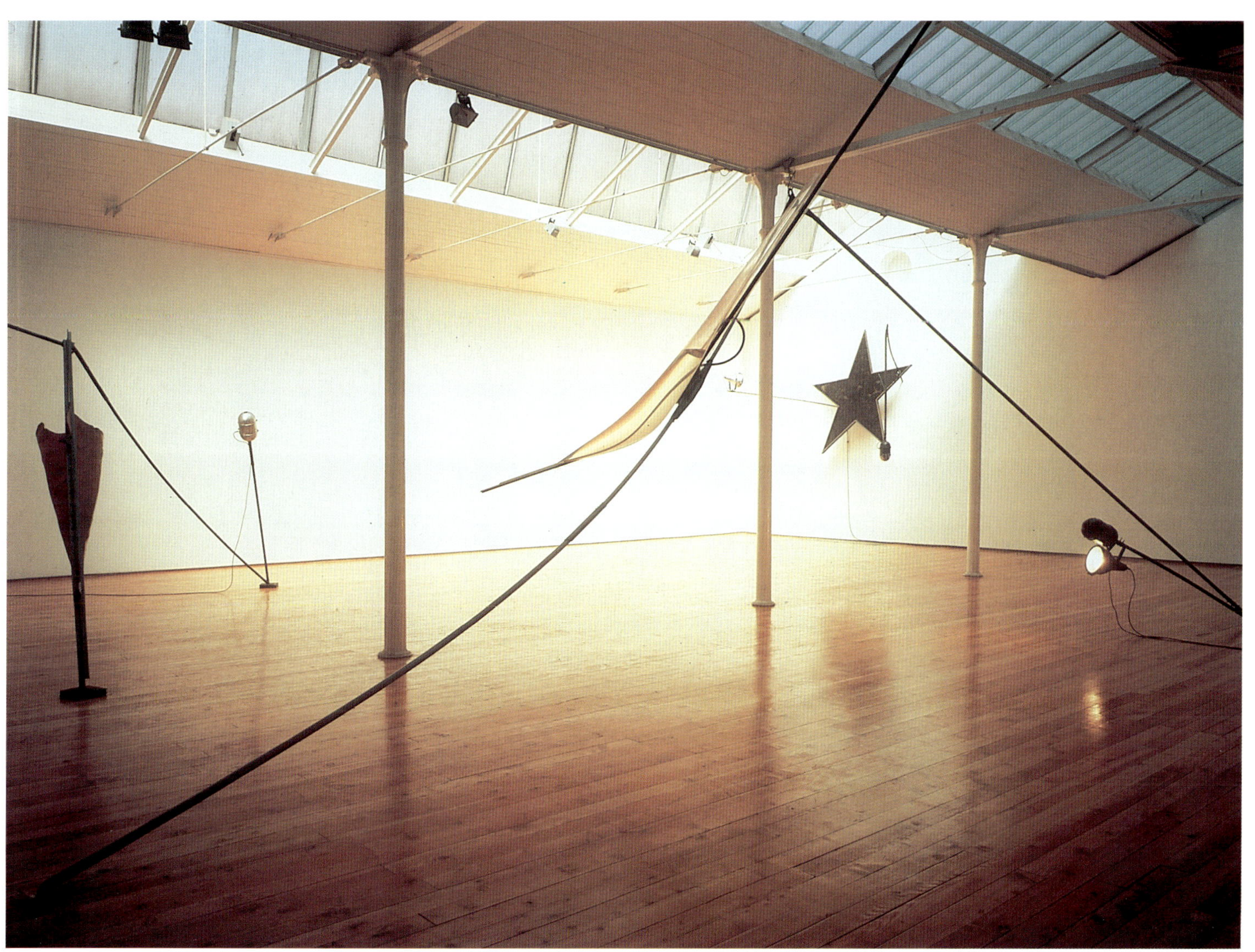

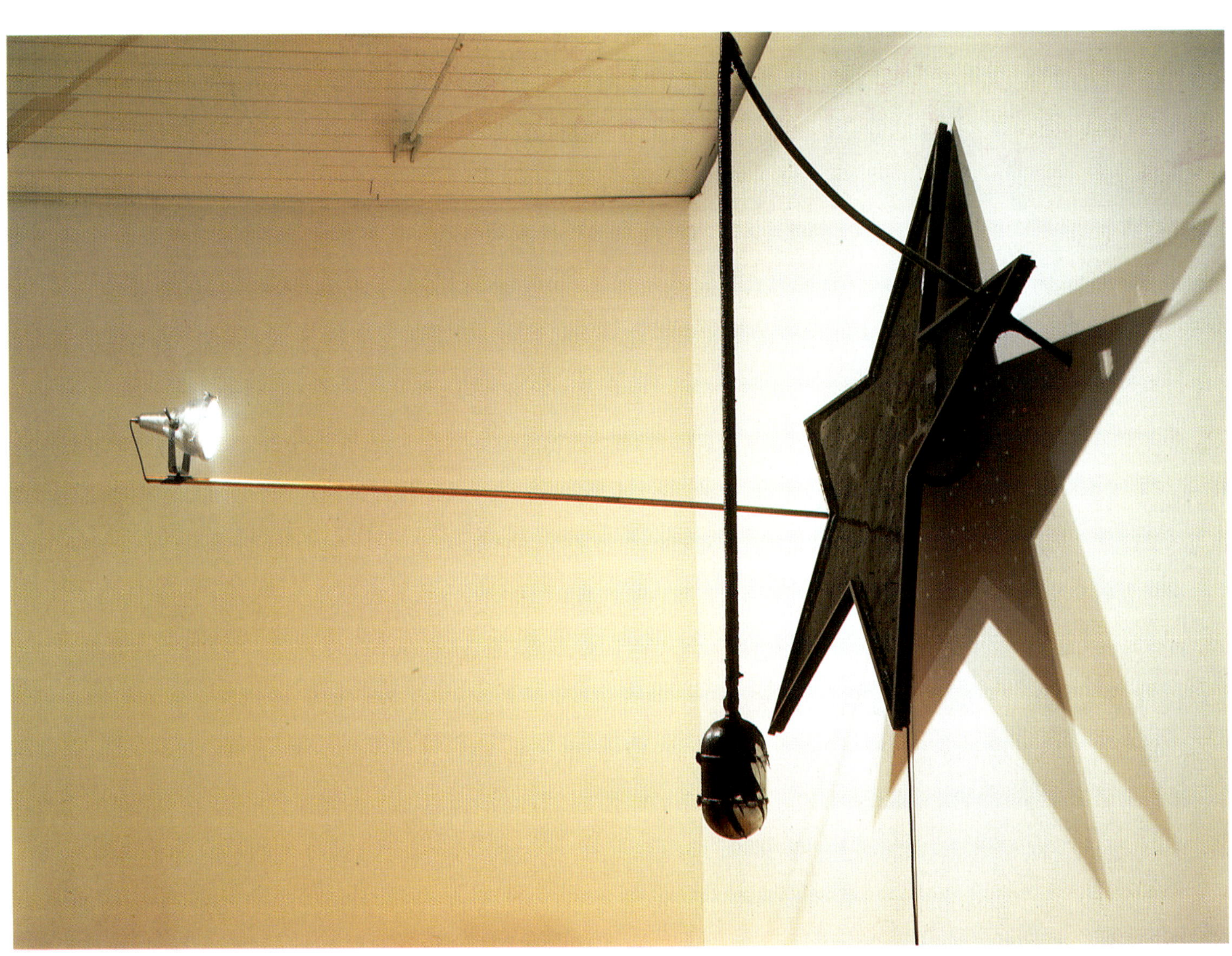

61

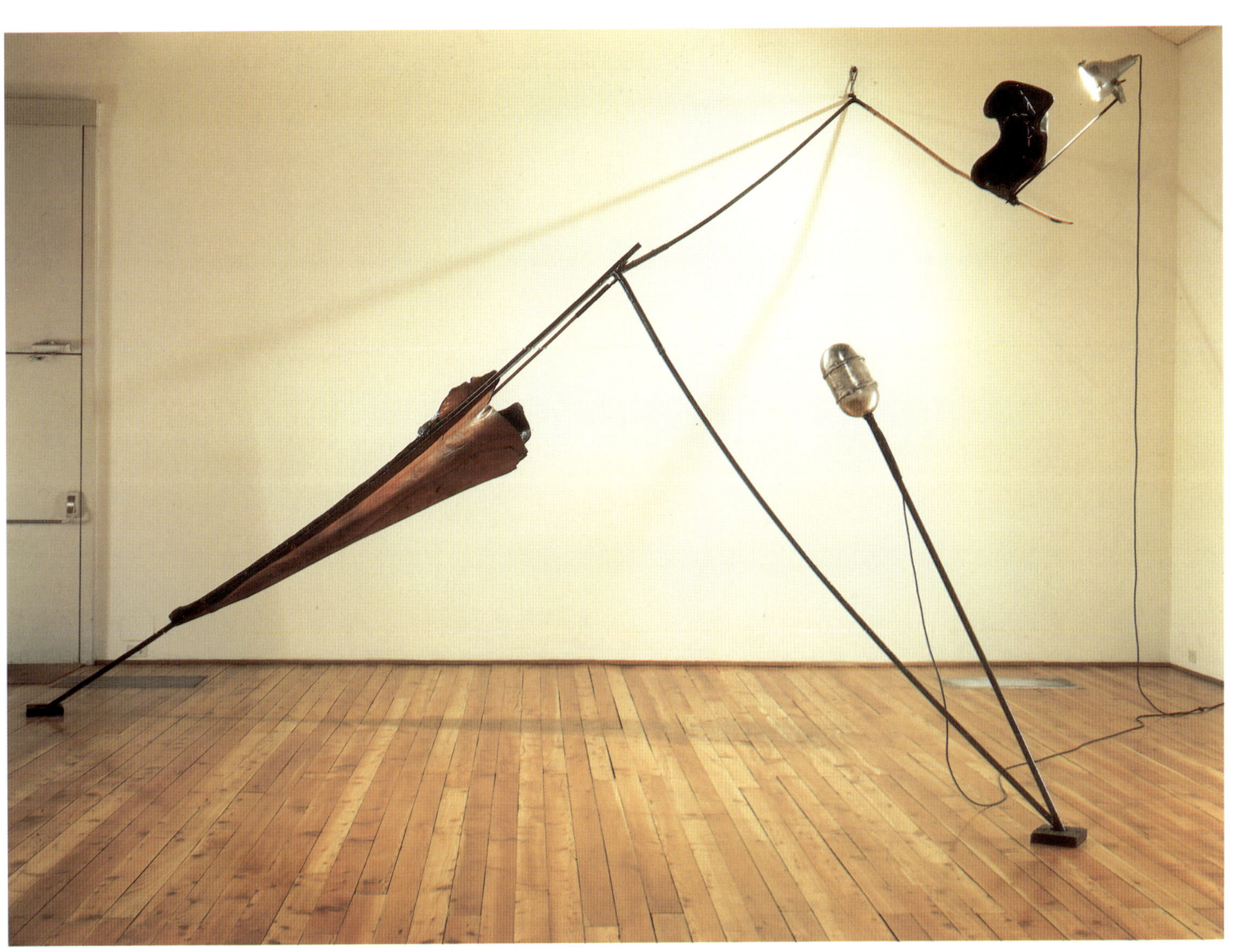

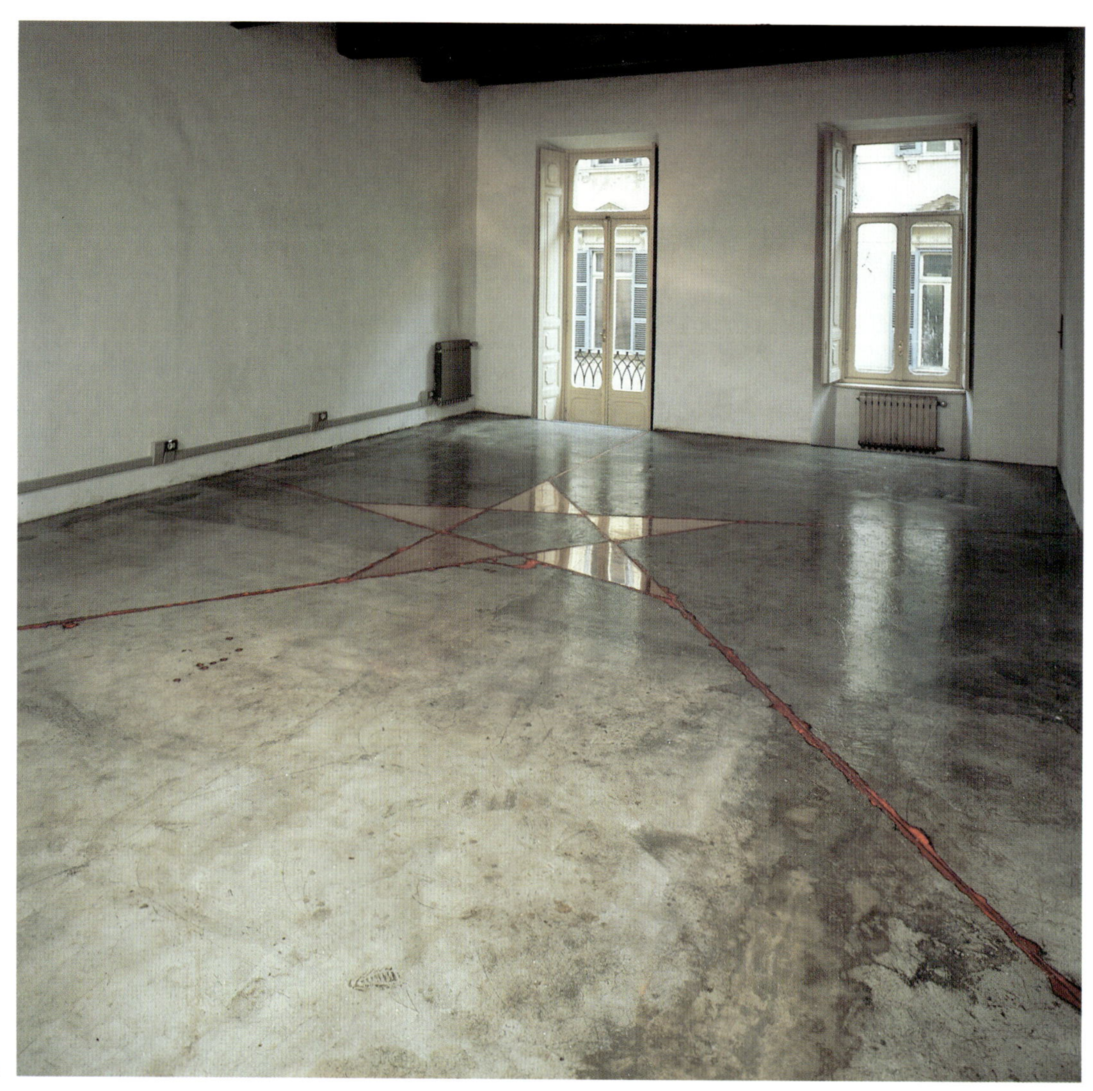

63

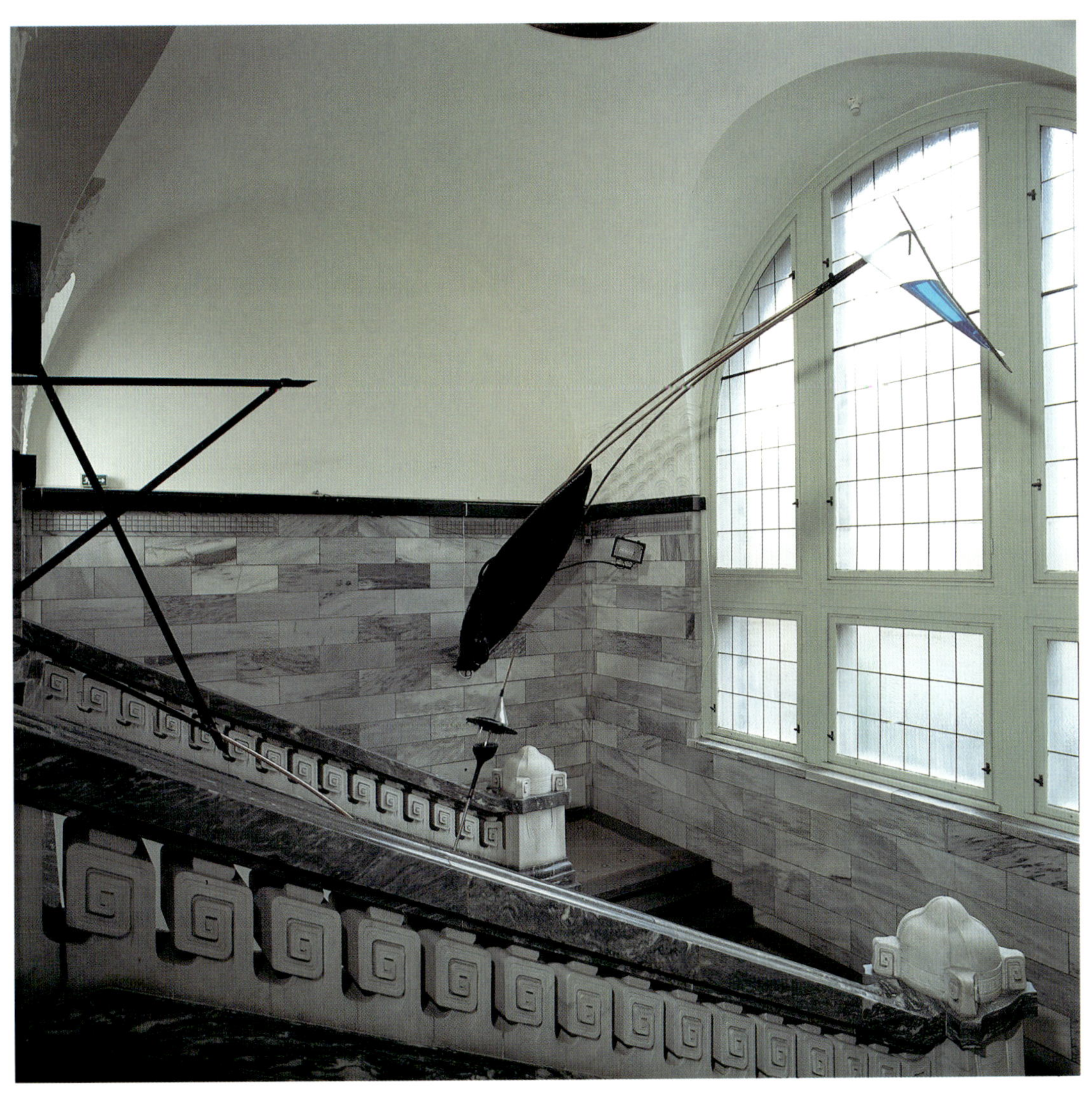

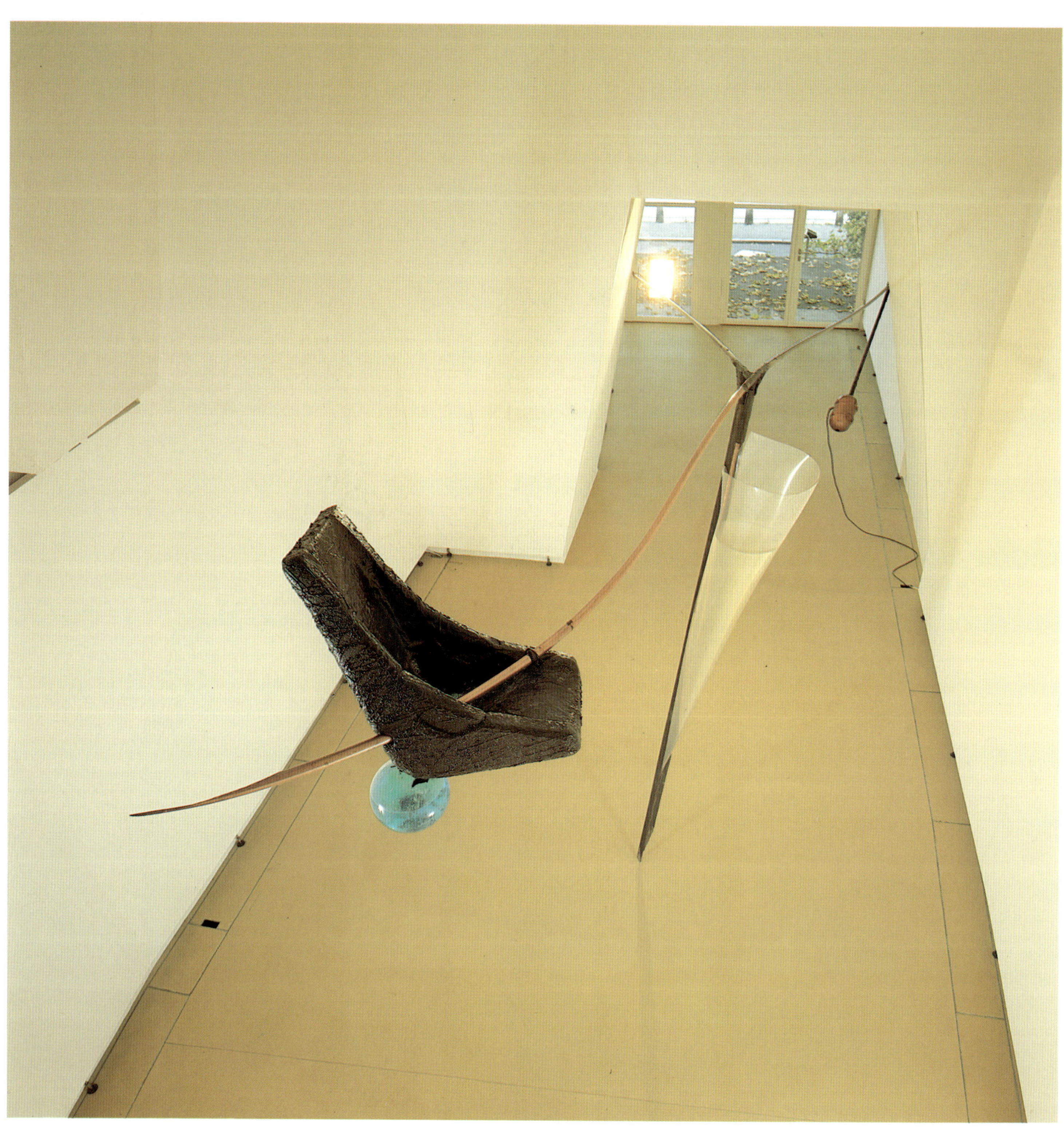

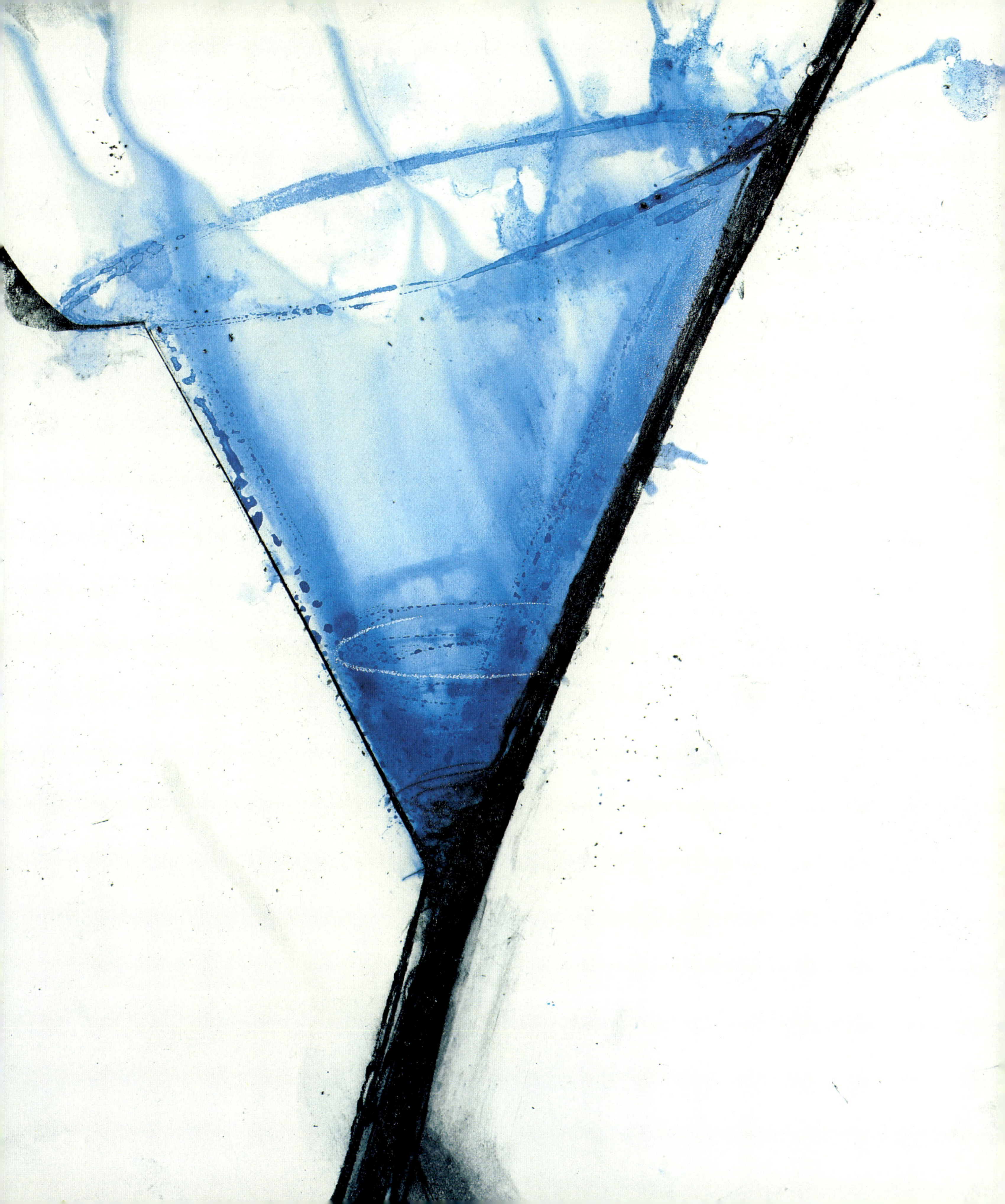

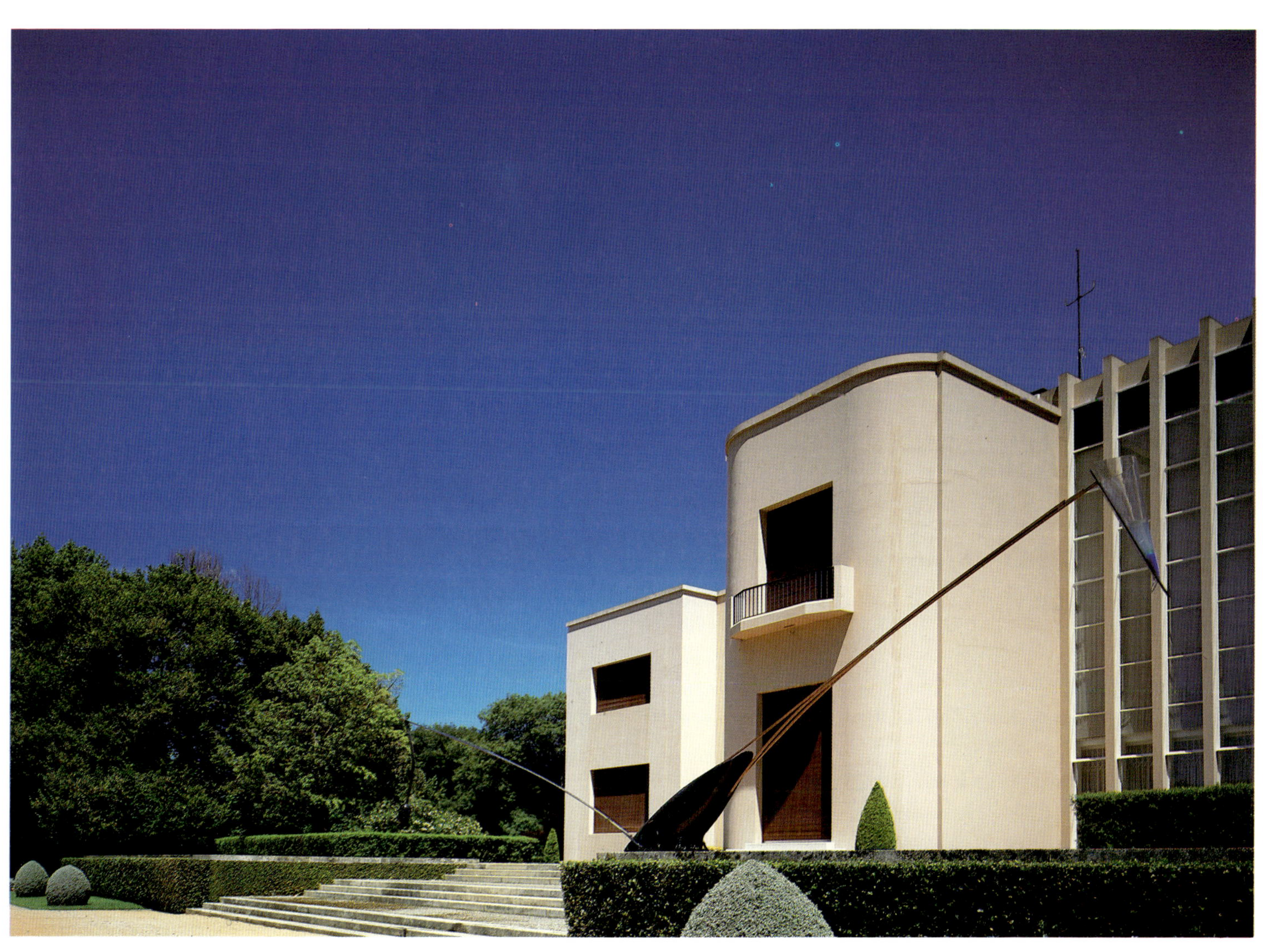

Querida Casa de Serralves, un día me pidió un amigo, con embarazosa discreción, que le diese mi opinión sobre los ruidos, los sonidos, el estruendo (¿de los futuristas?), sobre los silbidos y quizás quería también que le hablase de mi trabajo, de mi "arte".

Bien, entre su apuro y el mío no quedaba más tiempo que el de mi respuesta que nunca llegó. Ahora, gentil casa, mi respuesta… ¡se la dirijo a usted!…

… aún más, la "expongo" incompleta y jadeante, precisamente con esta exposición en sus distintas geometrías.

Soy huésped del espacio que fue signo culto del "régimen". Soy huésped del moderno templo de la calidad y, seguramente, soy el huésped irrespetuoso que lleva sus propias dudas y que en estos tiempos reclama atención, empuja, silba, silba hasta más allá de los tímpanos para marcar aquello que todavía pueda inventar otros signos precarios, desmedidos…

Aquí en Oporto, en su casa, exagero como siempre mi "arte", pero es también un homenaje a las salas que acogen el encuentro curioso; es un homenaje al gran dragón europeo, a sus escamas que, lucientes, se abren al futuro y revelan la frente del dragón… Portugal. [11]

Dear Casa de Serralves: One day a friend asked me with embarassing discretion to explain my opinion of noises, sounds, racket (the Futurists'?), hisses, and he may also have wanted me to tell him about my work, my "art."
Well, between his embarassment and mine all that remained was the time of the answer I never gave. Now my answer, dear Casa, is addressed to you ...
indeed, I'm "showing" it, incomplete and short-breathed, with this exhibition, precisely in your different geometries.
I'm a guest of the space that was a highbrow sign of the "regime," I'm a guest of the present-day temple of quality and I'm certainly a disrespectful guest bearing his own doubts, who in these times of the ebb tide demands attention, pushes, hisses, whistles beyond the eardrums to mark that which can still invent other precarious, excessive signs ...
Here in Porto, at your place, I exaggerate my "art" as always, but it is also an homage to the rooms that receive this curious encounter, it is an homage to the great European dragon, to its scales that open up to the future, bright and shiny, revealing the forehead of the dragon ... Portugal. [11]

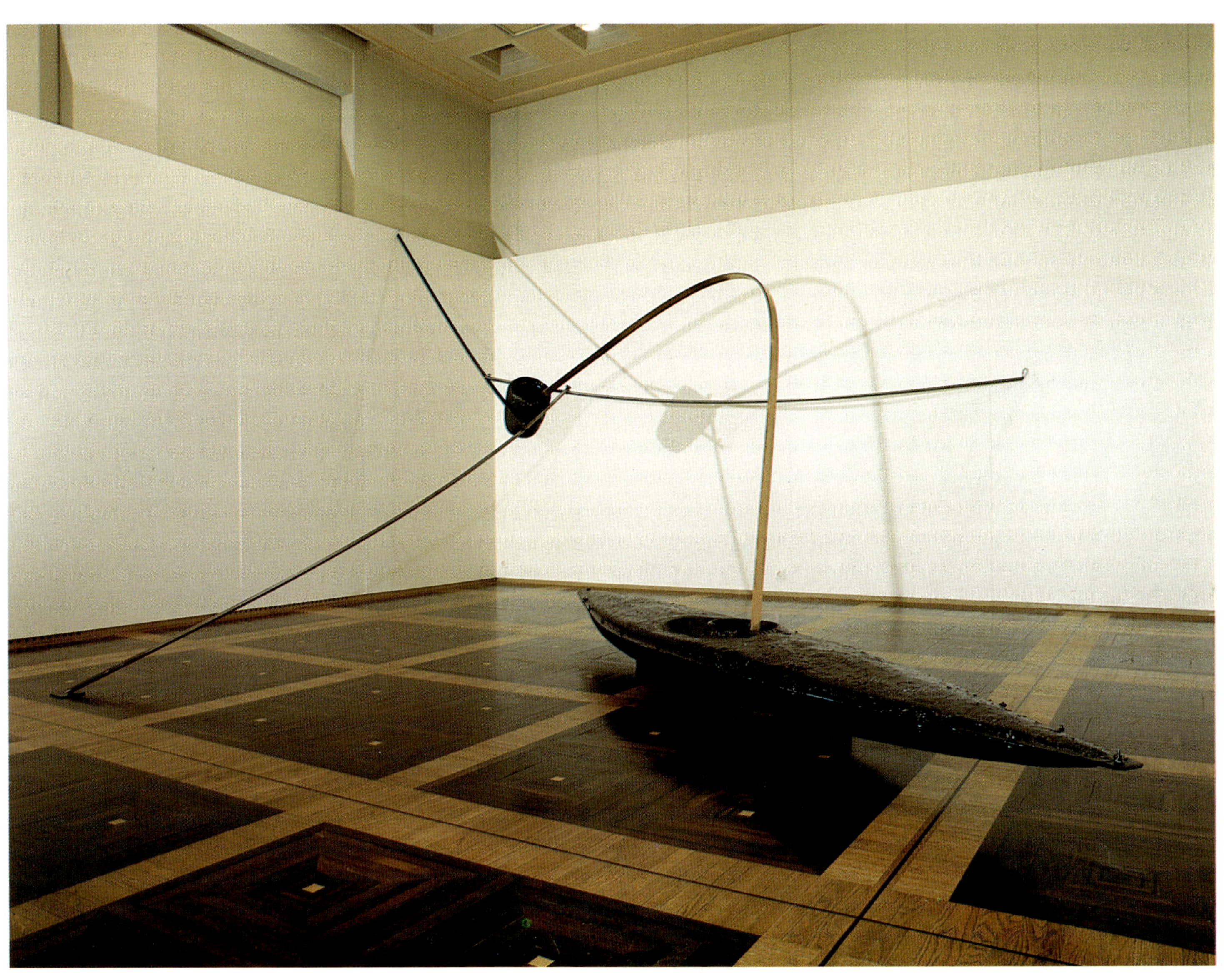

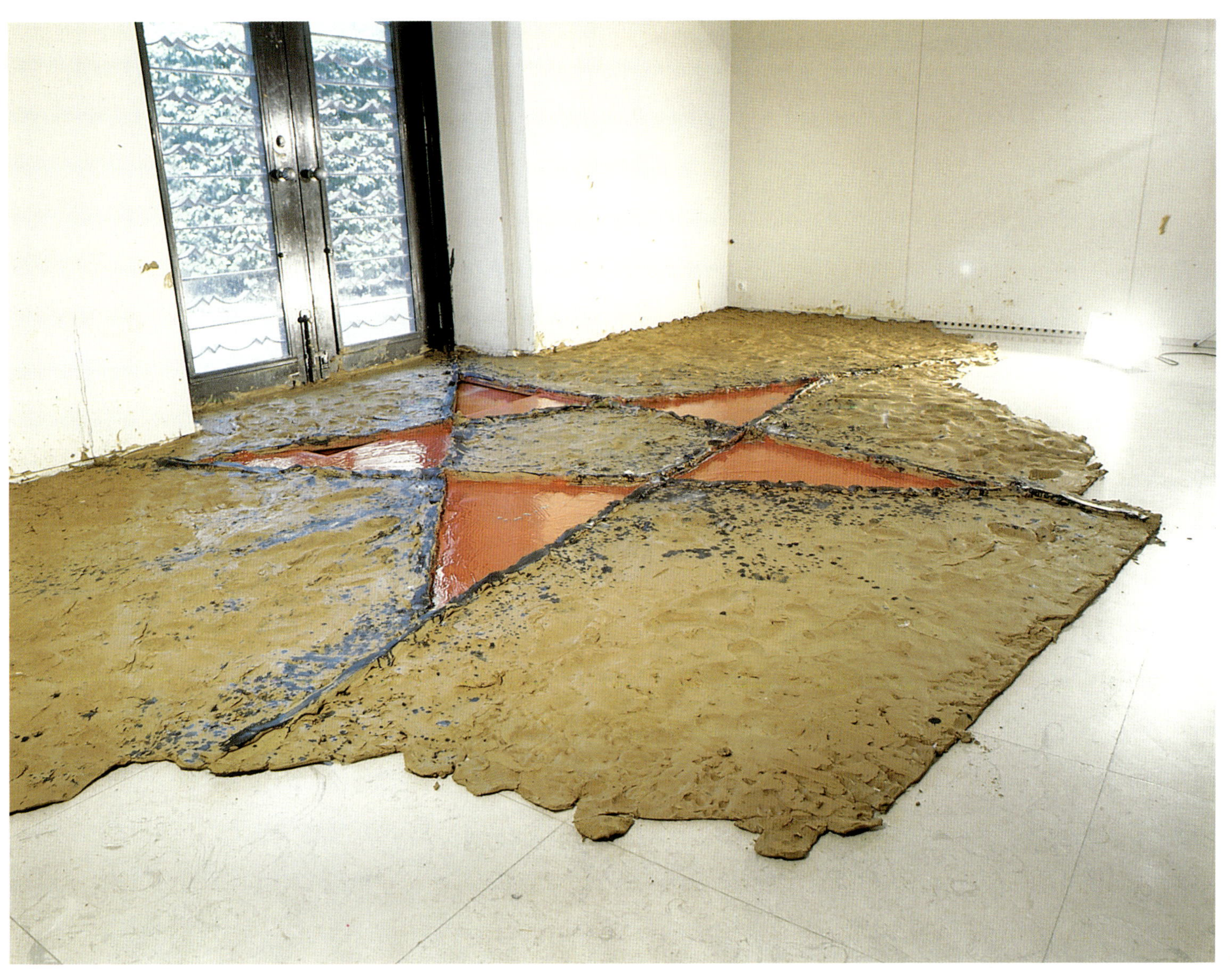

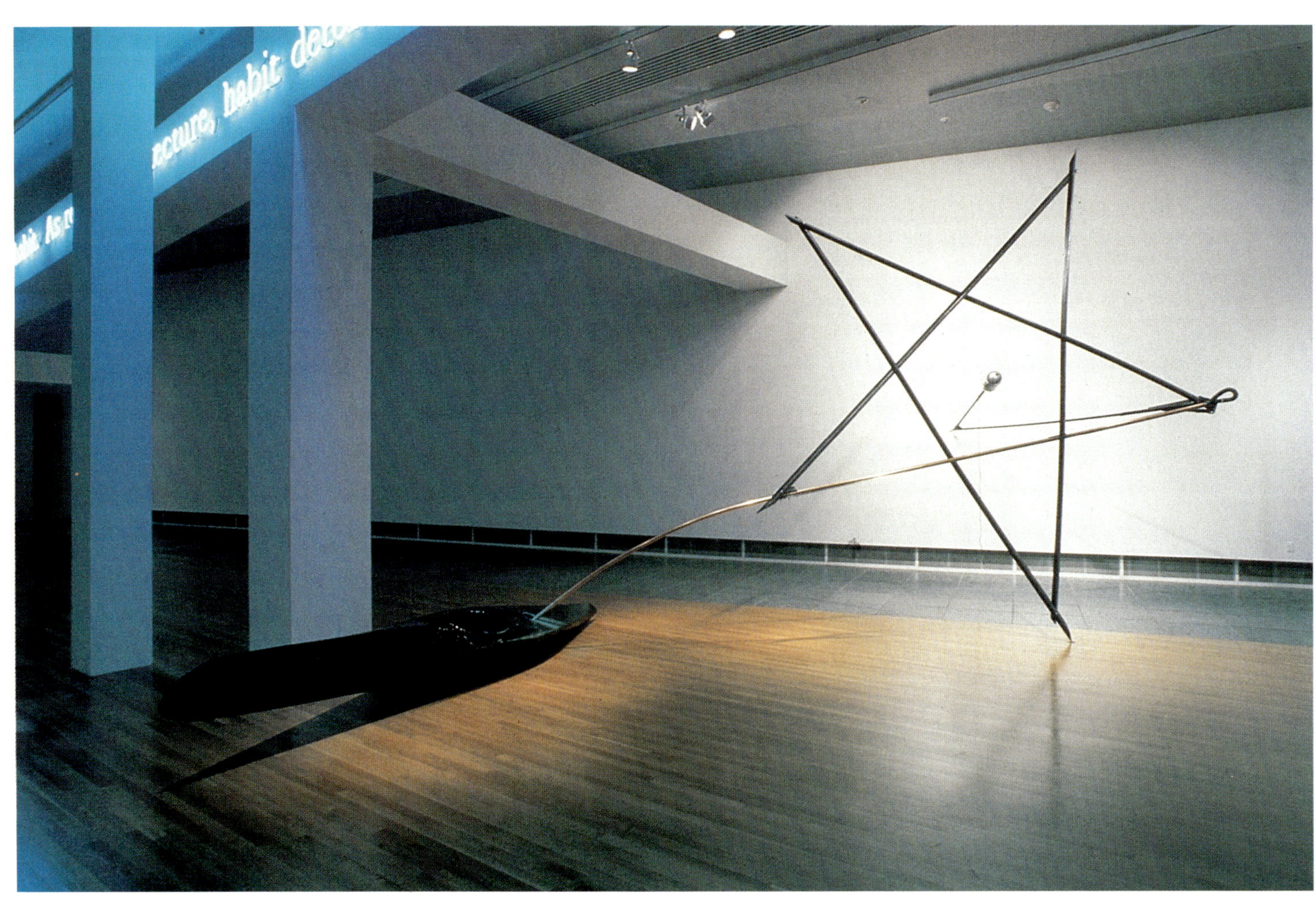

69

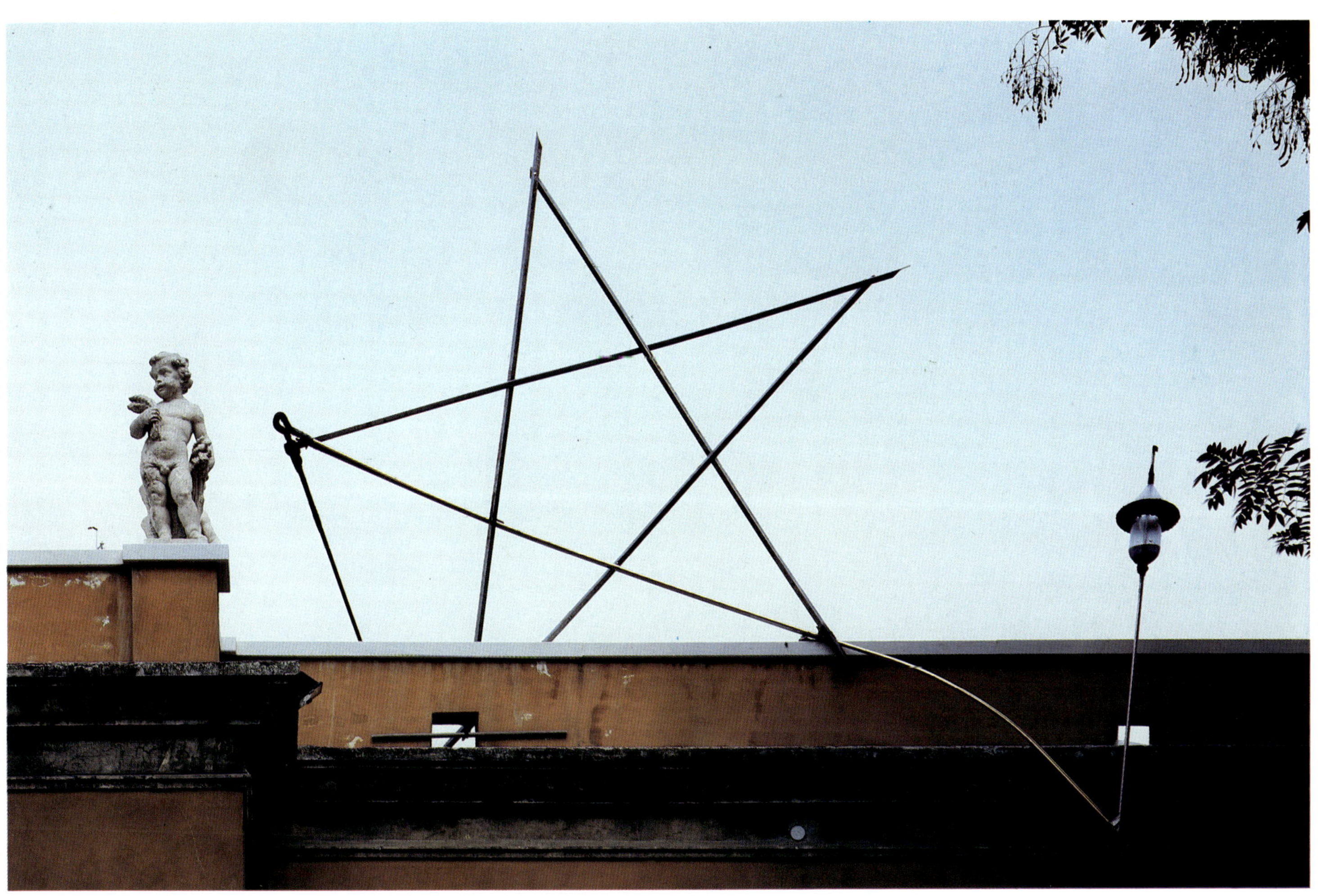

70

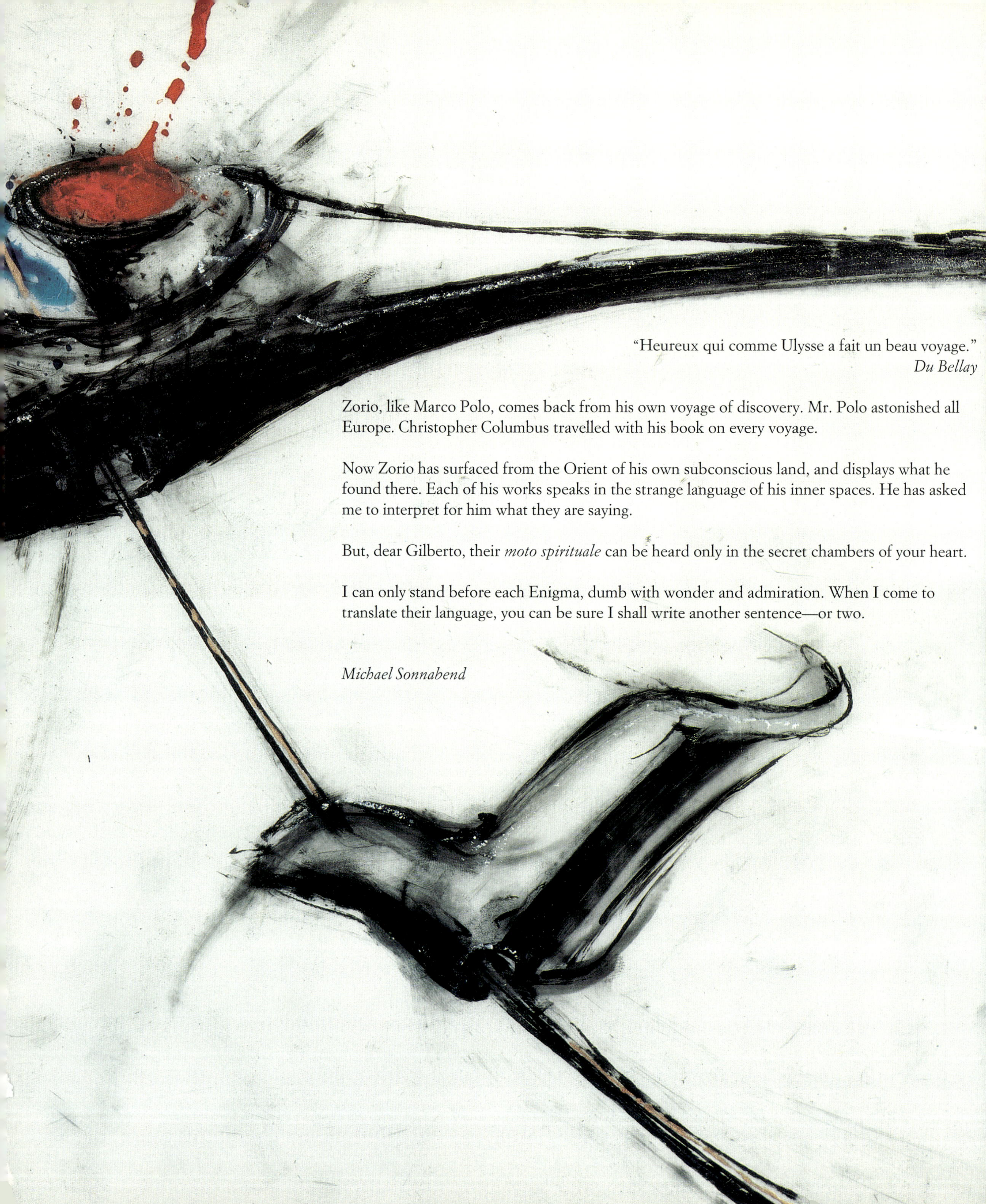

"Heureux qui comme Ulysse a fait un beau voyage."
Du Bellay

Zorio, like Marco Polo, comes back from his own voyage of discovery. Mr. Polo astonished all Europe. Christopher Columbus travelled with his book on every voyage.

Now Zorio has surfaced from the Orient of his own subconscious land, and displays what he found there. Each of his works speaks in the strange language of his inner spaces. He has asked me to interpret for him what they are saying.

But, dear Gilberto, their moto spirituale can be heard only in the secret chambers of your heart.

I can only stand before each Enigma, dumb with wonder and admiration. When I come to translate their language, you can be sure I shall write another sentence—or two.

Michael Sonnabend

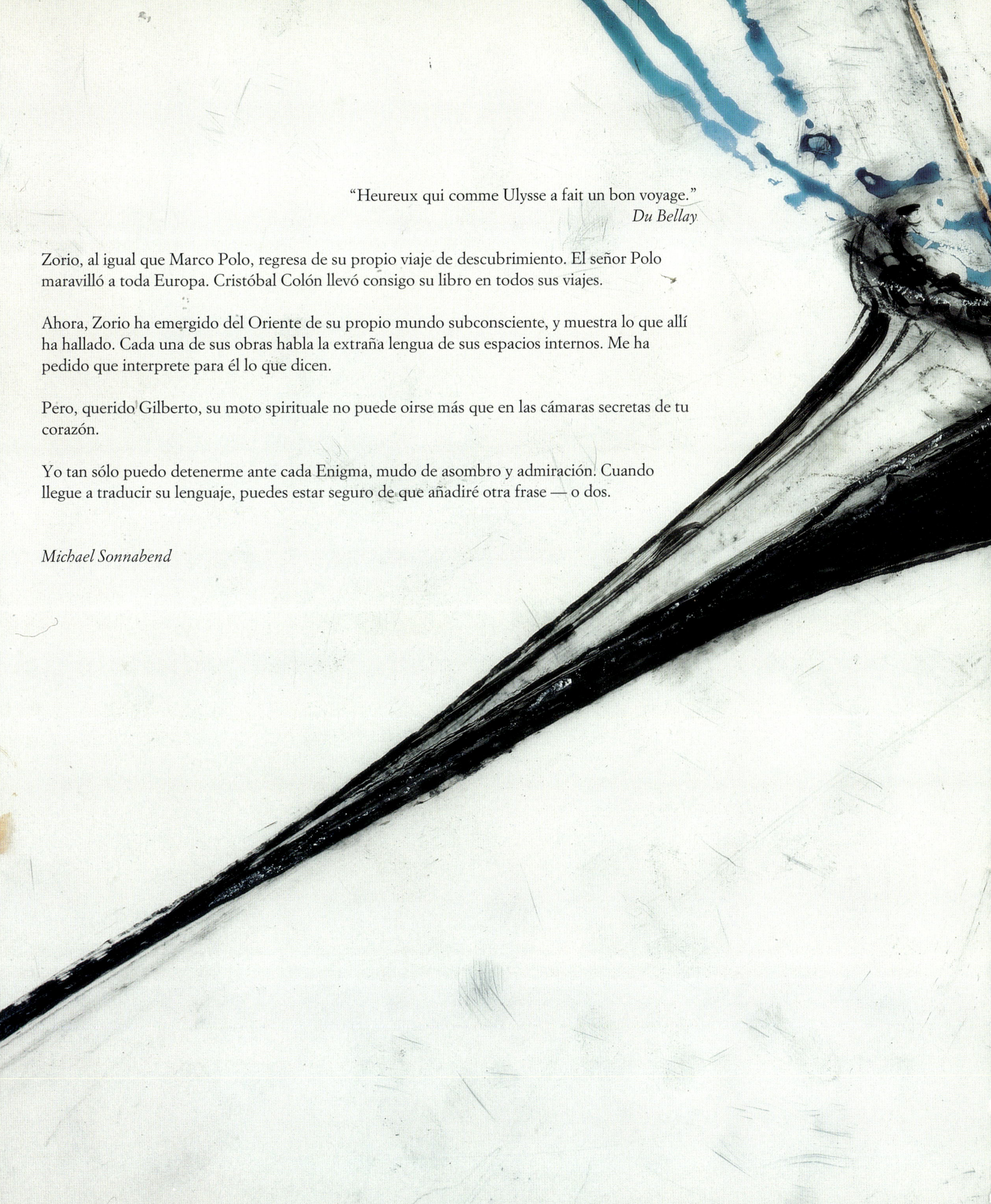

Zorio, al igual que Marco Polo, regresa de su propio viaje de descubrimiento. El señor Polo maravilló a toda Europa. Cristóbal Colón llevó consigo su libro en todos sus viajes.

Ahora, Zorio ha emergido del Oriente de su propio mundo subconsciente, y muestra lo que allí ha hallado. Cada una de sus obras habla la extraña lengua de sus espacios internos. Me ha pedido que interprete para él lo que dicen.

Pero, querido Gilberto, su *moto spirituale* no puede oirse más que en las cámaras secretas de tu corazón.

Yo tan sólo puedo detenerme ante cada Enigma, mudo de asombro y admiración. Cuando llegue a traducir su lenguaje, puedes estar seguro de que añadiré otra frase — o dos.

Michael Sonnabend

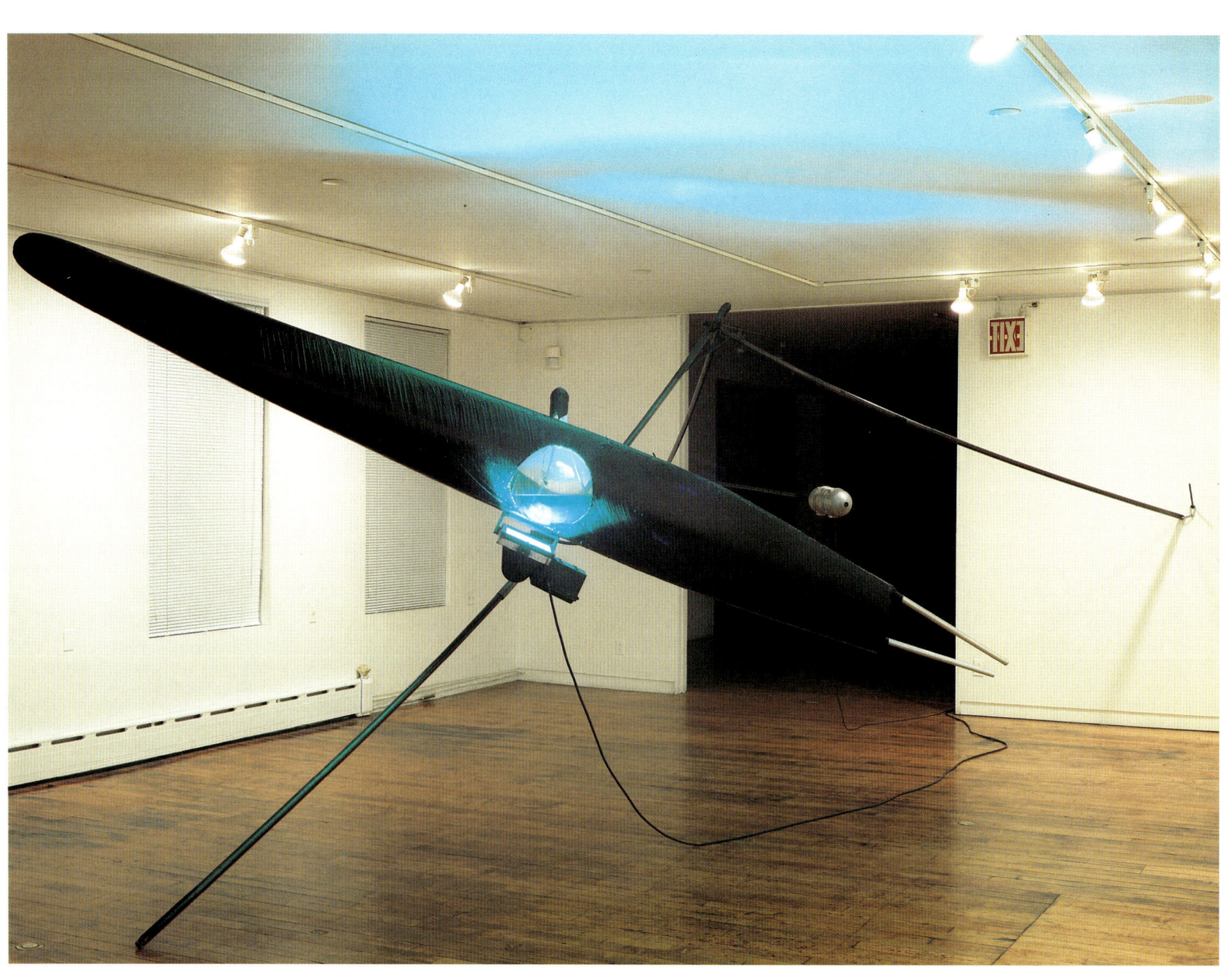

71

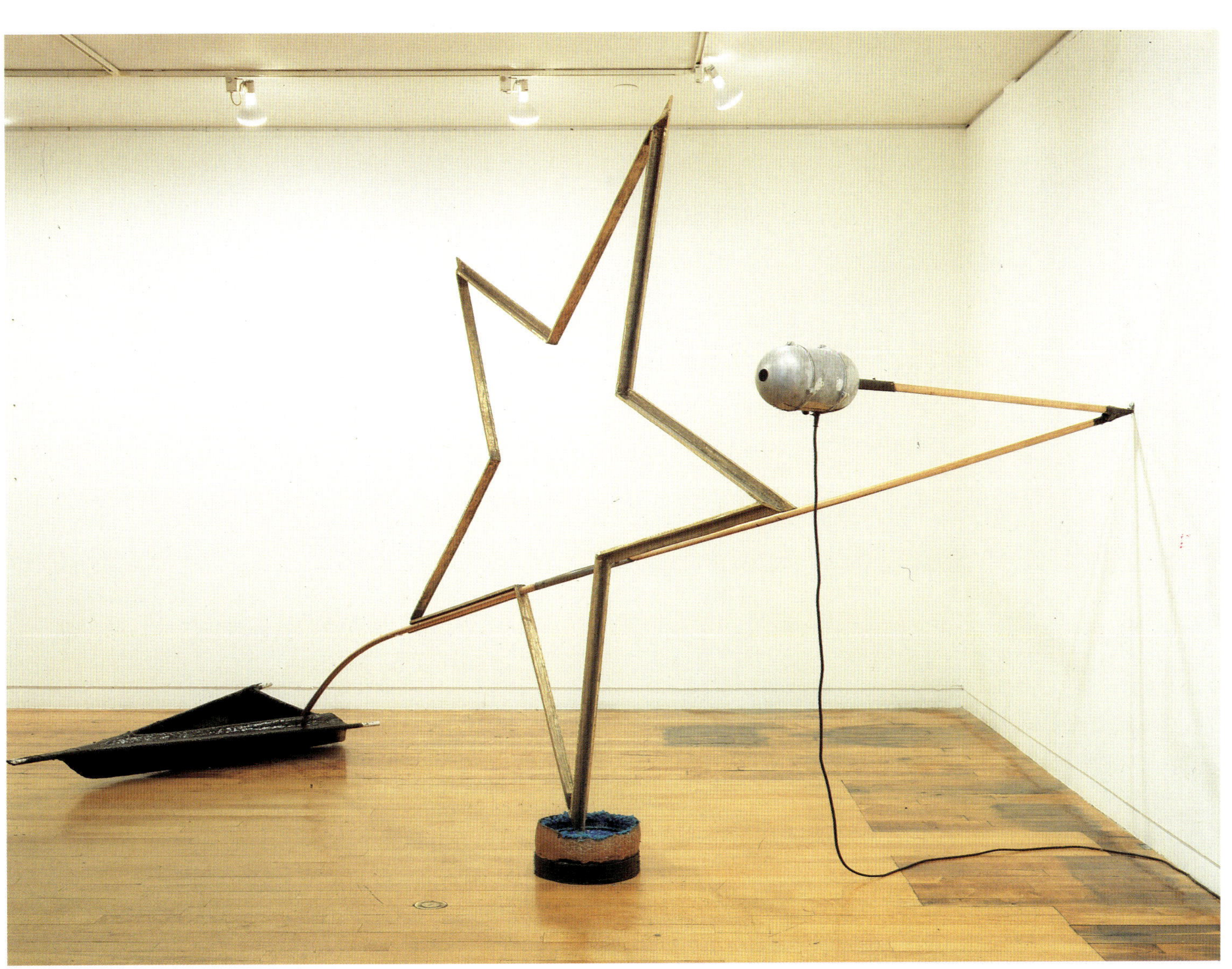

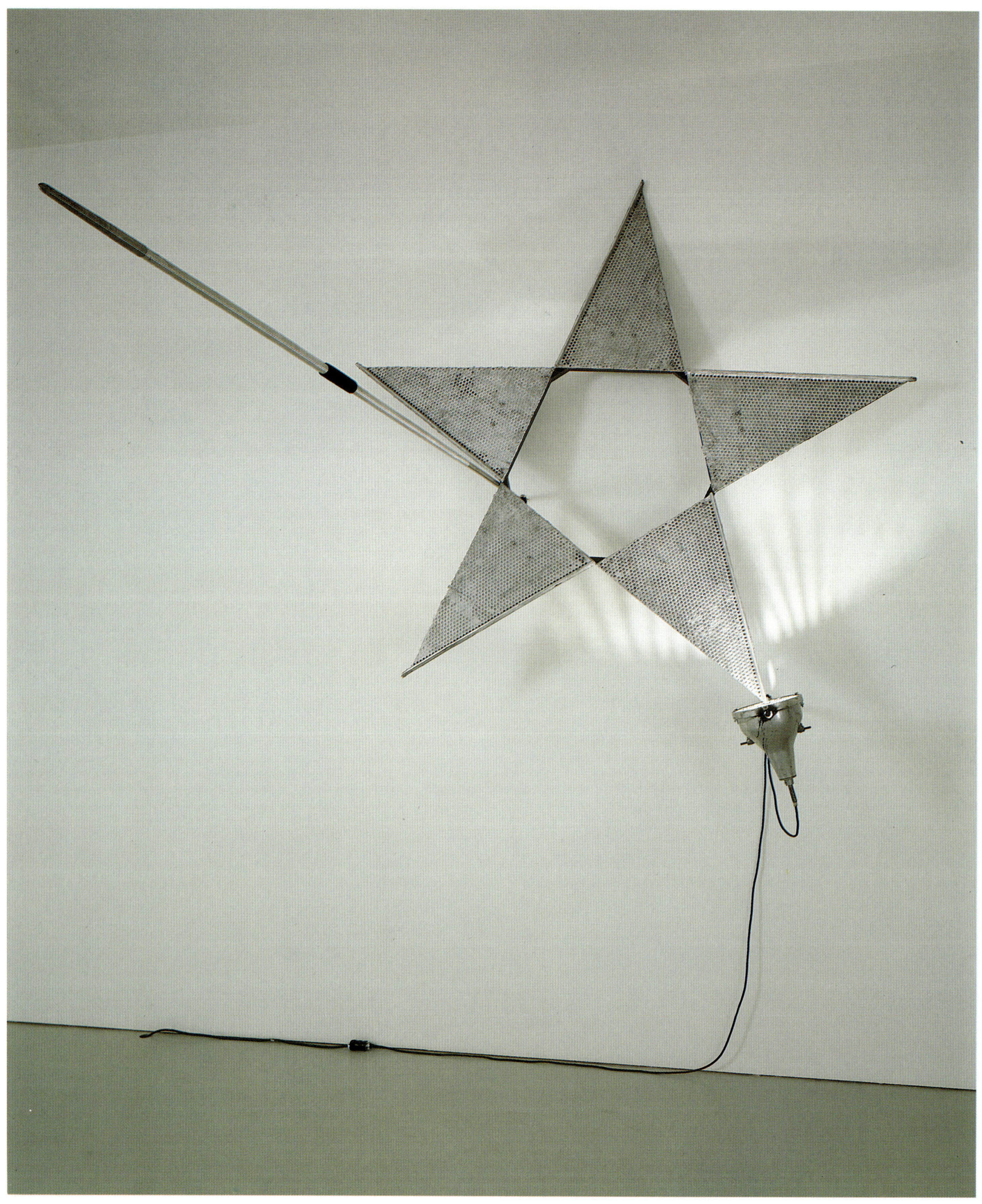

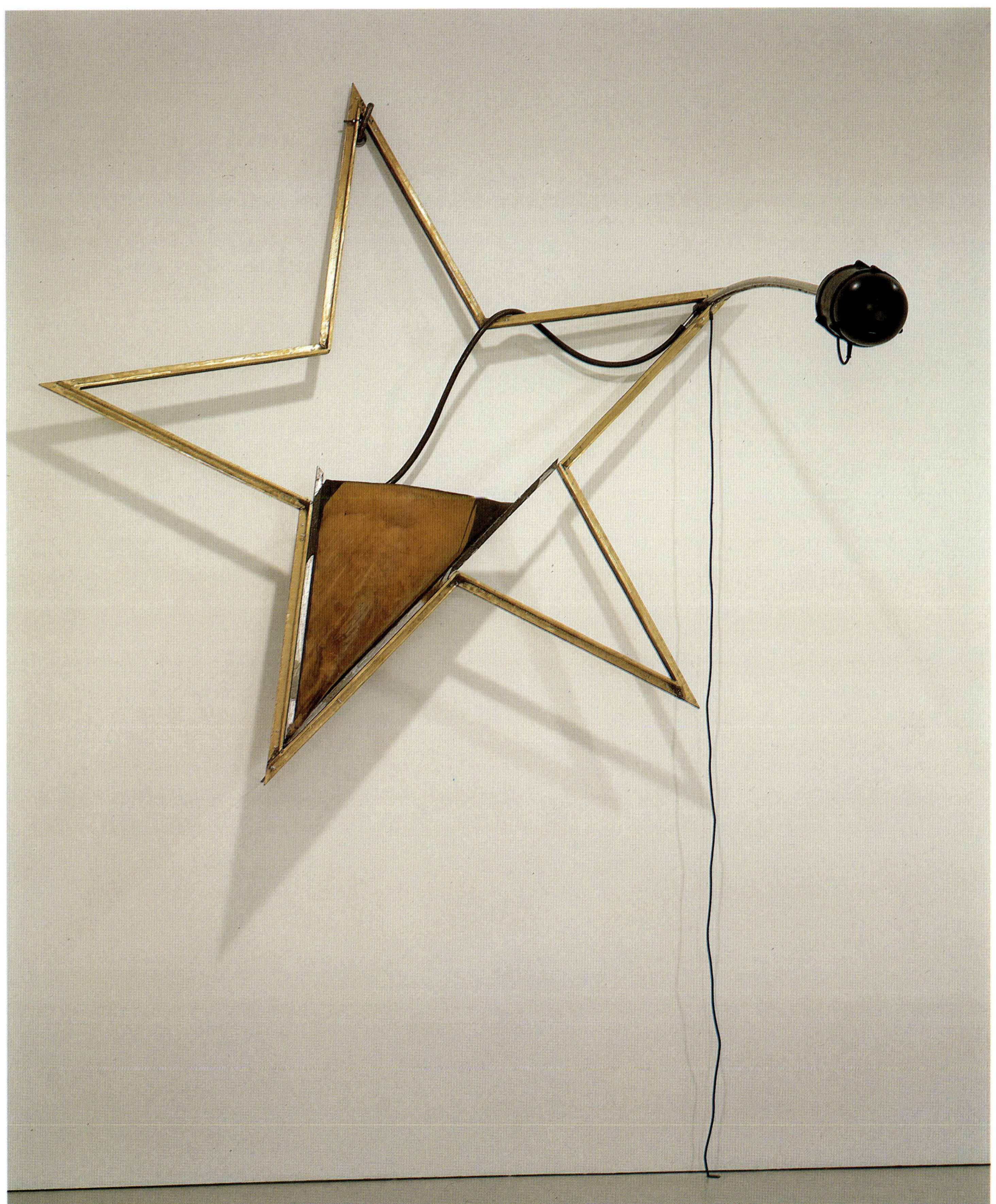

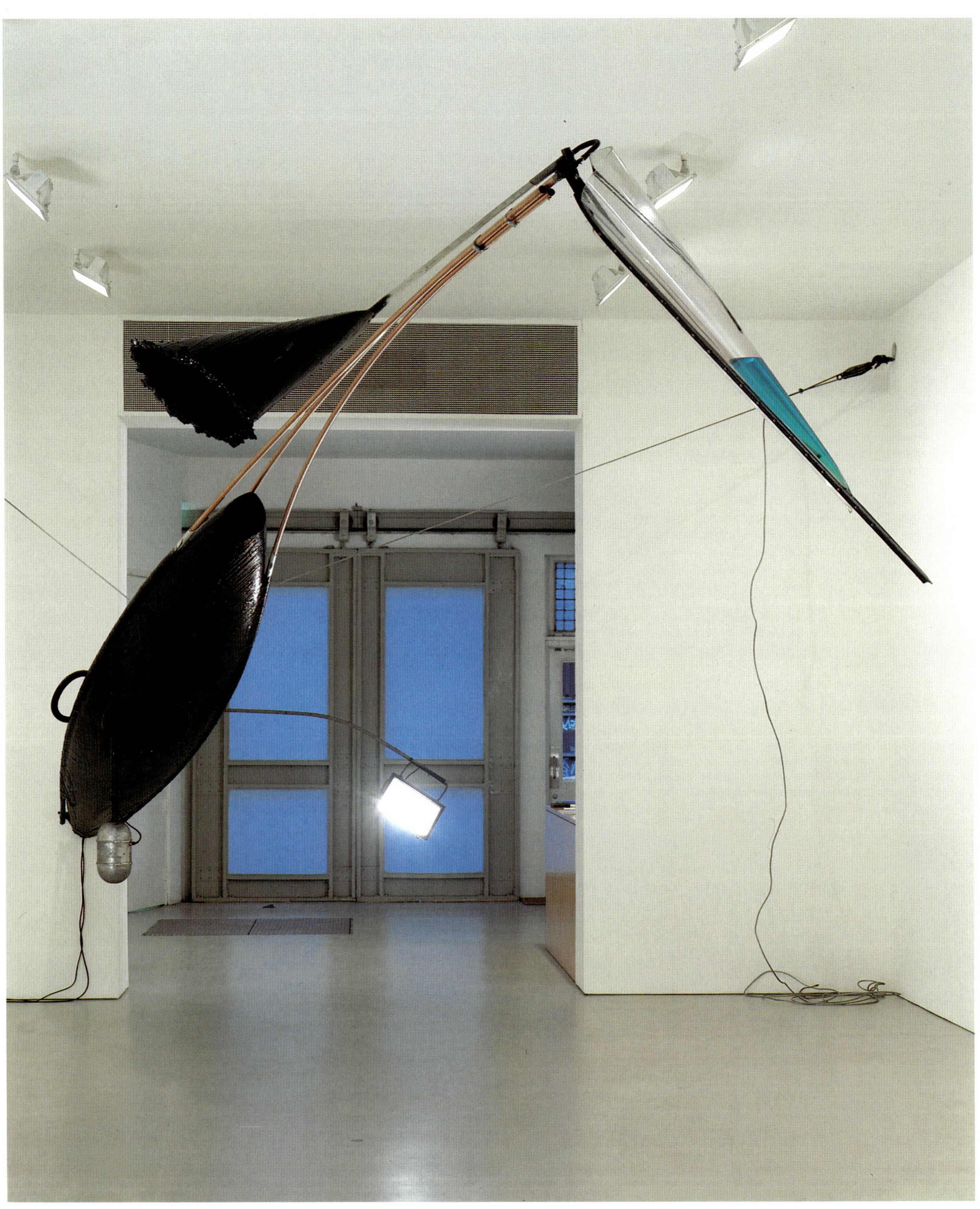

Prestaré atención, te lo prometo. Recorreré tus calzadas con dulzura; me apropiaré tus arcos, tus plazas, tus piedras, tus columnas, tus siglos, tus genialidades, tus sorpresas, tus asechanzas,…

Absorberé los secretos de tus silencios.

Te prometo la defensa de tus tesoros. Te prometo signos y sueños fecundos.

Te saciaré de arte.

Te prometo la centralidad de la estrella, la viscosa memoria de la arcilla; te prometo el aliento de los silbidos, la dura transparencia de los cristales, el lento futuro de los ácidos, la incandescencia de los deseos.

Te prometo la fatiga que sobreviene al naufragio, el desfallecimiento de la batalla vencedora, de la invención.

Te prometo llagas indoloras, te prometo lo indefinido de las formas.

Te prometo la exaltante realidad de la utopía… el revolucionario desgarro de la grandeza del arte… créeme. [12]

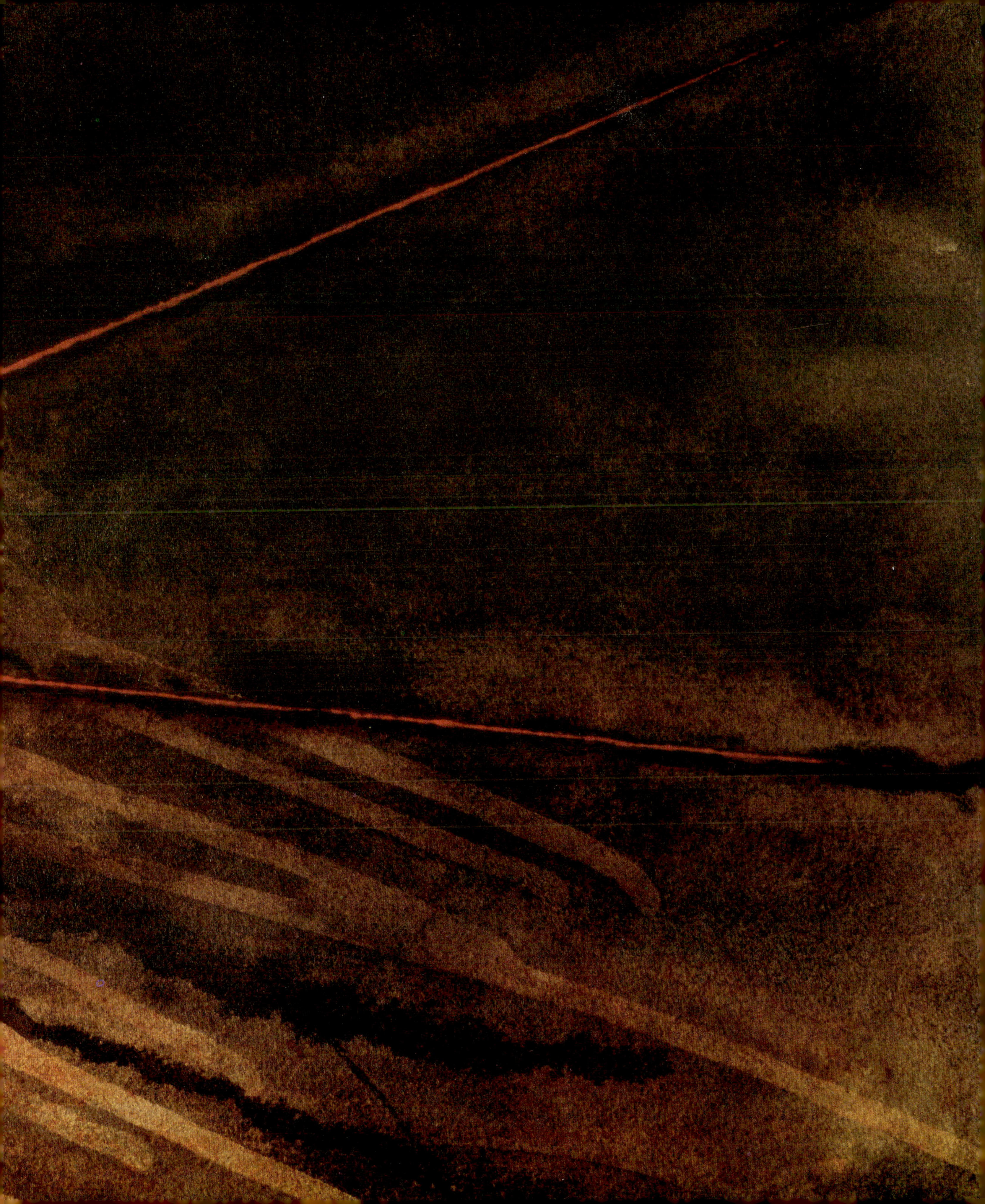

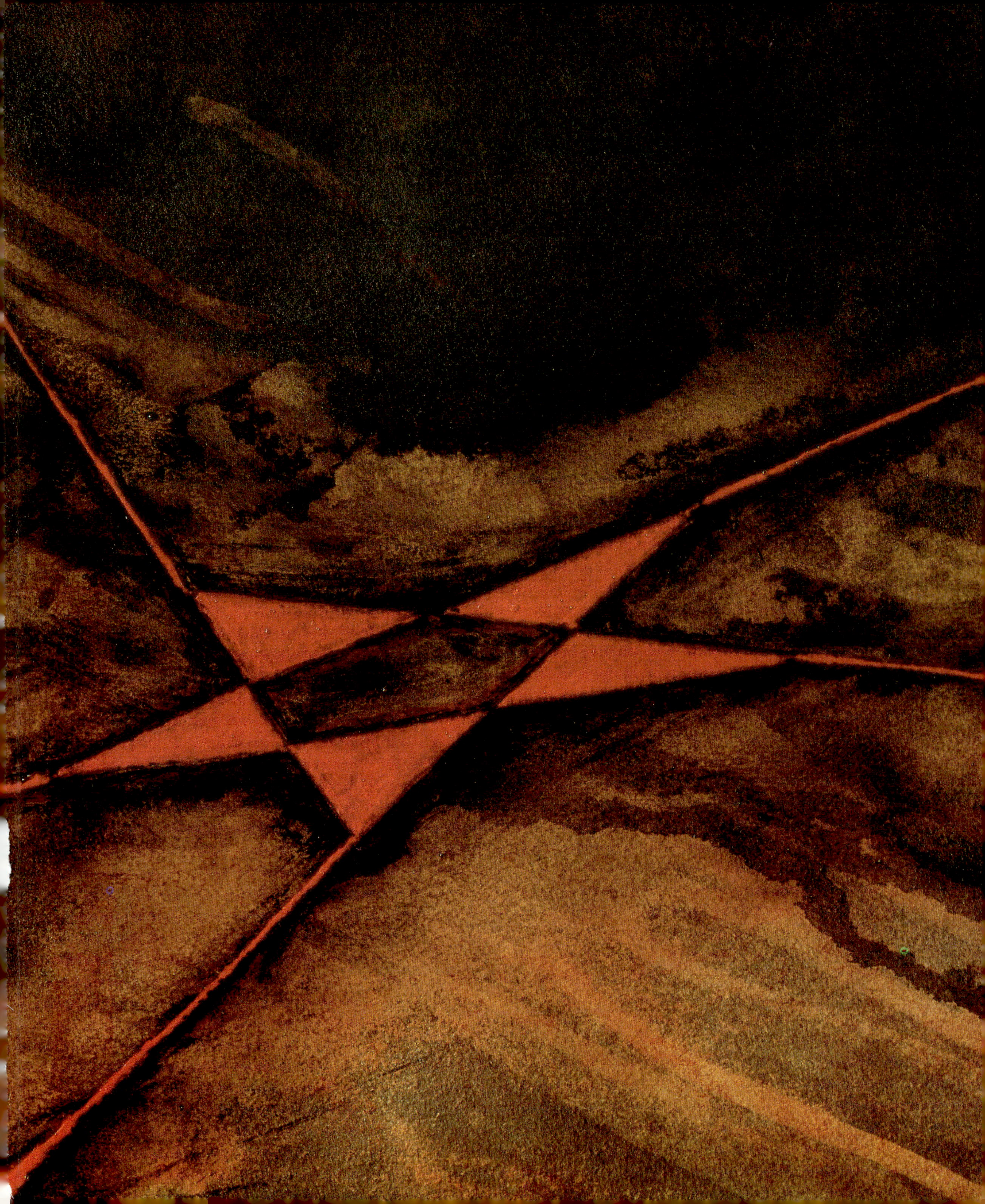

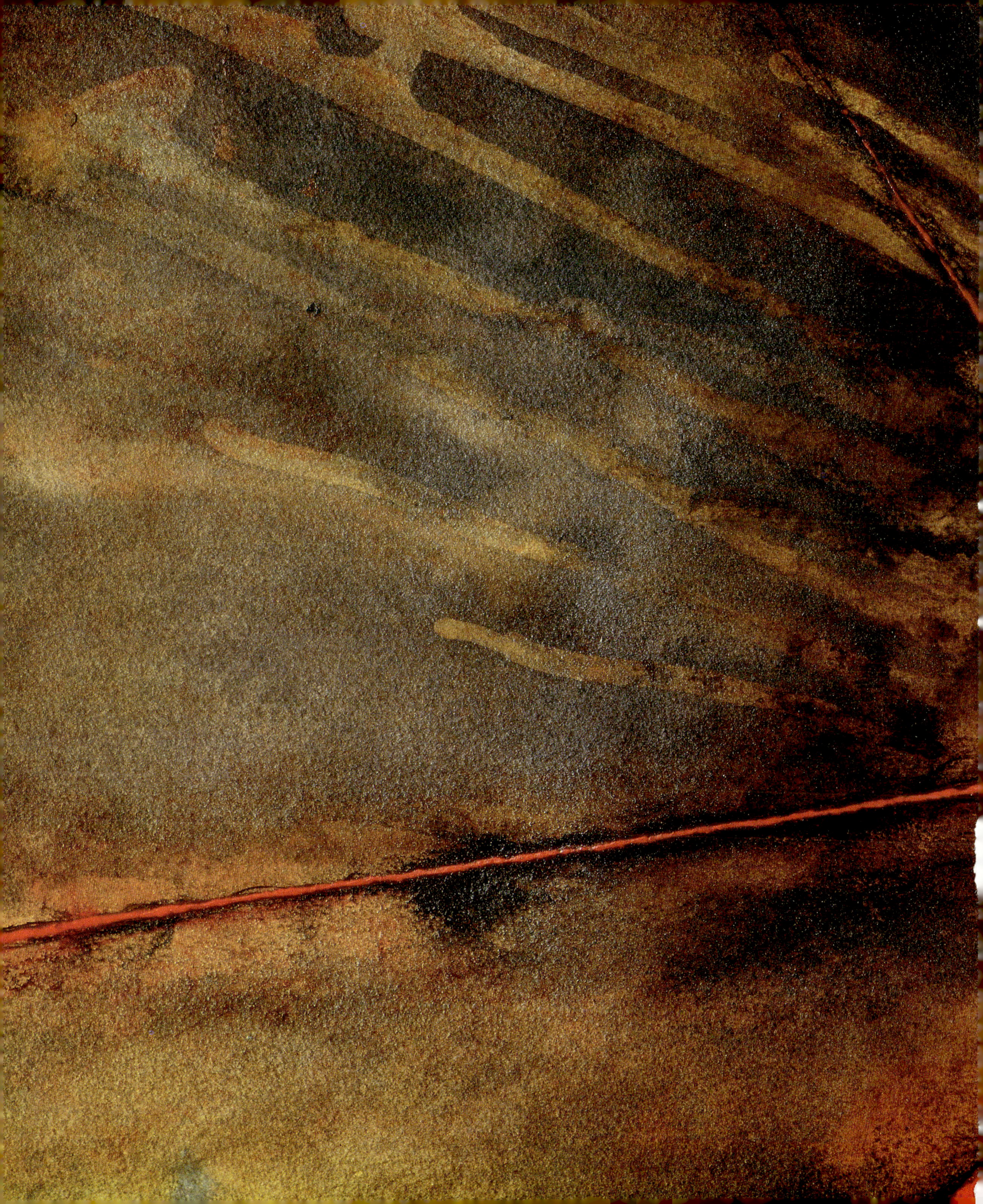

I promise, I'll be careful, I'll tread lightly over your flagstones, I'll absorb your arches, plazas, stones, columns, centuries, your sudden bursts, surprises, and traps.

I'll absorb the secrets of your silences.

I promise to defend your treasures, I promise you meaningful signs and dreams.

I'll saturate you with art.

I promise you the centrality of the star, the viscous memory of the clay, I promise you the breath of whistles, the hard transparency of crystals, the slow future of acids, the incandescence of desires.

I promise you the weariness that follows the shipwreck, the weariness of the winning battle, of invention.

I promise you painless wounds, I promise you the indefiniteness of forms.

I promise you the exalting reality of the utopia ... the revolutionary spurt of the greatness of art ... believe me. [12]

1 *Tenda* (Tienda), 1967
170 x 120 x 120 cm
Tubos dalmine, tela y agua de mar
Colección del artista

2 *Senza titolo* (Sin título), 1966
500 x 100 x 100 cm
Madera, goma y poliuretano extendido
Colección del artista

3 *Sedia* (Silla), 1966
220 x 100 x 70 cm
Tubos dalmine, cemento y poliuretano coloreado y extendido
Colección Galería Sonnabend, Nueva York

4 *Torce* (Antorchas), 1969
300 x 60 x 600 cm
Bambú, cobre, antorchas y polvo de cemento
Colección del artista

5 *Giunchi con arco voltaico* (Juncos con arco voltaico), 1969
250 x 300 cm
Bambú, arco voltaico y cobre
Colección del artista

6 *Scrittura bruciata* (Escritura quemada), 1968-1969
90 x 100 x 140 cm
Red metálica, chapa de cobre incandescente y pluma estilográfica cargada con tinta simpática
Colección del artista

7 *Odio*, 1969
Dimensiones variables
Lingote de plomo y cuerda
Colección Fondo Rivetti per l'Arte, Turín

8 *Macchia II* (Mancha II), 1968
Dimensiones variables
Goma y cuerdas
Colección The Solomon R. Guggenheim Museum, Nueva York

9 *Confine fluorescente* (Límite fluorescente), 1970
Dimensiones variables
La palabra 'Confine' escrita sobre el muro con fluoresceína visible con lámparas de Wood
Colección del artista

10 *Pugno fosforescente* (Puño fosforescente), 1971
170 x 180 cm
Cera fosforescente, dos lámparas, dos caballetes y temporizador
Colección Musée National d'Art Moderne, Centre G. Pompidou, París

11 *È utopia, la realtà, è rivelazione* (La realidad es utopía, es revelación), 1971
Dimensiones variables
Cera fosforescente, letras fluorescentes, hierro, lámparas, lámparas de Wood y temporizador
Colección del artista

12 INSTALACIÓN GALERÍA SPERONE, TURÍN, 1973
Stella incandescente (Estrella incandescente), 1973
170 x 300 cm
Cable de níquel cromo incandescente y venablo
Colección del artista
Stella incandescente (Estrella incandescente), 1973
170 x 260 cm
Cable de níquel cromo incandescente, metal y venablo
Colección Manfred Wandel, Stuttgart

Stella incandescente (Estrella incandescente), 1973
Dimensiones variables
Cable de níquel cromo incandescente, cable de acero y venablo
Colección del artista

13 INSTALACIÓN PINACOTECA COMUNALE LOGGETTA LOMBARDESCA, RAVENNA, 1982
Stella incandescente (Estrella incandescente), 1973
170 x 260 cm
Cable de níquel cromo incandescente, metal y venablo
Colección Manfred Wandel, Stuttgart
Confine incandescente (Límite incandescente), 1970
Dimensiones variables
Cable de níquel cromo incandescente
Colección Galería Sparta, Chagny

14 *Stella laser* (Estrella láser), 1975
Dimensiones variables
Láser, después de 10 interrupciones del rayo son proyectadas las últimas notas de la "Internacional"
Colección del artista

15 INSTALACIÓN GALERÍA TOSELLI, MILÁN, 1974

Evviva di giavellotti e lampade (Vítore de venablos y lámparas), 1974
260 x 300 cm
Cuatro venablos y doce lámparas
Stella di giavellotti (Estrella de venablos), 1974
280 x 280 cm
Cinco venablos
Colección Kunstmuseum, Lucerna
Evviva incandescente (Vítore incandescente), 1974
260 x 300 cm
Cable de níquel cromo incandescente
Colección del artista

16 *Per purificare le parole* (Para purificar las palabras), 1980
420 x 220 x 180 cm
Tres venablos y pyrex
Colección Galería Bernier, Atenas

17 *Acidi Antonelliana* (Ácidos Antonelliana), 1984
Dimensiones variables
Crisol, pergamino, tubos de cobre, tubos de hierro, cable de acero, halógeno, sulfato de cobre y ácido clorhídrico
Colección del artista

18 *Stella Chagny* (Estrella Chagny), 1984
360 x 360 cm
Estrella excavada en el pavimento con el soplete
Colección del artista

19 *Slitta* (Trineo), 1984
500 x 160 x 350 cm
Tubos de hierro y lámparas
Colección del artista

20 *Canoa-Squalo* (Canoa-Escualo), 1985-1986
750 x 340 x 120 cm
Canoa, goma, tubo de hierro,

terracota, halógeno y sulfato de cobre
Colección Galería Stein, Milán-Turín

21 *Canoa*, 1984
Dimensiones variables
Terracota, tubos de hierro, crisol, tubos de cobre, halógeno, sulfato de cobre y ácido clorhídrico
Galería Civica, Modena, 1985
Colección del artista

22 INSTALACIÓN P.S.1 LONG ISLAND CITY, NUEVA YORK, 1985
Per purificare le parole (Para purificar las palabras), 1980
800 x 500 cm
Cuero, bronce, barra de hierro, halógeno, tubo de hierro y alcohol
Colección Galería Sonnabend, Nueva York
Pelli con resistenza (Pieles con resistencia), 1969
Dimensiones variables
Dos pieles de vaca y resistencia eléctrica
Colección Galería Sonnabend, Nueva York

23 *Sifnos-Stromboli*, 1981
500 x 550 cm
Terracota, crisol, tubos de cobre, barra de cobre, sulfato de cobre y ácido clorhídrico
P.S.1 Long Island City, Nueva York, 1985
Colección Galería Sonnabend, Nueva York

24 INSTALACIÓN WÜRTTEMBERGISCHER KUNSTVEREIN, STUTTGART, 1985

25 INSTALACIÓN CENTRE D'ART CONTEMPORAIN, GINEBRA, 1985

26 *Per purificare le parole* (Para purificar las palabras), 1984
250 x 120 cm
Dos venablos, pyrex y alcohol
Centre d'Art Contemporain, Ginebra, 1985
Colección del artista

27 *Canoa*, 1985
Dimensiones variables
Canoa de cuero negro, crisol, tubo de cobre, hierro, sulfato de cobre y ácido clorhídrico
Centre d'Art Contemporain, Ginebra, 1985
Colección del artista

28 *Canoa*, 1985
350 x 750 cm
Canoa de cuero negro, trenza de cobre, pyrex, sulfato de cobre y ácido clorhídrico
Castello di Rivoli
Colección del artista

29 *Cerchio di terracotta* (Cerco de terracota), 1969
190 x 150 cm
Terracota, cristal y estaño
Castello di Rivoli
Colección del artista

30 *Canoa*, 1985
Dimensiones variables
Canoa, venablo y goma
Colección Musée de Kerguenec

31 *Canoa* (Canoa), 1986
Dimensiones variables
Canoa, tubo de cobre, vanablo de cobre, goma, lámpara halógena y pyrex
Kunsternernes Hus, Oslo, 1986
Colección Museum Kroller-Müller, Otterlo

32 *Senza titolo* (Sin título), 1966
450 x 220 x 220 cm
Tubos dalmine, gomaespuma, cuerda y medallones de goma

Centre G. Pompidou, París, 1986
Colección del artista

33 *Canoa*, 1984
1200 x 220 x 340 cm
Canoa (en dos partes), dos barras de cobre, pergamino, sulfato de cobre y venablo de cobre
Centre G. Pompidou, París, 1986
Colección del artista

34 INSTALACIÓN CENTRE G. POMPIDOU, PARÍS, 1986
Stella Chagny (Estrella Chagny), 1984
360 x 360 cm
Terracota negra, venablo y alcohol
Colección Galería Sparta, Chagny
Letto (Cama), 1966
220 x 220 x 40 x 70 cm
Tubos de hierro, goma y chapa de plomo
Colección Galería Durand-Dessert, París
Canoa, 1984
1200 x 220 x 340 cm
Canoa (en dos partes), dos barras de cobre, pergamino, sulfato de cobre y venablo de cobre
Colección del artista
Per purificare le parole (Para purificar las palabras), 1969
100 x 60 x 90 cm
Terracota, alcohol y lámpara
Colección Galería Sonnabend, Nueva York

35 INSTALACIÓN CENTRE G. POMPIDOU, PARÍS, 1986
Per purificare le parole (Para purificar las palabras), 1981
350 x 300 x 400 cm
Terracota, tubo de hierro, halógeno y alcohol
Colección particular, Bruselas

17 *Acidi Antonelliana,* 1984
Variable dimensions
Crucible, parchment, copper tubes, iron tubes, steel cable, halogen lamp, copper sulphate, hydrochloric acid
Collection of the artist

18 *Chagny Star,* 1984
360 x 360 cm
Star flame-cut in the floor
Collection of the artist

19 *Sled,* 1984
500 x 160 x 350 cm
Iron tubes, lamps
Collection of the artist

20 *Shark-Canoe,* 1985-1986
750 x 340 x 120 cm
Canoe, rubber, iron tube, terracotta, halogen lamp, copper sulphate
Collection Galleria Stein, Milan/Turin

21 *Canoe,* 1984
Variable dimensions
Terracotta, iron tubes, cricuble, copper tubes, halogen lamp, copper sulphate, hydrochloric acid
Galleria Civica, Modena, 1985
Collection of the artist

22 INSTALLATION, P.S. 1, LONG ISLAND CITY, NEW YORK, 1985
To Purify Words, 1980
800 x 500 cm
Leather, bronze, iron bar, halogen lamp, iron tube, alcohol
Collection Sonnabend Gallery, New York
Skins with Resister, 1969
Variable dimensions
2 skins, electric resister
Collection Sonnabend, New York

23 *Sifnos-Stromboli,* 1981
500 x 550 cm
Terracotta, crucible, iron tubes, copper bar, copper sulphate, hydrochloric acid
P.S. 1, Long Island City, New York
Collection Sonnabend Gallery, New York

24 INSTALLATION, WÜRTEMBERGISCHER KUNSTVEREIN, STUTTGART, 1985

25 INSTALLATION, CENTRE D'ART CONTEMPORAINE, GENEVA, 1985

26 *To Purify Words,* 1984
250 x 120 cm
2 javelins, pyrex, alcohol
Centre d'Art Contemporaine, Geneva, 1985
Collection of the artist

27 *Canoe,* 1985
Variable dimensions
Black leather canoe, crucible, copper tube, iron, copper sulphate, hydrochloric acid
Centre d'Art Contemporaine, Geneva, 1985
Collection of the artist

28 *Canoe,* 1985
350 x 50 cm
Black leather canoe, braided copper, pyrex, copper sulphate, hydrochloric acid
Castello di Rivoli, Rivoli
Collection of the artist

29 *Terracotta Circle,* 1969
190 x 150 cm
Circle of terracotta, glass, solder
Castello di Rivoli, Rivoli
Collection of the artist

30 *Canoe,* 1985
Variable dimensions
Canoe, javelin, rubber
Collection Musée de Kerguenec

31 *Canoe,* 1986
Variable dimensions
Canoe, copper tube, copper javelin, rubber, halogen lamp, pyrex
Kunsternernes Hus, Oslo, 1986
Collection Museum Kroller-Müller, Otterlo

32 *Untitled,* 1966
450 x 220 x 220 cm
Iron tubes, foam rubber, rope, rubber cord
Centre G. Pompidou, Paris, 1986
Collection of the artist

33 *Canoe,* 1984
1200 x 220 x 340 cm
Canoe (in 2 parts), 2 copper bars, parchment, copper sulphate, copper javelin
Centre G. Pompidou, Paris, 1986
Collection of the artist

34 INSTALLATION, CENTRE G. POMPIDOU, PARIS, 1986
Chagny Star, 1984
360 x 360 cm
Black terracotta javelin, alcohol
Collection Galerie Sparta, Chagny
Bed, 1966
220 x 220 x 40 x 70 cm
Iron tubes, rubber, lead sheet
Collection Galerie Durand-Dessert, Paris
Canoe, 1984
1200 x 220 x 340 cm
Canoe (in 2 parts), 2 copper bars, parchment, copper sulphate, copper javelin
Collection of the artist
To Purify Words, 1969
100 x 60 x 90 cm
Terracotta, alcohol, lamp
Collection Sonnabend Gallery, New York

35 INSTALLATION, CENTRE G. POMPIDOU, PARIS, 1986
To Purify Words, 1981
350 x 300 x 400 cm
Terracotta, iron tube, halogen lamp, alcohol
Private collection, Brussels
Untitled, 1968
250 x 110 x 130 cm
2 wire-mesh grids, asbestos, iron tube, gas burner
Collection of the artist

36 INSTALLATION, CENTRE G. POMPIDOU, PARIS, 1986
Lead Sheets, 1968
95 x 250 x 164 cm
2 lead sheets, copper bar, copper sulphate, hydrochloric acid
Collection of the artist
Chair, 1966
220 x 100 x 70 cm
Iron tubes, concrete, foam rubber
Collection Sonnabend Gallery, New York
To Purify Words, 1984
250 x 120 cm
Two javelins, pyrex, alcohol
Collection of the artist

37 INSTALLATION, CENTRE G. POMPIDOU, PARIS, 1986
"W" of Javelins and Lamps, 1974
260 x 300 cm
Four javelins, twelve lamps
Untitled, 1967
285 x 30 cm
Fiber-cement tube, inner tubes
Collection Galleria Stein, Milan/Turin
Star with Javelins, 1985
250 x 260 cm
Black leather star, 2 javelins
Private collection, Geneva

38 *Brancusi,* 1983
Variable dimensions
Rubber, braided copper, steel cable, alcohol, smelting ladle
The Tel Aviv Museum, 1987
Collection of the artist

Senza titolo (Sin título), 1968
250 x 110 x 130 cm
Dos redes metálicas, amianto,
tubo de hierro y lámpara de gas
Colección del artista

36 INSTALACIÓN CENTRE G.
POMPIDOU, PARÍS, 1986
Piombi (Plomos), 1968
95 x 250 x 164 cm
Dos chapas de plomo, barra de
cobre, sulfato de cobre y ácido
clorhídrico
Colección del artista
Sedia (Silla), 1966
220 x 100 x 70 cm
Tubos de hierro, cemento y
gomaespuma
Colección Galería Sonnabend,
Nueva York
Per purificare le parole (Para
purificar las palabras), 1984
250 x 120 cm
Dos venablos, pyrex y alcohol
Colección del artista

37 INSTALACIÓN CENTRE G.
POMPIDOU, PARÍS, 1986
Evviva di giavellotti e lampade
(Vítore de venablos y
lámparas), 1974
260 x 300 cm
Cuatro venablos y doce
lámparas
Colección del artista
Senza titolo (Sin título), 1967
285 x 30 cm
Tubo de eternit y cámaras de
aire
Colección Galería Stein,
Milán-Turín
Stella con giavellotti (Estrella
con venablos), 1985
250 x 260 cm
Estrella de cuero negro, y dos
venablos
Colección particular, Ginebra

38 *Brancusi*, 1983
Dimensiones variables
Goma, trenza de cobre, cable

de acero, alcohol y cucharón de
fundición
The Tel Aviv Museum, Tel
Aviv, 1987
Colección del artista

39 *Acidi* (Ácidos), 1986
Dimensiones variables
Crisol, tazón de goma, tubos de
hierro, barra d cobre, ácido
clorhídrico y sulfato de cobre
The Tel Aviv Museum, Tel
Aviv, 1987
Colección Musée d'Art et
d'Histoire, Ginebra

40 *Stella* (Estrella), 1987
Dimensiones variables
Trenza de cobre y venablo
The Tel Aviv Museum, Tel
Aviv, 1987
Colección The Tel Aviv
Museum, Tel Aviv

41 *Stella Chagny* (Estrella
Chagny), 1984
360 x 360 cm
Terracota negra, venablo y
alcohol
The Tel Aviv Museum, Tel
Aviv, 1987
Colección Galería Sparta,
Chagny

42 *Brancusi*, 1983-1989
Dimensiones variables
Caucho, tubos de cobre,
hierro, lámpara halógena,
pyrex, cobre, sulfato de cobre,
compresor y silbido
Galería Cavellini, Brescia
Colección del artista

43 *Stella* (Estrella), 1977-1987
370 x 400 x 160 cm
Cuero, acero, pyrex, sulfato de
cobre y goma
Colección del artista

44 *Slitta* (Trineo), 1987
300 x 160 x 520 cm
Acero, pyrex, agua, lámpara,

compresor y silbido
Colección Galería Stein,
Milán-Turín

45 *Canoa*, 1986
700 x 70 x 300 cm
Canoa de cuero negro, hierro,
halógeno, pyrex y sulfato de
cobre
Galería Baronian, Bruselas,
1986
Colección del artista

46 INSTALACIÓN GALERÍASPARTA,
CHAGNY, 1987
Canoa, 1987
340 x 250 x 800 cm
Canoa, hierro, pyrex,
compresor y silbido
Colección del artista
Stella (Estrella), 1987
230 x 130 cm
Hierro, compresor y silbido
Colección del artista

47 *Senza titolo* (Sin título), 1987
500 x 350 cm
Goma, hierro, compresor,
silbido y sulfato de cobre
Galería Sparta, Chagny, 1987
Colección del artista

48 *Canoa*, 1987
Dimensiones variables
Canoa de madera, goma, tubos
de hierro, compresor y silbido
Casa Aurora, Turín
Colección Fondo Rivetti per
l'Arte, Turín

49 *Acidi* (Ácidos), 1987
Dimensiones variables
Crisoles, estructura de hierro,
pyrex, compresor, silbido,
sulfato de cobre
ácido clorhídrico y agua
Stedelijk van Abbemuseum,
Eindhoven, 1987
Colección Fondo Rivetti per
l'Arte, Turín

50 *Crogiuoli* (Crisoles), 1981
500 x 500 x 300 cm
Dos crisoles, tubos de hierro,
barra de cobre, sulfato de cobre
y ácido clorhídrico
Stedelijk van Abbemuseum,
Eindhoven, 1987
Colección Galería Sparta,
Chagny

51 INSTALACIÓN STEDELIJK VAN
ABBEMUSEUM, EINDHOVEN,
1987
Canoa, 1987
Dimensiones variables
Canoa de madera, goma, tubos
de hierro, compresor y silbido
Colección Fondo Rivetti per
l'Arte, Turín
Canoa, 1985-1986
1200 x 340 x 60 cm
Canoa, tubos de cobre,
cucharón de cobre, pyrex,
halógeno y sulfato de cobre
Colección Galería Stein,
Milán-Turín

52 INSTALACIÓN GALERIA
SONNABEND, NUEVA YORK,
1988
Stella di terracotta (Estrella de
terracota), 1987
500 x 150 cm
Terracota, compresor y silbido
Colección del artista
Canoa, 1986-1988
1000 x 250 cm
Canoa de madera, cobre,
goma, sulfato de cobre,
compresor y silbido
Colección del artista

53 *Senza titolo* (Sin título), 1988
700 x 390 x 390 cm
Tubos de hierro, silla, cono de
plástico, cobre, agua,
compresor y silbido
Galería Sonnabend, Nueva
York, 1988
Colección del artista

39 *Acids,* 1986
Variable dimensions
Crucible, rubber bowl, iron tubes, copper bar, hydrochloric acid, copper sulphate
The Tel Aviv Museum, 1987
Collection Musée d'Art et d'Histoire, Geneva

40 *Star,* 1987
Variable dimensions
Braided copper, javelin
The Tel Aviv Museum, 1987
Collection of the artist

41 *Chagny Star,* 1984
360 x 360 cm
Black terracotta, javelin, alcohol
The Tel Aviv Museum, 1987
Collection Galerie Sparta, Chagny

42 *Brancusi,* 1983-1989
Variable dimensions
India rubber, copper tubes, iron, halogen lamp, pyrex, copper, copper sulphate, compressor, whistle
Galleria Cavellini, Brescia
Collection of the artist

43 *Star,* 1977-1987
370 x 400 x 160 cm
Leather, steel, pyrex, copper sulphate, rubber
Collection of the artist

44 *Sled,* 1987
300 x 160 x 520 cm
Steel, pyrex, water, lamp, compressor, whistle
Collection Galleria Stein, Milan/Turin

45 *Canoe,* 1986
700 x 70 x 300 cm
Black leather canoe, iron, halogen lamp, pyrex, copper sulphate
Galerie Baronian, Brussels, 1986
Collection of the artist

46 INSTALLATION, GALERIE SPARTA, CHAGNY, 1987
Canoe, 1987
340 x 250 x 800 cm
Canoe, iron, pyrex, compressor, whistle
Collection of the artist
Star, 1987
230 x 130 cm
Iron, compressor, whistle
Collection of the artist

47 *Untitled,* 1987
500 x 350 cm
Rubber, iron, compressor, whistle, copper sulphate
Galerie Sparta, Chagny, 1987
Collection of the artist

48 *Canoe,* 1987
Variable dimensions
Wooden canoe, rubber, iron tubes, compressor, whistle
Casa Aurora, Turin
Collection Fondo Rivetti per l'Arte, Turin

49 *Acids,* 1987
Variable dimensions
Crucibles, iron structure, pyrex, compressor, whistle, copper sulphate, hydrochloric acid, water
Stedelijk van Abbemuseum, Eindhoven, 1987
Collection Fondo Rivetti per l'Arte, Turin

50 *Crucibles,* 1981
500 x 500 x 300 cm
2 crucibles, iron tubes, copper bar, copper sulphate, hydrochloric acid
Stedelijk van Abbemuseum, Eindhoven, 1987
Collection Galerie Sparta, Chagny

51 INSTALLATION, STEDELIJK VAN ABBEMUSEUM, EINDHOVEN, 1987

Canoe, 1987
Variable dimensions
Wooden canoe, rubber, iron tubes, compressor, whistle
Collection Fondo Rivetti per l'Arte, Turin
Canoe, 1985-1986
1200 x 340 x 60 cm
Canoe, copper tubes, smelting ladle, pyrex, halogen lamp, copper sulphate
Collection Galleria Stein, Milan/Turin.

52 INSTALLATION, SONNABEND GALLERY, NEW YORK, 1988
Terracotta Star, 1987
500 x 150 cm
Terracotta, compressor, whistle
Collection of the artist
Canoe, 1986-88
1000 x 250 cm
Wooden canoe, copper, rubber, copper sulphate, compressor, whistle
Collection of the artist

53 *Untitled,* 1988
700 x 390 x 390 cm
Iron tubes, chair, plastic cone, copper, water, compressor, whistle
Sonnabend Gallery, New York, 1988
Collection of the artist

54 *Stella Marzio,* 1987
450 x 430 x 350 cm
Copper, rubber, compressor, whistle, copper sulphate, halogen lamp, steel
Collection of the artist

55 *Phosphorescent Pyrex,* 1987
690 x 350 cm
Iron tubes, pyrex, halogen lamp, phosphorus, alcohol, compressor, whistle
Palazzo Ruini, Reggio Emilia, 1988
Collection of the artist

56 *Untitled,* 1988
Variable Dimensions
Iron tubes, leather cone, chair; iron tubes, water, halogen lamp, compressor, whistle
Palazzo Ruini, Reggio Emilia, 1988
Collection of the artist.

57 *Skins with resister,* 1968-86
Variable dimensions
Two skins, electric resister
Galleria Rossana Ferri, Modena, 1988
Collection of the artist

58 *Self-Portrait,* 1972
100 x 100 cm
Skins, electric resister
Collection of the artist

59 *Canoe,* 1989
600 x 200 cm
Canoe, copper tubes, PVC sheet, copper sulphate, polyester, compressor, whistle
Galleria Cómicos, Lisbon
Collection of the artist

60 INSTALLATION, GALLERIA CHRISTIAN STEIN, MILAN, 1990
Squid, 1990
450 x 700 x 500 cm
Iron tubes, copper tube with baby-seat, lamp, compressor, leather
Galleria Stein, Milan, 1990
Collection of the artist
Dolphin, 1990
400x400x800 cm.
Iron tubes, PVC sheet, compressor, lamp, whistle
Collection of the artist
Star, 1989
250 x 250 x 300 cm
Metal star, wood, plastic, copper tube, compressor, lamp, whistle
Galleria Stein, Milan, 1990
Collection of the artist

54 *Stella Marzio* (Estrella Marzio),
1987
450 x 430 x 350 cm
Cobre, goma, compresor,
silbido, sulfato de cobre,
halógeno y acero
Colección del artista

55 *Pyrex fosforescente* (Pyrex
fosforescente), 1987
690 x 350 cm
Tubos de hierro, pyrex,
halógeno, fósforo, alcohol,
compresor y silbido
Palazzo Ruini, Reggio Emilia,
1988
Colección del artista

56 *Senza titolo* (Sin título), 1988
Dimensiones variables
Tubos de hierro, cono de
cuero, silla, agua, halógeno,
compresor y silbido
Palazzo Ruini, Reggio Emilia,
1988
Colección del artista

57 *Pelli con resistenza* (Pieles con
resistencia), 1968-1986
Dimensiones variables
Dos pieles y resistencia
eléctrica
Rossana Ferri, Modena, 1988
Colección del artista

58 *Autoritratto* (Autorretrato),
1972
100 x 100 cm
Pieles y resistencia eléctrica
Colección del artista

59 *Canoa*, 1989
600 x 200 cm
Canoa, tubos de cobre, lámina
de PVC, sulfato de cobre,
poliéster, compresor y silbido
Galería Cómicos, Lisboa
Colección del artista

60 Instalación Galería
Christian Stein, Milán, 1990

Calamaro (Calamar), 1990
450 x 700 x 500 cm
Tubos de acero, tubo de cobre
con sillín, lámpara, compresor
y cuero
Colección del artista
Delfino (Delfín), 1990
400 x 400 x 800 cm
Tubos de acero, plástico
transparente, compresor,
lámpara y silbido
Colección del artista
Stella (Estrella), 1989
250 x 250 x 300 cm
Estrella en metal, madera,
plástico, tubo de cobre,
compresor, lámpara y silbido
Colección del artista

61 *Stella* (Estrella), 1989
250 x 250 x 300 cm
Estrella en metal, madera,
plástico, tubo de cobre,
compresor, lámpara y silbido
Galería Stein, Milán, 1990
Colección del artista

62 *Calamaro* (Calamar), 1990
450 x 700 x 500 cm
Tubos de acero, tubo de cobre
con sillín, lámpara, compresor
y cuero
Galería Stein, Milán, 1990
Colección del artista

63 *Stella* (Estrella), 1989
Dimensiones variables
Cobre y tintas
Colección del artista

64 Installación Museet for
Samtidskunst, Oslo, 1990

65 *Senza titolo* (Sin título), 1989
700 x 300 x 350 cm
Lámina de PVC, cristal, tubos
de cobre, hierro, sillín, agua,
sulfato de cobre, lámpara,
poliéster, compresor y silbido
Elisabeth Kaufmann, Basilea
Colección del artista

66 *Canoa di Porto* (Canoa de
Oporto), 1990
900 x 400 cm
Canoa, tubos de cobre, hierro,
lámina de PVC, sulfato de
cobre, poliéster, compresor y
silbido
Fundaçao de Serralves, Oporto
Colección Fundaçao de
Serralves, Oporto

67 *Stromboli-Porto*, 1990
325 x 600 x 520 cm
Canoa, crisol, cobre, hierro,
poliéster, sulfato de cobre, agua
y ácidos
Fundaçao de Serralves, Oporto
Colección del artista

68 *Senza titolo* (Sin título), 1990
650 x 370 cm
Arcilla y tinta
Fundaçao de Serralves, Oporto
Colección del artista

69 *Canoa di Columbus* (Canoa de
Columbus), 1990
Dimensiones variables
Canoa en fibra de vidrio, tubos
de cobre, barre de hierro,
compresor, lámpara y silbido
Wexner Center for the Arts,
Columbus, Ohio, 1991
Colección del artista

70 *Stella Guggenheim* (Estrella
Guggenheim), 1990
355 x 501 cm
Hierro, cobre, acero
inoxidable, pyrex y caucho
Colección Peggy Guggenheim
Museum, Venecia

71 *Canoa su Piramide* (Canoa
sobre Pirámide), 1991
250 x 700 x 355 cm
Canoa en resina poliéster,
pyrex, hierro, cobre, lámpara,
agua, sulfato de cobre,
compresor y silbido
Galería Sonnabend, Nueva
York
Colección del artista

72 *Stella di bronzo* (Estrella de
bronce), 1991
230 x 630 x 305 cm
Bronce, terracota, resina
poliéster, agua, sal, sulfato de
cobre, compresor, cobre y
silbido
Galería Sonnabend, Nueva
York
Colección del artista

73 S*tella di alluminio* (Estrella de
aluminio), 1991
240 x 240 x 240 cm
Aluminio, hierro, venablo y
lámpara
Galería SteinGladstone,
Nueva York
Colección del artista

74 *Stella di bronzo* (Estrella de
bronce), 1991
240 x 240 x 240 cm
Bronce, acero, cuero,
compresor y silbido
Galería SteinGladstone,
Nueva York
Colección del artista

75 *Canoa*, 1991
700 x 240 cm
Canoa, tubos de cobre,
lámpara halógena, hierro,
plástico, sulfato de cobre,
compresor y silbido
Galería SteinGladstone,
Nueva York
Colección del artista

61 *Star,* 1989
250 x 250 x 300 cm
Metal star, wood, plastic, copper tube, compressor, lamp, whistle
Galleria Stein, Milan, 1990
Collection of the artist

62 *Squid,* 1990
450 x 700 x 500 cm
Iron tubes, copper tube with baby-seat, lamp, compressor, leather
Galleria Stein, Milan, 1990
Collection of the artist

63 *Star,* 1989
Variable dimensions
Copper, inks
Collection of the artist

64 INSTALLATION, MUSEET FORSAMTIDSKUNST, OSLO, 1990

65 *Untitled,* 1989
700 x 300 x 350 cm
PVC sheet, glass, copper tube, iron, baby-seat, water, copper sulphate, lamp, polyester, compressor, whistle
Galerie Elisabeth Kaufmann, Bascl
Collection of the artist

66 *Porto Canoe,* 1990
900 x 400 cm
Canoe, copper tubes, iron, PVC sheet, copper sulphate, polyester, compressor, whistle
Casa de Serralves, Porto
Collection Fundaçao de Serralves, Porto

67 *Stromboli-Porto,* 1990
325 x 600 x 520 cm
Canoe, crucible, copper, iron, polyester, copper sulphate, water, acids
Casa de Serralves, Porto
Collection of the artist

68 *Untitled,* 1990
650 x 370 cm
Clay, ink
Casa de Serralves, Porto
Collection of the artist

69 *Columbus Canoe,* 1990
Variable dimensions
Fiberglass canoe, copper tubes, iron rod, compressor, lamp, whistle
Wexner Center for the Arts, Columbus, Ohio, 1991
Collection of the artist

70 *Guggehneim Star,* 1990
355 x 501 cm
Iron, copper, stainless steel, pyrex, India rubber
Collection Peggy Guggenheim Museum, Venice

71 *Canoe,* 1991
250 x 700 x 355 cm
Polyester resin canoe, pyrex, iron, copper, lamp, water, copper sulphate, compressor, whistle
Sonnabend Gallery, New York
Collection of the artist

72 Bronze *star,* 1991
230 x 630 x 305 cm
Bronze, terracotta, polyester resin, water, salt, copper sulphate, copper, compressor, whistle
Sonnabend Gallery, New York
Collection of the artist

73 *Aluminum Star,* 1991
240 x 240 x 240 cm
Aluminum, iron, javelin, lamp
SteinGladstone Gallery, New York
Collection of the artist

74 *Bronze Star,* 1991
240 x 240 x 240 cm
Bronze, steel, leather, compressor, whistle
SteinGladstone Gallery, New York
Collection of the artist

75 *Canoe,* 1991
700 x 240 cm
Canoe, copper tubes, halogen lamp, iron, plastic, copper sulphate, compressor, whistle
SteinGladstone Gallery, New York

1. G. Zorio, 1980, en cat. *Gilberto Zorio*, Galería Sparta, Chagny 1984
2. G. Zorio, 1973, en cat. *Gilberto Zorio*, Kunstmuseum, Lucerna 1976
3. G. Zorio, 1976, en cat. *Gilberto Zorio*, Stedelijk Museum, Amsterdam 1979
4. G. Zorio, 1969, en Germano Celant, *Arte Povera*, Mazzotta, Milán 1969
5. G. Zorio, 1982, en cat. *Gilberto Zorio*, Galería Sparta, Chagny 1984
6. G. Zorio, 1983, en cat. *Gilberto Zorio*, Galería Sparta, Chagny 1984
7. G. Zorio, 1985, en cat. *Gilberto Zorio*; Württembergischer Kunstverein, Stuttgart 1985
8. G. Zorio, 1987, en cat. *Gilberto Zorio*, hopefulmonster ed., Firenze, 1987
9. G. Zorio, 1987-88, en cat. *Gilberto Zorio*, hopefulmonster ed., Firenze, 1988
10. G. Zorio, 1989, en cat. *Gilberto Zorio*, Galería Cómicos, Lisboa 1989
11. G. Zorio, Turín 4-6-1990, en cat. *Gilberto Zorio*, Casa de Serralves, Oporto 1990
12. G. Zorio, Octubre de 1991

INDEX OF GILBERTO ZORIO'S TEXTS

1. G. Zorio, 1980, in exhib. cat. *Gilberto Zorio*, Galerie Sparta, Chagny, 1984
2. G. Zorio, 1973, in exhib. cat. *Gilberto Zorio*, Kunstmuseum, Luzern, 1976
3. G. Zorio, 1976, in exhib. cat. *Gilberto Zorio*, Stedelijk Museum, Amsterdam , 1979
4. G. Zorio, 1969, in Germano Celant, *Arte Povera*, Mazzotta, Milan, 1969
5. G. Zorio, 1982, in exhib. cat. *Gilberto Zorio,* Galerie Sparta, Chagny, 1984
6. G. Zorio, 1983, in exhib. cat. *Gilberto Zorio*, Galerie Sparta, Chagny, 1984
7. G. Zorio, 1985, in exhib. cat. *Gilberto Zorio*, Württembergischer Kunstverein, Stuttgart, 1985
8. G. Zorio, 1987, in exhib. cat. *Gilberto Zorio,* hopefulmonster ed., Firenze, 1987
9. G. Zorio, 1987-1988, in exhib. cat. *Gilberto Zorio,* hopefulmonster ed., Firenze, 1988
10. G. Zorio, 1989, in exhib. cat. *Gilberto Zorio*, Galería Cómicos, Lisboa 1989
11. G. Zorio, Turin 4 June 1990, in exhib. cat. *Gilberto Zorio*, Casa de Serralves, Porto 1990
12. G. Zorio, October 1991

1967   Galleria Sperone, Torino.
1968   Studio Colautti, Salerno.
1969   Galleria Sperone, Torino; Galerie Sonnabend, Paris.
1970   Galleria Toselli, Milano.
1971   Galleria Flori, Firenze; Galleria Sperone, Torino; Modern Art Agency, Napoli; Incontri Internazionali d'Arte, Roma.
1973   Galleria Sperone, Torino; Galerie MTL, Bruxelles.
1974   Galleria Sperone, Roma; Galleria Toselli, Milano; Galleria Lambert, Milano; Galleria Sperone, Torino.
1975   Galleria Dell'Ariete, Milano.
1976   Nuovi Strumenti, Brescia; Kunstmuseum, Luzern; Galleria Schema, Firenze; Galleria De Ambrogi-Cavellini, Milano.
1977   Galleria Del Tritone, Biella; Studio G7, Bologna; Studio C. Manzo, Pescara.
1978   Galleria Cavellini, Brescia; Galerie Eric Fabre, Paris; Galerie Albert Baronian, Bruxelles; Galerie t'Venster, Rotterdam; Studio Grossetti, Milano; Galleria Cavellini, Milano; Galleria Annunciata, Milano; Galleria Del Tritone, Biella.
1979   Galleria Christian Stein, Torino; Jean & Karen Bernier Gallery, Athinai; Stedelijk Museum, Amsterdam; Galleria Pero, Milano; Galleria Emilio Mazzoli, Modena.
1980   Galleria De Crescenzo, Roma; Studio G7, Bologna; Galerie Albert Baronian, Bruxelles; Galerie Eric Fabre, Paris; Jean & Karen Bernier Gallery, Athinai.
1981   Galleria Salvatore Ala, Milano; Gallerie K. Meyer-Hahn, Düsseldorf; Galleria Vera Biondi, Firenze; Gallerie Rüdiger Schöttle, München; Sonnabend Gallery, New York; Gallerie Appel und Fertsch, Frankfurt; Galleria De Crescenzo, Roma.
1982   Galleria Cavellini, Brescia; Galleria Christian Stein, Torino; Loggetta Lombardesca, Pinacoteca Comunale, Ravenna.
1983   Gallerie Müller-Roth, Stuttgart; Forum Kunst, Rottweil; Gallerie Walter Storms, München; Centro D'Arte Contemporanea, Siracusa.
1984   Galerie Pietro Sparta, Chagny; Galerie Albert Baronian, Bruxelles; Galleria Plurima, Udine; Ex Ospedale Psichiatrico, Collegno, Torino.
1985   Palazzina dei Giardini, Galleria Civica, Modena; Galerie Pietro Sparta, Chagny; Württembergischer Kunstverein, Stuttgart.
1986   Galleria Christian Stein, Torino; Centre d'Art Contemporain, Genève; Gallerie Elisabeth Kaufmann, Zürich; Jean Bernier Gallery, Athinai; Biennale, Padiglione Italia, Venezia; Musée National d'Art Moderne, Centre G. Pompidou, Paris; Galerie Albert Baronian, Bruxelles; Galleria Rossana Ferri, Modena.
1987   Galleria Christian Stein, Milano; The Tel Aviv Museum, Tel Aviv; Spazio GFT, Pitti Uomo, Fortezza da Basso, Firenze; Galerie Pietro Sparta, Chagny; Gare de Limoges; Stedelijk van Abbemuseum, Eindhoven; Galleria Spazio d'Arte Alfonso Artiaco, Pozzuoli.
1988   Sonnabend Gallery, New York; Tyler School of Art, Temple University, Philadelphia; Galleria Rossana Ferri, Modena; Eventi Sorvegliati, Palazzo Ruini, Reggio Emilia; Teatro Municipale Romolo Valli, Reggio Emilia.
1989   Galeria Cómicos, Lisboa; Federazione Partito Comunista Italiano, Torino; Galerie Albert Baronian, Fiac 89, Paris; Gallerie Elisabeth Kaufmann, Basel; Galleria Piero Cavellini, Brescia; Galleria Cesarea, Genova.
1990   Galleria Stein Milano; Fundação de Serralves, Porto
1991   SteinGladstone Gallery, New York; Ivam, Instituto Valenciano de Arte Moderno, Valencia; Centro per l'Arte Contemporanea Luigi Pecci, Prato.

1967 Galleria Sperone, Torino;
Contemplazione, Galleria Christian Stein, Galleria
Il Punto, Galleria Sperone, Torino;
Arte Povera, Università di Genova.

1968 *Arte Povera*, Galleria De' Foscherari, Bologna;
9 per un percorso, Galleria Arco d'Alibert, Roma;
Arte Povera, Centro Arte Viva Feltrinelli, Trieste;
Galleria Sperone, Torino; *Prospect '68*, Städtische
Kunsthalle, Düsseldorf; *Rassegna di arti figurative: arte
povera-azioni povere*, Amalfi; *Nine at Castelli*, Leo Castelli
Warehouse, New York; *Cento opere d'arte italiana dal
futurismo ad oggi*, Praha, Stockholm, Berlin, Roma.

1969 *Op losse schroeven, situaties en cryptostructuren*, Stedelijk
Museum, Amsterdam; *When Attitudes Become Form*,
Kunsthalle, Bern; *Le due Nature*, Galleria Il Centro,
Napoli; *Verborgene Strukturen*, Museum Folkwang, Essen;
Nine young artists; Theodoron Awards, The Solomon R.
Guggenheim Museum, New York; *When Attitudes Become
Form*, I.C.A., London; Galleria Sperone, Torino.

1970 III *Biennale della giovane pittura*, Galleria d'Arte Moderna,
Bologna; *Biennale '70*, Tokyo Metropolitan Art Gallery,
Kyoto Municipal Art Museum, Aichi Prefectural Art Gallery
of Nagoya, Fukuoka Prefectural Culture House; *Processi di
pensiero visualizzati: junge italienische Avant-garde*,
Kunstmuseum, Luzern; *Conceptual art-arte povera-land art*,
Galleria Civica d'Arte Moderna, Torino; *Due decenni di
eventi artistici in Italia 1950-1970*, Palazzo Pretorio, Prato;
Vitalità del negativo nell'arte italiana 1960-1970, Palazzo
delle Esposizioni, Roma.

1971 *Arte de sistema*, Museo de Arte Moderna, Buenos Aires;
Arte Povera: 13 italienische Künstler, Kunstverein,
München; *Septième biennale et internationale des jeunes
artistes*, Parc Floral de Paris, Bois de Vincennes, Paris.

1972 *De Europa*, John Weber Gallery, New York;
Galleria Sperone, Torino; 420 *West Broadway at Spoleto
Festival*, San Nicolò, Spoleto; *Documenta V*, Museum
Fridericianum, Kassel.

1973 *Huit italiens/acht italianes*, Galerie M.T.L., Bruxelles,
Gallerie Art & Project, Amsterdam; X *Quadriennale di
Roma*, Palazzo delle Esposizioni, Roma; *An Exibition of
Italian Art*, The Arts Council of Northern Ireland Gallery,
Belfast; The David Hendricks Gallery, Dublin; *Within the
decade*, The Solomon R. Guggenheim Museum, New York.

1974 *Genos-Eros-Thanatos*, Galleria De' Foscherari, Bologna;
*Projekt '74. Kunst bleibt Kunst: Aspekte internationaler
Kunst am Anfang der 70er Jahre*, Kunsthalle, Köln.

1976 *Arte Ambiente*, Giornate del Quartiere di Porta Venezia,
Brescia; *Recent International Forms in Art*, The 1976
Biennale of Sydney, Gallery of New South Wales, Sydney.

1977 *Arte in Italia 1960-1970*, Galleria Civica d'Arte Moderna,
Torino; *Europe in the Seventies: Aspects of Recent Art*, The
Art Institute of Chicago, The Hirshhorn Museum and
Sculpture, Garden, Washington D.C., San Francisco
Museum of Modern Art, Fort Worth Art Museum,
Contemporary Art Center, Cincinnati; *Trigon*, Neue
Galerie, Graz.

1978 *Dalla natura all'arte, dall'arte alla natura*,
Biennale, Venezia.

1979 *Le Stanze*, Castello Colonna, Genazzano.

1980 *Luciano Fabro, Wolfgang Laib, Gerhard Merz, Gilberto
Zorio*, Hallen für Internationale Neue Kunst, Zürich; *Aperto
'80, Art in the Seventies*, Biennale, Venezia;
Kunst in Europa na '68, Museum Van Hedendaagse Kunst,
Gent; *Gastini, Spagnulo, Zorio*, Galerie Walter Storms,
München,Villingen.

1981 *Identité Italienne, l'art en Italie depuis 1959*, Musée National
d'Art Moderne, Centre G. Pompidou, Paris.

1982 *La sovrana inattualità*, Padiglione d'Arte Contemporanea,
Milano; *Arte Povera-Antiform*, Centre d'Art Plastique
Contemporain, Bordeaux; *Italian Art Now: an American
Perspective*, The Solomon R. Guggenheim Museum, New
York; *11 italienische Kunstler in München*,
Künstlerwerkstaeten, München; *Arte Povera*, Galleria
Munro, Hamburg; *Halle 6*, Kampnagelfabrik, Hamburg;
Vergangenheit-Gegenwart-Zukunft, Württembergischer
Kunstverein, Stuttgart; *Celle: Spazi d'Arte*, Villa Celle,
Pistoia; *Les collections du Museum Van Hedendaagse Kunst
in Gent*, Palais des Beaux-Arts, Bruxelles; *Spelt from Sibyl's
Leaves—Explorations in Italian Art*, Power Gallery,
Univ. of Sydney, Univ. Art Museum, Univ. of Queensland,
Brisbane; *Idee per la pace*, Asti; *Arte italiana 1960-1982*, Hayward
Gallery, London; *La sovrana inattualità*, Museum des XX
Jahrunderts, Wien.

1983 *Tema Celeste*, Museo Civico d'Arte Contemporanea,
Gibellina; *Giornate di lettura*, Certaldo; *Biennale 17*,
Middelheim, Antwerpen; *Adamah, La Terre*, ELAC, Lyon.
L'Informale in Italia, Galleria d'Arte Moderna, Bologna;
Sessanta 83, Villa Ponti, Varese; *Forum Skupltur 83*,
Middelbourg; *Eine Kunst Geschichte in Turin 1965-1983*,
Kunstverein, Köln; *Imago*, Galleria d'Arte , Suzzara.

1984 *Anselmo, Kounellis, Mario Merz, Marisa Merz, Paolini, Penone, Zorio*, Galleria Christian Stein, Torino; *An International Survey of Recent Painting and Sculpture*, The Museum of Modern Art, New York; *Coerenza in Coerenza, dall'arte povera al 1984*, Mole Antonelliana, Torino; *Il di segno in dialogo con la terra: Anselmo, Boetti, Gastini, Mario Merz, Marisa Merz, Zorio*, Galerie Albert Baronian, Bruxelles, Knokke-Le-Zoute; Galleria Cavellini, Brescia; *Collectie Becht*, Stedelijk Museum, Amsterdam.

1985 *Ouverture*, Castello di Rivoli, Rivoli; *Del Arte Povera a 1985*, Palacio de Cristal, Palacio de Velazquez, Madrid; *Magirus 117, Kunst in der Halle*, Ulm; *Das Selbsportrait im Zeitalter der Photographie*, Württembergischer Kunstverein, Stuttgart; *Carta*, FRAC Champagne-Ardenne, Franche-Comté, Cellier Carnot, Champagne Pommery, Reims; *Sein und Sehnsucht, 10 italienische Künstler der 60er und 70er Jahre*, Galerie der Stadt Esslinger, Villa Merkerl, Kunstverein Kassel; *On Language and Ecstasy, a Generation in Italian Art*, Alvar Aalto Museum, Jyväskylä, Taidemuseo Pori; *The Knot, Arte Povera at P.S.1*, P.S.1, Long Island City, New York.

1986 *Ooghoogte-Stedelijk van Abbemuseum 1936-1986*, Stedelijk van Abbemuseum, Eindhoven; *Chambres d'amis*, Gent; *Wunderkammer*, Biennale, Venezia; *Beuys zu Eheren*, Städtisches Museum im Lenbachhaus, München; *Qu'est-ce que la sculpture moderne?*, Musée National d'Art Moderne, Centre G. Pompidou, Paris; *Ouverture II, Castello di Rivoli*, Rivoli; *Fra usikkerhet til samlet Krapt...*, Kunstnernes Hus, Oslo; Galleria Christian Stein, Milano; *Fideliter*, Galleria Christian Stein, Torino.

1987 *Paolini, Pistoletto, Zorio*, Galleria Giorgio Persano, Torino; *Sacred Spaces*, Everson Museum of Art, Syracuse, New York; *Turin 1965-1987 de l'Arte Povera dans les collections publiques françaises*, Musée Savoisien, Chambery; Musée de L'Hospice Comptesse, Lille; Musée d'Art, La Roche sur Yon; Galleria Plurima, Udine; *Arte moderna a Torino*, Promotrice delle Belle Arti, Torino; *Du Goutet, des Couleurs, en Médoc des Chateaux pour l'art contemporaine*, Bordeaux; *A Decade of Emerging Artists: Selections from the Exxon Series*, The Solomon R. Guggenheim Museum, New York; *Ouverture, un musée d'art contemporain au Château de Rivoli*, Hall du CNAP, Paris; *Italie hors d'Italie*, Musée d'Art Contemporain, Nîmes; *Istanbul kültür ve sanat vakfi*, Saint Irene contemporary art in traditional spaces, Istambul; *Collezione Sonnabend*, Reina Sofia, Madrid.

1988 *Collezione Sonnabend, Centre d'Art Plastique Contemporain*, Bordeaux; *Rosc '88*, Royal Hospital, Dublin; *I Biennale della scultura*, Sassi di Matera; *Images & mages*, Château de St-Géry-Rabastens, Alby; *Europa oggi*, Museo d'Arte Contemporanea Luigi Pecci, Prato; *Collection du Musée van Abbe d'Eindhoven*, II, Musée des Beaux Arts de Nîmes, Nîmes; *Contemporanea*, Studio Noacco, Chieri; "Sotto le antenne il cielo", Festa dell'Unità, Pecetto. *L'art moderne à Marseille, la collection du Musée Cantini*, Musée Cantini, Marseille; *Fonds Régional d'Art Contemporain de Champagne-Ardenne*, Hôtel de la Region, Châlon sur Marne.

1989 *Italian Art in the 20th Century*, Royal Accademy of Arts, London; *Verso l'Arte Povera*, Padiglione d'Arte Contemporanea, Milano; *Materialmente, scultori degli anni ottanta*, Galleria d'Arte Moderna, Bologna; *Collezione Sonnabend*, Galleria Nazionale d'Arte Moderna, Roma; *Calzolari, Rückriem, Zorio*, Galeria Soledad Lorenzo, Madrid; *Viewpoints: postwar painting and sculpture from the Guggenheim Museum and Major Loans*, Guggenheim Museum, New York; *Hic sunt Leones*, Ex-Zoo, Torino; *Anteprima*, Villa delle Rose, Galleria Comunale d'Arte Moderna, Bologna; *Les Cent Jours d'Art Contemporain*, Centre International d'Art Contemporain, Montreal; *Verso l'Arte Povera*, ELAC, Lyon; *La Collezione Sonnabend, dalla Pop Art in poi*, Museo d'Arte Moderna e Contemporanea, Trento; *Arte Contemporanea per un museo*, Padiglione d'Arte contemporanea, Milano; *Spazio umano, Portfolio*, Galleria Persano, Torino; *Aspetti dell'arte povera*, Willy d'Huysser Gallery, Knokke-Zoute.

1990 *Terskel Threshold*, Musset for Samtidskunst, Oslo; *Je est un autre*, Galeria Cómicos, Lisboa; *Arte povera*, Galleria In Arco, Torino; *Casino fantasma*, Ex Casino, Venezia; *Pontom 90 Temse*, Temse; *Hic Sunt Leones 2*, Ex-Zoo, Torino; *Temperamenti, Contemporary Art from Italy*, Tramwayl, Glasgow; *Arte Povera*, Musée Cantini, Marseille; *Le Diaphane*, Musée des Beaux-Arts, Tourcoing.

1991 *Espace Lulay*, Liége; *Intersezioni: Arte italiana 70/90*, Mücsarnok, Budapest; *Antinomia, Artisti per una nuova cultura di pace*, Castello del Valentino, Torino; *Il lavoro e le forme*, Sala ex-Sip, Modena; *20th Century Collage*, Margo Leavin Gallery, Los Angeles; *Coll. Peggy Guggenheim 1991*, Peggy Guggenheim Foundation, Venezia; *Arte Povera 1971 und 20 Jahre Danach*, Kunstverein, München; *Group Show at Sonnabend Gallery*, Sonnabend Gallery, New York

BIBLIOGRAFÍA/BIBLIOGRAPHY

G. Celant, "Nuove tecniche d'immagine", *Casabella*, n. 319, Milano, 10/1967. G. Celant, "Poor art - arte povera", *B'T*, 11/1967. G. Celant, "Appunti per una guerriglia", *Flash Art*, n. 5, Milano, 12/1967. T. Trini, *Gilberto Zorio*, cat. Galleria Sperone, Torino, 1967. G. E. Simonetti, "Gilberto Zorio alla Galleria Sperone", *B'T*, 11/1967. "Gilberto Zorio", *Flash Art*, n. 5, Milano, 12/1967. P. Fossati, "Gilberto Zorio", *L'Unità*, Roma, 12/1967. D. Palazzoli, *Contemplazione*, cat. Galleria Stein, Galleria Il Punto, Galleria Sperone, Torino, 1967. M. Bernardi, "Avanguardia senza umanità", *La Stampa*, Torino, 9/12/1967. P. Fossati, "Lo spettacolo dei giovani", *L'Unità*, Roma, 20/12/1967. T. Trini, "La scuola di Torino", *Domus*, n. 457, Milano, 12/1967.

G. Celant, "Giovane scultura italiana", *Casabella*, n. 322, Milano, 1/1968. E. Sommer, "Prospect '68 and Kunstmarkt '68", *Art International*, vol.13, Lugano, 2/1968. G. Celant, *Arte Povera*, cat. Centro Arte viva Feltrinelli, Trieste, 1968. L. Paolozzi, "Un happening di tre giorni per la mostra più strana del mondo", Panorama, n. 105, Milano, 18/4/1968. A. Boatto, "Sei punti per Zorio", *Ricognizione cinque*, cat. Studio Colautti, Salerno, 1968. *Rassegna di arti figurative: arte povera-azioni povere*, cat. edizioni Rumma, Salerno, 1968. A. Boatto, "Nove per un percorso", *Cartabianca*, Roma, 5/1968. G. D'Agata, "Arte Povera a Bologna", *Cartabianca*, Roma, 5/1968. L. Vergine, "Nevrosi e sublimazione", *Metro*, n. 14, Venezia, 6/1968. T. Trini, "Arte povera: la natura liberata", *Pluralità*, Martinengo, 9/1968. P. Gilardi, "Primary Energy and the Microemotive Artists", *Arts Magazine* vol. 43, New York, 9/1968. "Contestazione estetica e azione politica", *Cartabianca*, Roma, 11/1968. A. Trimarco, "Ra3 arte-azioni povere ad Amalfi", *Made in*, L. Amelio Bullettin, Napoli, 11/1968. A. Trimarco, "Arte povera e azioni ad Amalfi", *Flash Art*, n. 9, Milano, 11/1968. T. Trini, "Rapporto da Amalfi", *Domus*, n. 457, Milano, 12/1968. *Cento opere d'arte italiana dal futurismo ad oggi*, cat. Galleria d'Arte Moderna, Roma 1968.

T. Trini, "Nuovo alfabeto per corpo e materia", *Domus*, n. 470, Milano, 1/1969. B. Borgeaud, "Zorio un rituel de l'an 2000", *Quinzaine*, Paris, 2/1969. A. Dragone, "Sculture con altoparlanti e lampade al neon", *Stampa sera*, Torino, 21/2/1969. G. Dorfles, "Arte concettuale o arte povera?", *Art International*, Lugano, 3/1969. *Op losse schroeven: situaties en cryptostructuren*, cat. Stedelijk Museum, Amsterdam, 1969. *When Attitudes Become Form*, cat. Kunsthalle, Bern, 1969. *When Attitudes Become Form*, cat. I.C.A., London, 1969. A. Bonito Oliva, *Le due nature*, cat. Galleria Il Centro, Napoli, 1969. G. Zorio, "L'art pauvre", *Le Quinzaine littéraire*, n. 72, Paris, 1/5/1969. F.F.S.S., "Avanguardia a Berna", *Cartabianca*, Roma, 5/1969. J. Pierre, "Les grandes vacances de l'art moderne", *L'Œil*, Paris, 5/1969. J.C. Ammann, "Live in your head-when attitudes become form", *Art International*, Lugano, 5/1969. *Verbogene strukturen*, cat. Museum Folkwang, Essen, 1969. E. F. Fry-D. Waldmann, *Nine Young Artists: Theodoron Awards*, cat. The Solomon R. Guggenheim Museum, New York, 1969. P. F. Althaus, "Wenn Attitüden Form werden", *Kunst Nachrichten*, Heft 9, 6/1969. G. Celant, "La natura è insorta", *Casabella*, n. 339-340, Milano, 8/1969. T. Trini, "Trilogia del creator prodigio", *Domus*, n. 478, Milano, 9/1969. E. Wasserman, "Theodoron Awards", *Artforum* vol. 8, New York, 9/1969. "Gäste im Garten", *Der Spiegel*, n. 21, 1969.

R. Barilli-T. Trini, *III biennale della giovane pittura*, cat. Galleria d'Arte Moderna, Bologna, 1970. D. Buzzati, "Ecco l'arte povera", *Corriere della Sera*, Milano, 9/2/1970. M. Mc. Nay, "Arte povera", *Design*, n. 254, London, 2/1970. G. Ruggeri, "Biennale dell'arte povera", *Il Resto del Carlino*, Bologna, 7/2/1970. M. De Micheli, "Gennaio 70: terza biennale della giovane pittura a Bologna, candidi naturisti e apprendisti stregoni", *L'Unità*, Roma, 25/2/1970. A. Del Guercio, "Il dilemma dei giovani", *Rinascita*, n. 10, Roma, 6/3/1970. M. Calvesi, "Schermi TV al posto dei quadri", *L'Espresso*, n. 11, Milano, 15/3/1970. A. Bonito Oliva, "Le chiffre de l'homme", *Opus International*, n. 16, 3/1970. G. Celant, "48 page exibition", *Studio*, n. 180, London, 7/1970. *Processi di pensiero visualizzati: junge italienische avangardie*, cat. Kunstmuseum Luzern, 1970. *Conceptual art-arte povera-land art*, cat. Galleria Civica d'Arte Moderna, Torino, 1970. J. C. Ammann, "Zeit, Raum, Wachstum, Prozesse", *Du*, heft 8, Zürich, 8/1970. M. De Cesco, "Le opere qua-qua", *Panorama*, n. 236, Milano, 22/10/1970. *Due decenni di eventi artistici Italia 1950-1970*, cat. Palazzo Pretorio, Prato, 1970. *Biennale 70*, cat. Tokyo Metropolitan Art Gallery, 1970. M. Bandini, "Conceptual art, Arte povera, Land art", *Nac*, n. 1, Bari, 1970. *Vitalità del negativo dell'arte italiana 1960-1970*, cat. Palazzo delle Esposizioni, Roma, 12/1970.

A. Henze, "Vitalità del negativo nell'arte italiana 1961-1970", *Das Kunstwerk*, n. 2, 14/3/1971. G. Dorfles, "Una mostra romana: vitalità del negativo nell'arte italiana", *Art International*, vol. 15, 4/1971. T. Trini, "Arte povera, land art, conceptual art: l'opera sparita e diffusa", *Arte Illustrata*, Milano, 1971. G. Celant, *Arte povera: 13 italienische künstler*, cat. Kunstverein, München, 1971. A. Bonito Oliva, *Septième Biennale de Paris: manifestation biennale et internationale des jeunes artistes*, cat. Parc Floral de Paris, Bois de Vincennes, Paris, 1971. R. Barilli, *Dall'oggetto al comportamento - la ricerca artistica 1960-1970*, Roma, 1971. J. Glusberg, *Arte de sistema*, cat. Museo de Arte Moderno de la Ciutad de Buenos Aires, 1971. L. Vergine, "Arte come difesa", *L'uomo e l'arte*, n. 7, Milano, 12/1971.

J. De Sanna, "Gilberto Zorio: corpo di energia", *Data*, vol. 2, Milano, 4/1971. *De Europa*, cat. J. Weber Gallery, New York, 1972. *Documenta V*,

cat. Museum Fridericianum, Kassel, 1972. G. CELANT, *Precronistoria 1960-1969*, ed. Centro Di, Firenze, 1972. T. TRINI, "Multiples in Italy", *Studio International*, London, 9/1972. T. TRINI, "The Sixties in Italy", *Studio International*, London, 11/1972.

X Quadriennale di Roma, cat. Palazzo delle Esposizioni, Roma, 1973. M. BANDINI, "Inserto Torino 1960-1973", *Nac*, n. 3, ed. Dedalo, Bari, 3/1973. T. TRINI, "Anselmo, Penone, Zorio e le nuove fonti d'energia per il deserto dell'arte", *Data*, n. 9, Milano, 1973. *An Exibition of Italian Art*, cat. Arts Council of Northern Ireland Gallery, Belfast, 1973.

A. BOATTO, *Genos-Eros-Thanatos*, cat. Galleria De' Foscherari, Bologna, 1974. *Within the decade*, cat. The Solomon R. Guggenheim Museum, New York, 1974. *Projekt '74, kunst bleibt Kunst: aspekte internationale Kunst am anfang der 70er Jahre*, cat. Kunsthalle, Köln, 1974. "Gilberto Zorio", *Le muse*, vol. XIII, Ist. De Agostini, Novara, 1974.

G. ZORIO, *Extra*, n. 5, Köln, 7/1975.

A. BONITO OLIVA, "Process, Concept and Behavior in Italian Art", *Studio International*, n. 161, London, 1/2/1976. J.C. AMMANN-U. CASTAGNOTTO-W. LIPPERT, *Gilberto Zorio*, cat. Kunstmuseum, Luzern. T. KNEUBUHLER, "Zorio und Odermatt im Luzerner Kunsthaus", *Vaterland*, 12/5/1976. K. BUHLMANN, "Das aggressive lauert gebannt in den eisentieren", *Luzerner Neueste Nachrichten*, Luzern, 11/5/1976. "Der mythos des urtumlichen", *Luzerner Tagblatt*, Luzern, 12/5/1976. "Zur neuen ausstellung im Kunstmuseum Luzern", *Seethaler Bote*, Hochdorf, 14/5/1976. "Manchmal traume Ich...- Gilberto Zorio im Kunstmuseum Luzern", *Neue Zurcher Zeitung*, 28/5/1976. "Eisen und energie", *Der Bund*, Bern, 9/6/1976. P. KILLER, "Zorio und Odermatt: zwischen aggressivität und zerbrechlichkeit", *Tages-Anzeigen*, 11/6/1976. P. BURRI, "Energie wird greifbar", *National Zeitung*, Bern, 12/6/1976. M. BANDINI, *Arte Ambiente*, cat. Giornate del Quartiere di Porta Venezia, Brescia, 1976. *Recent International Forms in Art*, cat. The 1976 Biennale of Sydney at the Gallery of New South Wales, 1976. M. BANDINI, "La stella di Zorio", *Data*, n. 24, Milano, 12/1976. A. BONITO OLIVA, *Europa/America*, Deco Press, Milano, 1976.

R. DAOLIO, "Energia in forma di stella", *G7 Studio*, vol. II, n. 10, Bologna, 3/1977. *Arte in Italia 1960-1977*, cat. Galleria Civica d'Arte Moderna, Torino, 1977. *Europe in the Seventies: Aspects of Recent Art*, cat. The Art Institute of Chicago, 1977. W. BOGARD, "Chicago Arte in Europa", *Spazio Alternativo*, n. 6, Biella, 11/1977.

J. VAN DER MARCK, "Inside Europe outside Europe", *Artforum*, vol. 16, New York, 1/1978. G. ZORIO, "Gilberto Zorio", *Data*, n. 32, Milano, 1978. *Dalla natura all'arte, dall'arte alla natura*, cat. Biennale di Venezia, 1978.

DAMAINO, "Visitiamo la Biennale", *Casa Amica*, n. 40, Milano, 9/1978. M. CALVESI, *Avanguardia di massa*, Feltrinelli editore, Milano, 1978. G. RISSO, "Gilberto Zorio, energia, ricerca e somiglianza", *Stampa sera*, Torino, 16/11/1978.

G.S. BRIZIO, "Le 'convergenze parallele' tra materiale e immateriale", *Avanti*, Roma, 23/2/1979. A. DRAGONE, "Gli 'occhi stellari' di Zorio", *La Stampa*, Torino, 6/3/1979. J.C. AMMANN, *Gilberto Zorio*, cat. Stedelijk Museum, Amsterdam, 1979. L. VAN GINNEKEN, "Expositie in Stedelijk. Zorio", *De Volkskrant*, Amsterdam, 3/4/1979. G. VAN TUYL, "Dramatische sterrenregen in het Stedelijk. Sculpturen van Gilberto Zorio", Kijken, Amsterdam, 21/4/1979. E. WINGEN, "Zorio ziet sterretjes", *De Telegraaf*, Amsterdam, 27/4/1979. W. BARTER, "Ster en speer", *RN Dippel financielle Dagbl.*, Amsterdam, 27/4/1979. B. GARREL, "Gilberto Zorio", *NRC Handelsblad*, Amsterdam, 4/5/1979. D. WELLING, "Een maker en een denker in het Stedelijk", *Daagsche Conrant*, Amsterdam, 4/5/1979. F. KEERS, "Gilberto Zorio", *Kunstbeeld*, n. 8, 5/1979. A. BONITO OLIVA, *Le stanze*, cat. Castello Colonna, Genazzano, 1979.

L. ROGOZINSKI, "Gilberto Zorio", *G7 Studio*, vol. 5, n. 3, Bologna, 3/1980. C. FERRARI, "Le stanze del castello", *Domus*, n. 604, Milano, 3/1980. L. CHERUBINI, "The rooms: Castello Colonna-Genazzano", *Flash Art*, n. 95-96, Milano, 3/1980. R. G. LAMBARELLI, "Gilberto Zorio", *Segno*, Pescara, n. 15, 3/1980. *Fabro, Laib, G. Merz, Zorio*, cat. Halle für Internationale Neue Kunst, Zürich, 1980. G. RISSO, "L'acido della verità, incontro con l'artista: Gilberto Zorio", *Gazzetta del Popolo*, Torino, 21/5/1980. *La Biennale di Venezia: Aperto '80 Art in the Seventies*, cat. Venezia, 1980. J. HOET-G. CELANT, *Kunst in Europa na '68*, cat. Museum Van Hedendaagse Kunst, Gent, 1980. B. MARCELIS, "I muri di Gent; Kunst in Europa na '68", *Domus*, n. 609, Milano, 9/1980. W. STORMS, *Gastini, Spagnulo, Zorio*, cat. Galerie W. Storms, München, Villingen, 1980.

R. BARILLI, "Povera pelle antica", *L' Espresso*, n. 12, Roma, 29/3/1981. L. LICITRA PONTI, "Zorio", *Domus*, n. 617, Milano, 5/1981. G. GUBERTI, "Scultura e sculturale", *La tradizione del nuovo*, Ravenna, 5/1981. F. GUALDONI, "Gilberto Zorio", *G7 Studio*, vol.VI, n. 3-4, Bologna, 6/1981. L. ROGOZINSKI, "Gilberto Zorio: Galleria Ala, Milan", *Artforum*, vol. 19, New York, 1981. L. G., "Gilberto Zorio", *Süddeutsche Zeitung*, n. 183, 12/8/1981. G. CELANT, *Identité italienne, l'art en Italie depuis 1959,* cat. Musée National d'Art Moderne, Centre G. Pompidou, Paris, 1981. W. LIPPERT, *Gilberto Zorio*, cat. Galerie Appel und Fertsch, Frankfurt, 1981. C. V. H., "Die Bombe im salon-installation von G. Zorio bei Appel und Fertsch", *Frankfurter Allgemeine Zeitung*, Frankfurt, 1981. R. STOGGARD, "Gilberto Zorio at Sonnabend", *Art in America*, n. 10, New York, 12/1981.

F. GUALDONI, *La sovrana inattualità*, cat. Padiglione d'Arte Contempo-

ranea, Milano, Museum des XX Jahrhunderts, Wien, 1982. S. FESSER, "Gilberto Zorio, Galerie Appel und Fertsch", *Das Kunstwerk*, I, XXXV, Frankfurt, 1982. R. VERONESI, "La sovrana inattualità", *Invece*, 1982. F. CAROLI, "È inattuale lo scultore di qualità", *Il Corriere della Sera*, Milano, 10/3/1982. S. BROGI, "Sei scultori coerenti", *Prospettive d'arte*, n. 53, 3/ 1982. C. SPADONI, "Scultura ancora viva", *Il Resto del Carlino*, Bologna, 23/3/1982. M. MENEGUZZO, "La sovrana inattualità", *Segno*, Pescara, 3/ 1982. G. SEVESO, "Gli scultori inattuali si presentano a Milano", *L'Unità*, Roma, 6/4/1982. M. C., "Al sodo, al sodo amici miei", *Il Tirreno*, Livorno, 8/4/1982. G. CELANT, *Arte povera-antiform, Scultures 1966-1969,* cat. Centre d'Art Plastique Contemporain Bordeaux, 1982. D. WALDMANN-L. TABAK, *Italian Art Now: an American perspective*, cat. The Solomon R. Guggenheim Museum, New York, 1982. "Invitati al Museo Guggenheim di New York - questi magnifici sette rappresentano l'arte italiana oggi", *Tutto libri, La Stampa*, Torino, 13/3/1982. V. APULEIO, "Che dolce sapere di nichilismo?", *Il Messaggero*, Roma, 21/3/1982. T. F. WOLFF, "A Frontal Assault on the Art of the Time—Once Again", *Christian Science Monitor*, 3/5/1982. R. GIACHETTI, "Hurrah per i magnifici sette", *La Repubblica*, Roma, 4/5/1982. P. CHESSA, "Poi l'America disse: appendiamoli al muro", *L'Europeo*, Roma, 10/5/1982. W. GERTLER, "Guggenheim: Italian Art - an American Perspective", *The Ticker, Baruch College*, 10/5/1982. *11 italienische Künstler in München*, cat. Künstlerwerkstätten, München, 1982. *Halle 6*, cat. Kampnagel Fabrik, Hamburg, 1982. T. OSTERWOLD, *Past-present-future*, cat. Württembergischer Kunstverein, Stuttgart, 1982. J. HOET, *Museum van Hedendaaagse Kunst-Gent*, cat. Palais des Beaux Arts, Bruxelles, 1982. L. BALLERINI, *Spelt From Sibyl's Leaves-Explorations in Italian Art*, cat. Power Gallery, University of Sydney; University Art Museum, University of Queensland, Brisbane, 1982. D. ZACHAROPOULOS, "Gilberto Zorio", *Artistes*, n. 13, Paris, 10/1982. *Idee per la pace, parole ed immagini di 35 artisti,* cat. Comune di Asti, 1982. *Arte italiana 1960-1982*, cat. Hayward Gallery, London, 1982. B. MERZ-D. ZACHAROPOULOS, *Gilberto Zorio,* ed. Essegi, Ravenna, 1982. G. GUBERTI, "G. Zorio alla Loggetta lombardesca, i frastornati canneti", *Il Nuovo Ravennate*, Ravenna, 24/12/1982. A. DRAGONE, "La stella di Zorio", *La Stampa*, Torino, 21/11/ 1982. G. DE MARCHIS, "L'arte in Italia dopo la seconda guerra mondiale", *Storia dell'arte italiana*, vol. 7, Einaudi, Torino, 1982.

L. MENEGHELLI, "Zorio in antologica", *L'Arena*, 4/1/1983. F. GUALDONI, "C'è arte negli oggetti e l'artista la fa vivere", *Il Giorno*, Milano, 6/1/1983. D. PAPARONI, *Tema celeste*, cat. Museo Civico d'Arte Contemporanea, Gibellina, 1983. M. CARBONI, *Giornate di lettura*, cat. Palazzo Pretorio, Certaldo, 1983. *Biennale 17*, cat. Middelheim, Antwerpen, 1983. *Adamah, la terre*, cat. ELAC Centre d'Echanges, Lyon, 1983. *L'Informale in Italia,* cat. Galleria Civica d'Arte Moderna, Bologna, 1983. J. MEINHARDT, "Gilberto Zorio", *Kunstforum*, 1983. P.C. RICHETTA, *Sessanta 83*, cat. Villa Ponti, Varese, 1983. J. HOET, *Gilberto Zorio in Forum Skulptur*, cat. Middelburg, 1983. P. HEYNEN, "Beeldhouwersforum in Middelburg",

De Volkskrant van woensdag, 19/10/1983. A. OOSTHOEK, "Gilberto Zorio", *PZC/provincie*, 10/1983. G. CELANT-M. GRÜTERICH, *Eine Kunst Geschichte in Turin 1965-1983*, cat. Kunstverein, Köln, 1983. *Imago*, cat. Galleria d'Arte Contemporanea, Suzzara, 1983. JANUS, "Arte povera, non poverissima", *Gazzetta del Popolo*, Torino, 27/11/1983. P. DRAGONE, "Griffa e Zorio: due protagonisti a confronto", *Le arti news*, n. 1, Torino, 1983. M. VESCOVO, "Gilberto Zorio", *Color*, n. 1, Torino, 1983. L. ROGOZINSKI, "Zorio a Ravenna", *Domus*, n. 640, Milano, 1983. D. ZACHAROPOULOS, "Arte povera oggi", *Flash Art*, n. 116, Milano, 1983. R.G. LAMBARELLI, *L'avanguardia plurale Italia 1960/1970*, ed. Centro Di, Firenze, 1983. R. DE FUSCO, *Storia dell'arte contemporanea*, ed. Laterza, Bari, 1983.

An International Survey of Recent Painting and Sculpture, cat. The Modern Art Museum, New York, 1984. *Collectie Becht*, cat. Stedelijk Museum, Amsterdam, 1984. M. CAMPITELLI, "Zorio, tra stelle e giavellotti", *Il Piccolo*, Udine, 28/4/1984. L. DAMIANI, "L'arte povera di Zorio alla Plurima", *Gazzettino*, Venezia, 30/4/1984. G. CELANT, *Coerenza in coerenza*, cat. Mole Antonelliana, Torino, 1984. W. LIPPERT, *Ausschnitt*, ed. AQ Verlag, Dudweiler, 1984. A.C. QUINTAVALLE, "Arte povera ma non troppo", *Panorama*, n. 954, Milano, 1984. B. MERZ, "L'arte povera alla Mole Antonelliana", *Lo Spazio Umano*, n.12, Milano, 1984. B. MERZ, *Il disegno in dialogo con la terra,* cat. Galerie Albert Baronian, Bruxelles-Knokke Le Zoute, 1984. R. VIDALI-G. ZORIO, "Intervista", *Juliet Art Magazine*, n. 17, Trieste, 1984. S. SPROCATI, "Gilberto Zorio antologica 1967-1984, Galleria Civica di Modena", *Segno*, n. 42, Pescara, 12/1984.

C. DAVID, *Gilberto Zorio*, cat. Galleria Civica, Modena, 1985. G. CELANT, *Del Arte Povera a 1985*, cat. Palacio de Velazquez, Palacio de Cristal, Madrid, 1985. F. GUALDONI, "Gilberto Zorio", *Domenica del Corriere*, n. 9, Milano, 3/1985. F. D'AMICO, "Scivola la canoa", *La Repubblica*, Roma, 9/3/1985. C. CERRITELLI, "Gilberto Zorio, Galleria Civica di Modena", *Flash Art*, n. 125, Milano, 3/1985. *Magirus 117*, cat. Ulm, 3/1985. *Das Selbstportrait im Zeitalter der Photographie*, cat. Württembergischer Kunstverein, Stuttgart, 1985. G. CELANT, *Arte Povera*, ed. Electa, Milano, 1985. *Carta*, cat. Frac Champagne-Ardenne, Franche-Comté, 1985. *Sein und Sehnsucht*, cat. Galerie der Stadt Esslingen, Kunstverein Kassel, 1985. C. GRENIER, "Gilberto Zorio", *Flash Art France*, n. 7/8, Paris, 1985. F. GUALDONI, *On Language and Ecstasy, a Generation in Italian Art*, cat. Alvar Aalto Museum, Jyväskylä, Porin Taidemuseo, Pori, 1985. G. CELANT, *The Knot Arte Povera at P.S.1*, cat. P.S.1, Long Island City, New York, ed. Allemandi & C. Torino, 1985. R. FUCHS, *Ouverture*, cat. Castello di Rivoli, Rivoli, 1985. M. BERTONI, "Senza rete", *Rivista di poesia Steve*, ed. del Laboratorio, 1985. *Gilberto Zorio*, cat. Württembergischer Kunstverein, Stuttgart, 1985. R. HÄNDLER, "Er ist der Härteste Brocken, Gilberto Zorio", *Art das Kunstmagazin*, n. 11, 11/1985. W. RAINER, "Auf die Speerspitze getrieben", *Stuttgarten Zeitung*, Stuttgart, 8/11/1985. C. VON KAGENECK, "Er hat den Kosmos in Zeichen umgesetzt", *Badisches Tagblatt*,

15/11/1985. D. M., "Gilberto Zorio", *Süddeutsche Zeitung*, 2/12/1985. R. G. DIENST, "Die arme Kunst wird reicher", *Frankfurter Allgemeine*, 29/11/1985. R. WURSTER, "Kabelstränge winden sich am Boden, filmspots blenden den Besucher", *Heidenheimer Neue Presse*, 15/11/1985. K. DIEMER, "Sphinx mit Speer aus Turin", *Stuttgarten Nachrichten*, Stuttgart, 9/11/1985. A. KRAUTER, "Gilberto Zorio", *Kunstforum*, Bd 82, 12/1985.

"Arte moderna al Castello", *Illustratofiat*, Torino, 1/1986. *Ooghoogte, Stedelijk Van Abbemuseum 1936-1986*, cat. Stedelijk van Abbemuseum, Eindhoven, 1986. B. MERZ, *Fra usikkerhet tit samlet kraft...*, cat. Kunstnernes Hus, Oslo, 1986. M.T. ROBERTO, "Gilberto Zorio, Christian Stein", *Flash Art,* n. 132, Milano, 4/1986. J. HOET, *Chambres d'amis*, cat. Gent. Cat. *Biennale*, Venezia, 1986. *Qu'est-ce que la sculpture moderne?* cat. Musée National d'Art Moderne, Centre G. Pompidou, Paris, 1986. *Beuys zu Ehren*, cat. Stadttische Museum im Lenbachhaus, München, 1986. S. WESTFALL, "Arte Povera at P.S.1", *Art in America*, New York, 5/1986. E. LEBOVIC, "Gilberto Zorio", *Beaux-Arts Magazine*, Bruxelles, 5/1986. L. COEN, "Le marque de Zorio", *L'Hebdo*, Genève, 5/6/1986. O. LUGON, "Gilberto Zorio, du chimique au métaphorique", *Le Courier*, Genève, 3/5/1986. "Energiekonzepte, Gilberto Zorio in Zürich und Genf", *Neue Zürcher Zeitung*, Zürich, 12/6/1986. G.F. GIANOLA, "G. Zorio à Genève", *Le Messager*, Genève, 9/5/1986. M. DESCOMBES, "G. Zorio au Centre d'Art Contemporain. Des sculptures qui marchent avec le temps", *La Tribune de Genève*, Genève, 2/5/1986. C. DAVID, *Gilberto Zorio*, cat. Musée National d'Art Moderne, Centre G. Pompidou, Paris, 1986. M. WECHSLER, "Gilberto Zorio", *Artforum*, New York, 10/1986. D. SOUTIF, "Interview avec G. Zorio", *Liberation*, Paris, 26/9/1986. P. JAVAULT, "Gilberto Zorio", *Art Press,* n. 106, 9/1986. P. JAVAULT, "Gilberto Zorio", *CNAC magazine*, n. 35, 9/1986. C. GROUT, "Interview with G. Zorio", *New Art*, n. 1, 10/1986. *La collection du Musée National d'Art Moderne*, cat. Centre G. Pompidou, Paris; 1986. G. RISSO, "Incontri e scontri a una mostra personale di G. Zorio", *Città*, Torino, 13/11/1986. F. POLI, "G. Zorio al Beaubourg", *Il Manifesto*, Roma, 3/12/1986. F. GUALDONI, *Gilberto Zorio: opere su carta*, cat. Galleria Rossana Ferri, Modena, 1986. G. RISSO, "L'anniversario della Galleria Stein, I venti anni di Christian", *Città*, n. 37, Torino, 11/12/1986. J. MEURIS, "Gilberto Zorio: une sculpture essentielle", *La libre Belgique*, Bruxelles, 12/12/1986. M. BERTONI, "Opere su carta di G. Zorio da 20 anni a noi", *L'Unità*, Roma, 12/12/1986. F. VERONESI, "E l'ex 'poverista' Zorio colpisce ancora", *Il Resto del Carlino*, Bologna, 16/12/1986. R. FUCHS, *Ouverture 2*, cat. Castello di Rivoli, Rivoli, 1986. R. MAGGIO SERRA, *Arte moderna a Torino*, cat. Promotrice delle Belle Arti, ed. Allemandi & C., Torino, 1986.

"I contemporanei a Raffaello", *A.E.I.U.O.*, n. 19, Roma, 1/1987. E. DALLA NOCE, "Povertà di Zorio e potere di Vacchi", *Il Sole 24 ore*, Milano, 11/1/1987. M. FUOCO, "L'eredità informale fra arte povera e preziosismi", *Gazzetta di Modena*, Modena, 10/1/1987. G. GILSOUL, "Le Graal, toujours", *Le vif/L'exspress*, Bruxelles, 16/1/1987. M. L. R. F., "Lavori di Zorio su carta e pelle", *Arte*, 1/1987. F. IACONO, "Cinque itinerari modenesi nell'arte moderna", *Il Manifesto*, Roma, 17/1/1987. E. FERRI, "Gilberto Zorio tra carte pergamene, pelle ed altro", *La Gazzetta*, Modena, 17/1/1987. M. BERTONI, "Gilberto Zorio", *Segno*, Pescara, 2/1987. Y. DUVIVIER, "L'etrange laboratoire de Gilberto Zorio", *Le Journal de Beaux-Arts*, n. 3, Bruxelles, 1/2/1987. G. DORFLES, "4 sculture per un gioco", *Corriere della Sera*, Milano, 11/2/1987. S. CHAYAT, "Religious Imagery Colors Everson's 'Sacred Spaces'", *Stars*, Syracuse, New York, 15/2/1987. S. CHAYAT, "Contemporary Artists Rediscover the Sacred", *Lifestyle Preview*, Syracuse, New York, 22/1/1987. A. VETTESE, "Gilberto Zorio", *Flash Art*, n. 138, Milano, 4/1987. *Turin 1965-1987 de l'Arte Povera dans les collections publiques françaises,* cat. Musée Savoisien Chambéry, Musée de l'Hospice Comptesse Lille, Musée d'Art La Roche sur Yon, 1987. A. DRAGONE, "Artisti alla Galleria Persano, tre nomi di rispetto", *La Stampa*, Torino, 17/2/1987. N. GURALNIK, *Gilberto Zorio*, cat. The Tel Aviv Museum, Tel Aviv, 1987. G. GOLDFINE, "The Mark of Zorio", *The Jerusalem Post*, Gerusalemme, 17/4/1987. J. GACHNANG, *Italie hors d'Italie*, cat. Musée d'Art Contemporain, Nîmes, 1987. G. ZORIO, "Gilberto Zorio", *New Art International*, n. 3-4, Paris, 5/1987. *Collection Sonnabend,* cat. Reina Sofia, Madrid, 1987. A. IZZO, "L'energia a stella", *Service*, anno 1, Napoli, n.1, 12/1987. A. IZZO, "Se la luce diventa memoria", *Il Giornale di Napoli*, Napoli, 30/12/1987. M. BONUOMO, "Alchimie del senso", *Il Mattino*, Napoli, 1/12/1987. R. PUVOGEL, "Gilberto Zorio", *Kunstforum*, Bd 92, Düsseldorf, 12/1987. *Gilberto Zorio*, cat. Stedelijk van Abbemuseum, Eindhoven, hopefulmonster editore, Firenze, 1987.

R. SMITH, "Arte povera installations: Engineering and Alchemy", *The New York Times*, New York, 20/5/1988. A.C. QUINTAVALLE, "E Prato scopre l'Europa", *Panorama*, Milano, 18/9/1988. R. KLEYN, "Dopo il mito. Gilberto Zorio", *Tema Celeste*, Siracusa, 6/1988. *Europa Oggi*, cat. Museo d'Arte Contemporanea Luigi Pecci, Prato, 1988. *Rosc '88*, cat. Dublin, 1988. P.G. CASTAGNOLI, *I Biennale della Scultura*, cat. Comune di Matera, 1988. *Fonds Régional d'Art Contemporain de Champagne-Ardenne*, cat. Hôtel de la Region, Châlon sur Marne, 1988. D. KUSPIT, "Gilberto Zorio, Sonnabend Gallery", *Artforum*, New York, 10/1988. S. WESTFALL, "Gilberto Zorio, Sonnabend Gallery", *Flash Art International*, Milano, 10/1988. M. WINZEN, "Gilberto Zorio at Sonnabend", *Art in America*, New York, 10/1988. V. DONOHOE, "Gilberto Zorio, the Alchemist of Energy", *The Philadelphia Inquirer*, 29/10/1988. *Fond Regional d'Art Contemporain*, cat Frac-Alsace, Selestat, 1988.

AA.VV *Italian Art in the 20th Century*, cat. Royal Accademy of Arts, London, 1989. *Verso l'Arte Povera*, cat. Padiglione d'Arte Contemporanea, Milano, ELAC, Lyon, 1989. *Materialmente, scultori degli anni ottanta*, cat. Galleria d'Arte Moderna, Bologna, 1989. S. EVANGELISTI, "In 270 ad Arte Fiera divisa in due", *Il Giornale dell'Arte*, 2/1989. D. AUREGLI,

"Gli scultori degli anni Ottanta e le foto di Gilden e della Russo", *Bologna in Anteprima*, 11/2/1989. D. Auregli, "La scultura è tempo? A Bologna si indaga", *L'Unità*, 23/2/1989. D. Eccher, "Schifano protagonista a Bologna", *L'Adige*, 26/2/1989. F. D'Amico, "Sculture minime degli under 35", *La Repubblica*, 11/3/1989. C. Spadoni, "Davvero indistruttibile questa scultura", *Il Resto del Carlino*, 12/3/1989. R. Daolio, "Materialmente (Scultori degli anni Ottanta)", *Flash Art*, n.149, 4/1989. R. Barilli, "La terza ondata appartiene alla mente", *L'Espresso*, 9/4/1989. D. Micacchi, "La scultura? È un rampicante", *L'Unità*, 3/4/1989. G. Mascherpa, "Un inedito Morandi in anteprima sul centenario", *L'Avvenire*, 14/4/1989. F. Poli, "I nostri plastici anni '80", *Il Manifesto*, 14/3/1989. U. Palestini, "Materialmente, scultori degli anni ottanta", *Segno*, 3/1989. A.C. Quintavalle, "Torna a casa, scultura", *Panorama*, 26/3/1989. *Calzolari, Rückriem, Zorio*, cat. Galeria Soledad Lorenzo, Madrid, 1989. *Hic sunt Leones*, cat. Ex-Zoo, Torino, 1989. M. Garberi, *Arte Contemporanea per un museo*, cat. Padiglione d'Arte Contemporanea, Milano, 1989. E. Daniel, "Autour de Gilberto Zorio, Regards sur l'Arte Povera", *Artstudio*, n.13, 1989. L. Meneghelli, "Gilberto Zorio", *Flash Art*, n.153, 12/1989. *Gilberto Zorio*, cat. Galeria Cómicos, Lisboa, 1989. J.L. Porfírio, "Zorio: impor uma actualidade", *Expresso*, Lisboa, 27/5/1989. H. Vasconcelos, Arte Povera em Lisboa", *O Jornal*, Lisboa, 25/5/1989. J. M. F. Jorge, "Per Purificare le Prole", *O Independente*, Lisboa, 16/6/1989. R. Rosengarten, "Objecto quase", *O Independente*, Lisboa, 30/6/1989. A. Pomar, "Zorio, Cómicos", *O Exspresso*, Lisboa, 3/6/1989. "A lança, a canoa e o assobio", *Europeu*, Lisboa, 24/5/1989. "Gilberto Zorio na Cómicos", *Primeiro de Janeiro*, Porto, 19/5/1989. "Gilberto Zorio na galeria Cómicos", *A Capital*, Lisboa, 14/6/1989.

Terskel Threshold, cat. Musset for Samtidskunst, Oslo, 1990; *Je est un autre*, cat. Galeria Cómicos, Lisboa, 1990; F. Piquè, *Arte povera*, cat. Galleria In Arco, Torino, 1990. J. Huet, *Pontom 90 Temse*, cat. Temse, 1990. W. Beck, B. Merz, *Hic Sunt Leones 2*, Ex-Zoo, Torino, 1990. "Gilberto Zorio, nel corso del tempo", *L'uomo Vogue*, n. 212, Milano, 11/1990. *Gilberto Zorio*, cat. Fundaçao de Serralves, Porto, 1990. "Arte Internacional no verão de Serralves", *O Cmércio du Porto*, 30/6/1990. "Coleção internacional de auto-retratos - a 'verdadeira' imagem do artista", *Jornal de noticias*, 30/7/1990. "Gilberto Zorio em Serralves", *Jornal de noticias*, 28/6/1990. "Auto-retratos em Serralves", *Publico*, 7/1990. "Todo o Verao em Serralves", *Pubblico*, 9/7/1990. "Nova exposições em Serralves", *Publico*, 1/7/1990. A. Melo, "Zorio exemplar", *Expresso*, 4/7/1990. C. Vidal, "Gilberto Zorio em Serralves. A energia da Arte. Uma arte de transformações", *A semana Público*, 6/7/1990. J. Fallorca, "Calores de Serralves", *Terça-Feira*, 10/7/1990. A.C. França, "Zorio em Serralves", *Revista Semanário*, 4/8/1990. A. Melo, "Gilberto Zorio", *Expresso*, 4/8/1990. M. Daniele, "L'arte povera aujourd'hui, Entretien avec Gilberto Zorio", *+-*, n.56, Bruxelles, 6/1990. C. Vidal-J. Fabiáo, "Gilberto Zorio, reações químicas contra a morte", *Público Magazine*,

Porto, 5/8/1990. N. Gilson, "Creativity Reigns in Newest Wexner Center Exhibition", *The Columbus Dispatch*, 1/10/1990. S. Vallongo, "Wexner Center Steps Beyond Traditional Art", *The Blade*, 28/10/1990. "Vesuvius's Shadow and Visions of Night", *Accademia*, 10/1990. M. Mac Donald, "Old tram Shed Takes on an Italian Look", *The Scotsman*, 22/10/1990. C. Oliver, "Temperamenti", *The Guardian*, 9/11/1990. C. Henry, "Wealth of Arte Povera", *Glasgow Herald*, 19/10/1990. A. Paire, "L'Arte Povera vingt ans après", *Le Provencal*, 17/10/1990. M. Taddei, "Découvrir l'Arte Povera…", *Le Meridional*, 19/10/1990. R. Fohr, "Art pauvre, art libre", *Le quotidien de Paris*, 15/11/1990. M.-M. F., "Expos", *Elle*, 19/11/1990. M. Nuridsany, "Les riches heures de l'arte povera", *Le Figaro*, 21/11/1990. S. Amar, "Arte povera", *Marseille Le magazine*, 11/1990. C. Meffre, "Les 'rendez-vous' de Cantini", *Le Soir*, 17/10/1990.

Breakthroughs, Avant-Garde. Artists in Europe and America, 1950-1990, cat. Wexner Center for the Arts, The Ohio State University, Rizzoli International, New York, 1991. *Arte Povera 1971 una 20 Jahre danach*, cat. Kunstverein, München, DuMont Buchverlag, Köln, 1991. A. Sparks, "New Works for New Spaces: Into the Nineties", *Dialogue*, 1/1991. J. Hall, "Trilogy's offbeat final phase is shaped to center's oddity", *Visual Art*, Columbus, 1991. Y. A. Bois, "In Situ: Site-Specific Art In and Out of Context", *The Journal of Art*, 1/1991. G. Giachello, "Gilberto Zorio", *Cimal Arte internacional*, n. 39, Valencia, 1991. "Gilberto Zorio", *The New Yorker*, New York, 22/7/1991. M. Kimmelman, "The Alchemy of Gilberto Zorio", *The New York Times*, New York, 7/6/1991.

ÍNDICE/INDEX

Finito di stampare nel novembre 1991
presso lo Stabilimento Poligrafico Torinese, Grugliasco